全面建成小康社会丛书
QUANMIAN JIANCHENG XIAOKANG SHEHUI CONGSHU

（二）

——乡村振兴与民生热点问题探研

中国小康建设研究会　主编

人民出版社

  2020 年 9 月 5—6 日，由中国小康建设研究会、宁波市农业农村局、宁波市鄞州区人民政府联合主办，中国小康建设研究会乡村振兴工作委员会承办的 "2020 中国乡村振兴发展大会" 在宁波市鄞州区召开。

　　2020 年 9 月 4 日，由中国小康建设研究会、宁波市农业农村局、宁波市鄞州区人民政府联合主办，中国小康建设研究会乡村振兴工作委员会协办的"鄞州区高质量发展座谈会"在宁波市鄞州区召开。

　　2020 年 9 月 5 日，在"2020 中国乡村振兴发展大会"举行前夕，宁波市鄞州区政府承办的"中国乡村振兴大讲堂（鄞州）论坛"在宁波市鄞州区举行。

　　2020 年 9 月 29 日，由中国小康建设研究会主办，中国管理科学研究院商学院、中国小康建设研究健康事业工作委员会、中国小康建设研究会名优特产品专业委员会协办的"2020 健康中国与食品安全高峰论坛"在杭州市举行。

　　2020 年 11 月 26 日，由中国小康建设研究会、人民交通杂志社主办、中国小康建设研究会通用航空产业专业委员会、沈阳法库通用航空产业基地管理委员会、辽宁联航神燕飞机有限公司承办的"2020 第二届中国通用航空产业发展高峰论坛"在北京市举行。

　　2020 年 12 月 19 日，由中国小康建设研究会主办，中国小康建设研究会养老分会、中国小康建设研究会助老工作委员会、中国康复医学会医养结合专委会、浙江航民实业集团协办、浙江和康医养集团、浙江省社区研究会、浙江大学城市学院共同承办的"第六届中国社会养老创新发展论坛"在杭州市举行。

2020 年 12 月 19 日下午，"中国小康建设研究会 2020 年年会"在杭州市举办。

序　言

2020年是极不平凡的一年，我国"十三五"圆满收官，"十四五"全面擘画，全面建成小康社会取得伟大历史性成就，脱贫攻坚任务如期完成。从此，我国乡村振兴史掀开新的一页。在这个重要的时间节点，中国小康建设研究会适时推出《中国小康之路（二）——乡村振兴与民生热点问题探研》一书，立足于新时代乡村振兴战略的落地实施，破解"三农"问题，助力巩固脱贫攻坚成果同乡村振兴有效衔接，推动高质量小康社会发展，很有意义。在本书出版之际，我谨向中国小康建设研究会表示祝贺，向热爱"三农"、关注"三农"的广大读者朋友们郑重推荐。

党的十九大报告中提出了要始终把解决好"三农"问题作为全党工作重中之重，实施乡村振兴战略。当前，我国乡村建设正处于转型升级、高质量发展的关键阶段，如何进一步筑牢民生底线、促进乡村产业兴旺发展、完善生态建设体系、加快文化产业步伐、提升基层组织能效，让百姓有更多的幸福感、获得感、安全感，是实现我国乡村高质量发展的重要课题。

2019年中国小康建设研究会编辑出版了《中国小康之路》，收到了社会各界的关注和好评，为推动我国"三农"发展作出了贡献，为确保国家粮食安全、打赢脱贫攻坚战、推动现代农业产业化发展、创建社会养老保障体系、推进乡村人才培养等方面贡献了智慧和力量。此书稿在《中国小康之路》的基础上有了进一步提升，以中国小康建设研究会在2020年主办及协办的12场专题论坛的演讲选编为主要内容，分别从乡村振兴战略、乡村振兴与通航产业发展、社会养老的创新发展、健康中国与食品安全、乡村振兴的"鄞州解法"、乡村振兴大讲堂与乡村产业振兴六个部分，系统地阐释和剖析了乡村振兴战略实施过程中的热点、难点问题。集合了国家部委、地方各级政府相关部门领导，高校和科研院所的权威专家和学者、研究员，以及行业协会、龙头企业的代表，体现了多方面、多层次、多维度的观点。坚持理论与实践相结合，既有对政策的透彻分析，又有合理有效的应对措施，还有权威专家的专业解读，具有学习借鉴作用、启发和指导意义。

中国小康建设研究会成立至今已有十五年，多年来，中国小康建设研究会充分发挥了企业和政府之间的桥梁纽带作用，时刻关注民生福祉，围绕农业农村热点问题开展了专题论坛、专项调研、公益捐赠、乡村大讲堂等一系列活动。为落实国家重大战略政策，推动乡村振兴，助力全面建成小康社会做出了坚持不懈的努力。在2020年疫情期间，作为一个社团组织能做出这样的成绩，实属不易、难能可贵，希望倍加珍惜，更加努力将小康精神发扬光大。

2021年是实施"十四五"规划、开启全面建设社会主义现代化国家新征程的第一年。在百年未有之大变局下，"三农"始终是"压舱石"，应放在一个更加突出的位置上。"三农"工作的重点将从脱贫攻坚转移到全面推进乡村振兴上来，乡村振兴战略实施将从前一阶段的构建制度框架和政策体系进入到全面深入推进实施的新阶段。在"十四五"乃至今后更长时期内，全面实施乡村振兴战略，加快推进农业农村现代化建设将成为"三农"工作的中心任务。希望通过本书的发行，能够引起更多的朋友关注我国乡村振兴发展，相信通过社会各界的共同努力，建设乡村、发展乡村，支持并帮助广大农民建设幸福美丽家园，农业强、农村美、农民富的美好愿景一定会实现。

（第十三届全国人大农业农村委员会副主任）

2023 年 1 月

目 录 CONTENTS

第一部分 乡村振兴战略

第二部分　乡村振兴与通航产业发展

第三部分　社会养老的创新发展

第四部分　健康中国与食品安全

第五部分　乡村振兴的"鄞州解法"

第六部分　乡村振兴大讲堂与乡村产业振兴

附录：中国小康建设研究会 2020 年工作实录

第一部分

乡村振兴战略

乡村振兴的理论和实践 *

习近平总书记指出，"实施乡村振兴战略是党中央从党和国家事业全局出发、着眼于实现'两个一百年'奋斗目标、顺应亿万农民对美好生活的向往作出的重大决策，是中国特色社会主义进入新时代做好'三农'工作的总抓手"。今天，我们齐聚一堂，共同学习和讨论乡村振兴的理论和实践，很有意义。下面谈几点看法和大家交流。

一、高度认识实施乡村振兴战略的重大意义

实施乡村振兴战略是党中央的重大决策部署。乡村振兴战略是党的十九大提出的，这是继统筹城乡发展、建设社会主义新农村之后，我们党在农业农村发展理论和实践上的又一重大飞跃，是新时代农业农村工作的总纲领和中心任务，也是解决"三农"问题、全面激发农

---

* 张宝文，第十二届全国人大常委会副委员长。

村发展活力的重大行动。对照过去新农村建设的 20 字方针，实施乡村振兴战略将"生产发展"升级为"产业兴旺"、"生活宽裕"升级为"生活富裕"、"村容整洁"升级为"生态宜居"、"民主管理"升级为"治理有效"，层次更加提升了，内容更加全面了，内涵更加丰富了，目标更加宏大了，对建设美丽乡村建设、推进农业农村现代化，具有极其重要的指导和推动作用。可以说，乡村振兴战略既是新农村建设的升级版，更是我们党"三农"工作一系列政策的继承和发展，为我们做好新时代"三农"工作提供了根本遵循。

实施乡村振兴战略是决胜全面小康社会的必然要求。小康不小康，关键看老乡。习近平总书记指出，农业强不强、农村美不美、农民富不富，决定着我国全面小康社会的成色，强调没有农村贫困人口全部脱贫就没有全面建成小康社会。实施乡村振兴战略，就是要把农村这个短腿补齐补好，为决胜全面小康社会奠定坚实基础。

实施乡村振兴战略是满足广大农民美好生活的内在需要。人民对美好生活的向往，就是我们的奋斗目标。党的十九大作出了我国社会主要矛盾已经转化为人民日益增长的美好生活需要和不平衡不充分的发展之间的矛盾的重大政治论断，但最大的发展不平衡是城乡发展的不平衡，最大的发展不充分是农村发展的不充分。满足农民群众的新期待，必须加快农业农村发展。我们要大力实施乡村振兴战略，协调推进农村经济、政治、文化、社会、生态文明建设，促进农村全面发展进步。

二、发展现代农业产业是乡村振兴的重要基础

农业的出路在现代化。发展现代农业是实施乡村振兴战略的重中

之重。其中，发展现代农业产业是重点，是实现农民增收、农业发展和农村繁荣的基础。只有产业兴旺，才能吸引资源、留住人才；只有经济兴盛，才能富裕农民，繁荣乡村。产业是乡村振兴的核心载体，产业振兴是加快推进农业农村现代化的根本。离开产业支撑，乡村振兴就是无源之水、无本之木。

近日，农业农村部、国家发展和改革委员会等单位编写出版的《乡村振兴战略规划实施报告（2018—2019年）》指出，乡村振兴战略实施两年来，现代农业根基进一步巩固，乡村富民产业蓬勃发展。下一步我们要继续把发展现代农业产业放在乡村振兴的重要位置，构建符合乡村定位，具有市场竞争力的现代农业产业体系，推动乡村产业高质量发展。

一是发展特色农业，做大做强品牌产业。在加快发展特色农业的同时，把品牌产业建设作为现代农业发展的有效载体，倡导"一村一品""一乡一业"。大力实施农产品品牌培育、形象塑造、营销以及质量安全提升，通过建立标准化生产、产业化运营、品牌化营销的现代农业新体系，实现由农业生产"大"向农业品牌"强"的转变。健全特色农产品质量标准体系，强化农产品地理标志和商标保护，创响一批"土字号""乡字号"特色产品品牌，加快形成具有市场竞争力的优势特色产业体系。

二是发展智慧农业，深入推进"互联网＋农业"。智慧农业是农业生产的高级阶段，是集新兴的互联网、移动互联网、云计算和物联网技术为一体，依托部署在农业生产现场的各种传感节点（环境温湿度、土壤水分、二氧化碳、图像等）和无线通信网络，实现农业生产环境的智能感知、智能预警、智能决策、智能分析、专家在线指导，为农业生产提供精准化种植、可视化管理和智能化决策。随着社会的发展，传统农业将以它的淳朴厚德迎接生物技术、互联网信息技术、智能技术等先进的科技和生产方式，并不断创新蜕变，迎来智慧农业发展新时期。

三是发展现代物流产业，完善农产品市场。完善县乡村物流基础设施网络，加大农产品仓储保鲜冷链物流设施建设，鼓励企业在县乡和具备条件的村建立物流配送网点，特别是结合"菜篮子"工程，支持在大中城市建设农产品骨干冷链物流基地，打造区域农产品冷链物流枢纽，提升肉奶、蔬菜水果等鲜活农产品供应能力。农产品市场自20世纪80年代初出现后，得到了迅猛发展，不仅加快了我国农产品流通现代化进程，对农产品流通体制改革也起了重要作用。从国际经验和国情来看，今后相当长时期内，农产品市场在农产品流通体系中仍将发挥重要的枢纽作用。从发展趋势来看，农产品市场将向设施先进、功能完善、管理科学的现代化市场发展，重点推动和龙头企业、电商平台形成稳定产销关系，建立产销对接长效机制。

四是创建现代农业产业园，推动产业融合发展。创建现代农业产业园是实施乡村振兴战略的重要抓手，也是推进农业农村现代化的重大举措。目前，我国现代农业产业园建设取得了积极进展，初步建立了梯次推进的工作格局、形成了多元化的投入渠道、探索了市场化的运行机制。据农业农村部统计，截至2019年4月，62家国家级产业园已形成了95个主导产业，吸引了近100家国家级龙头企业和近500家省级龙头企业入驻，培育壮大了五常大米、潜江小龙虾、安溪铁观音等一批全国乃至世界知名的产业，吸引返乡下乡就业人员14.2万人，撬动金融社会资金近1800亿元，园区农民人均可支配收入2.2万元，比所在县平均水平高34%。现代农业产业园不仅是产业园，也是示范园，发挥了示范引领和辐射带动作用，在不同区域不同行业树立了一批农业高质量发展的标杆，以点带面带动农业发展转型升级、提质增效，促进了现代农业高质量发展。

三、着眼长远长效推动脱贫攻坚与 乡村振兴有效衔接

　　脱贫攻坚和乡村振兴都是为实现"两个一百年"奋斗目标确定的国家战略，两大战略具有基本目标的统一性和战略举措的互补性。脱贫攻坚是实现乡村振兴目标的基本前提，乡村振兴是巩固脱贫攻坚成效的重要举措，要正确认识和准确把握两者之间的关系，构建相互支撑、紧密配合、无缝衔接的良性互动格局。在脱贫攻坚的基础上接续乡村振兴战略不仅是我国高质量稳定脱贫的重要路径，更是贫困地区全面实现乡村振兴目标的重要制度保障。

　　据统计，中国现行标准下的农村贫困人口已由2012年年底的9899万人减少到2019年年底的551万人，贫困县从832个减少到今年的52个，贫困发生率降至0.6%。贫困群众的收入大幅增长，贫困地区贫困群众的生产生活条件明显改善，贫困地区的经济社会发展明显加快。但是，"脱贫摘帽不是终点，而是新生活、新奋斗的起点"。2020年3月6日，习近平总书记在决战决胜脱贫攻坚座谈会上指出，要保持脱贫攻坚政策稳定，接续推进全面脱贫与乡村振兴有效衔接。

　　当前，大部分地区产业扶贫措施比较重视短平快，考虑长期效益、稳定增收不够，很难做到长期有效。在脱贫攻坚和乡村振兴这两大战略任务接续的关键时机，要实现贫困地区持续脱贫和全面振兴，必须通过政策内容和实施方式的合理调整，从根本上扼制产业扶贫的短期化偏向，构建可持续的产业发展长效机制，推动减贫战略和工作体系平稳转型，统筹纳入乡村振兴战略，实现脱贫攻坚和乡村振兴两大战略有效衔接。

一是有效改善生产性基础设施条件。受资源条件限制，小规模分散经营是贫困地区农户的基本生产方式，因此要更加重视修建和完善生产便道、小型灌溉设施等生产性基础设施，重点解决贫困地区产业发展中最突出和紧迫的短板制约因素，增强抵御自然灾害的能力，提升产业发展的稳定性。

二是进一步强化产业发展的合作机制。一方面要与贫困地区乡村治理机制的再造相结合，以提高贫困地区农民组织化程度为导向，联动推进集体经济组织和农民合作社加快发展，建立规范稳定的利益联结机制，通过强化农民的"集体行动"能力，改变原有分散和孤立的发展格局，有效提高贫困地区产业发展的实际成效。另一方面坚持政府投入的主体和主导作用，着眼产业合作，深入推进东西部扶贫协作。按照国家的总体部署，宁波市鄞州区结对帮扶吉林省和龙市、延吉市，近年来，采取了多层次人才支援、多渠道资金援助、立体化产业布局、网络化匹配就业等措施，重点推进与和龙、延吉两地产业的深度合作，探索出了一条"发展共谋、资源共享、产业共兴、协作共建、合作共赢"的新路子，助力和龙、延吉两地脱贫攻坚取得很好成效，受到两地群众高度评价，具有很好的示范效应。

三是注重推动全产业链延伸。单纯重视生产规模扩张是导致贫困地区产业发展短期化突出和波动性强的重要原因，因此需要在以市场化方式导入更多供应链资源基础上，更加注重全产业链建设，实现生产、加工、运储、营销等各个环节的相互连接，衔接配套，有效提升产业发展的综合效率，为贫困地区可持续的产业振兴注入强劲动力。

乡村振兴任重道远，聚心聚力砥砺前行。2020年是全面建成小康社会的收官之年，是全面脱贫攻坚任务的完成之年，更是推进乡村振兴战略实施的关键之年。让我们紧密团结在以习近平同志为核心的党中央周围，按照党中央的决策部署，锐意进取、攻坚克难，统筹推进疫情防控和经济社会发展，全力实施乡村振兴战略，开创农村发展新局面，谱写新时代乡村振兴的新篇章！

——在 2020 中国乡村振兴发展大会上的致辞

促进乡村振兴　实现绿色发展
建设生态文明 *

　　鄞州区有着悠久的历史文化，也是集综合实力、投资潜力、绿色发展、创新科技于一体的全国综合实力百强区，同时也是我们国家乡村治理体系建设的试点单位。这次会议能在鄞州召开，为我们提供了极其难得的学习机会。

　　昨天下午我们参观了湾底村、上李家村，实地考察了宁波鄞州乡村振兴的实际案例，感觉开了眼界、长了见识。下面我想结合我自己学习的专业和对"三农"的一点肤浅的了解，结合会议的主题，仅就促进乡村振兴、实现绿色发展、建设生态文明，谈一点自己的粗浅体会。

一、实现乡村振兴必须坚持"两山"理论，
走生态文明建设的道路

　　浙江是习近平总书记"两山"理论重要思想的诞生地，浙江乡村

---

　　* 陈存根，中央国家机关工委原副书记。

建设的经验表明，绿水青山就是金山银山，是我们实现乡村振兴的根源。所以，实现乡村振兴就要确保我们的山水林田湖草不受破坏，不受污染。现在农产品存在的一个最主要的问题就是如何确保绿色生产。绿色生产的前提，乡村振兴的前提，是绿水青山，是山水林田湖草共同体首先要得到统筹规划、严格保护和科学经营。它是我们乡村振兴之母。

一是要在思想上牢固树立山水林田湖草共同体的理念，一定要知道"皮之不存，毛将焉附"，山水林田湖草是人类生存发展之基，是乡村振兴绿色发展之母。实施乡村振兴战略，推动经济绿色发展，必须依靠山水林田湖草源源不断的生产物质。二是必须深入研究山水林田湖草的作用机理和动态规律。只有研究出了它们的作用机理和动态规律，才能为统筹规划、严格保护、科学经营、合理利用山水林田湖草提供坚实的依据。三是要统筹规划综合施策，多措并举，保护好、经营好山水林田湖草，科学经营好山水林田湖草，充分发挥这一生命共同体的生态效益、社会效益和经济效益。这就要求我们必须尊重自然、顺应自然、爱护自然。习近平总书记的生态文明思想可以说是我们党、我们国家、我们民族认识人和自然之间关系的一次思想飞跃。大家都知道，我们所有的神话都是人和自然做斗争的，总书记明确提出要尊重自然、顺应自然、爱护自然，我们在乡村振兴战略中一定要把山水林田湖草生命共同体经营好。四是充分利用好、发挥好绿水青山的价值，使山水林田湖草既要保证它的生态效益，还要发挥它的社会效益和经济效益。

二、实现乡村振兴必须坚持绿色种植、绿色养殖、绿色生产，促进乡村产业可持续发展

乡村振兴说到底还是要靠产业发展，做到绿色、优质、高效、可持续，从而保障乡村欣欣向荣，人民安居乐业。我在这里还想强调的一个观点，农业还是要先做好农业的事，什么是农业的事，就是绿色的种植、绿色的养殖和绿色农林产品的加工。第一，要以供给侧结构改革为引领，以社会市场需求为导向，做大做强做优种植业、养殖业和农产品加工业。这是基于目前党中央决定启动内循环、决定饭碗必须端在我们的手上，这两个目标的实现要求我们促进更加充分的就业、建设一支职业农民队伍、促进社会的稳定。第二，要转变农业生产的方式，实行绿色生产。目前农村的种植业、养殖业和农产品加工业多处于自发、无序状态，污染问题比较突出，缺少优质农产品品牌，产品竞争力不强，难以形成有效供给，大量的新型消费流向国外，甚至一些传统的消费也流向国外。现在农业的进口量是非常大的，除了肉蛋奶之外，大豆的进口已经超过 9000 万吨，全国的整个粮食收入是 6 亿多吨，六分之一要靠国外进口，再加上肉蛋奶，进口量非常大。第三，要提高农业生产科学技术水平，实现可持续发展。这里主要是要改变农业生产一直存在的农民在田间地头、牛棚马厩言传身教似的传承方式，一定要建设一支高素质、稳定的职业农民队伍，这才能保证我们有农业产品品牌。所以，要进一步强化对农业的技术装备武装，要下工夫提升种植、养殖、加工、储藏、运输、销售机械化、自动化、信息化和智能化水平。智能农业这一块是我们的短板。我们工业的智能化水平、信息化水平已经很高了，但是农业这一块确实非常薄弱，过去的拖拉机不是用于在田间工作，而是用于跑运

输，所以这个状况是不适应农业现代化发展。

三、实现乡村振兴必须坚持城乡融合发展，宜居、宜业、宜游的田野化

实现乡村振兴，改善人居环境，宜居宜业就成为必然的追求。一是乡村建设首先要突出宜业的生产要求。要科学规划产业发展、土地利用、村落房舍基础设施，土地利用总规、详规乃至单体建筑，以及其他以种植业、养殖业或加工业为依托的基础设施，包括毛渠问题。所以振兴乡村首先要体现宜业的要求。二是乡村振兴要满足宜居的生活要求。要改善农民居住生活的基本条件，就是大家讲的农村的厕所改革、垃圾处理等，这一块都是从宜居角度考虑的。三是乡村建设要彰显地域特色、田园文化。乡村建设一定要彰显地域文化、建筑风貌和风俗习惯，在促进城乡一体化发展中，要注意保留村庄原始风貌，慎砍树、不填湖、少拆房，尽可能在原有村庄形态上改善居民生活条件。在建设中防止大拆大建，要加大对历史文化遗迹、著名古建筑、特色民舍民居、悠久名胜风景区的保护，要改变乡村建设中存在的千村一面的现象。通过突出地域特色，展示中华民族几千年来在全国各地形成的民居民风民俗绚丽多姿的形象，望得见山看得见水记得住乡愁，让建设的乡村由于美好而成为旅游小镇，而不是人为地要建几个旅游小镇。四是乡村建设要推进城乡融合。提高乡村的生活质量，推进城乡融合，主要是打通城市资源向乡村的流动，而不是把乡村建设成为大城市。这里面包括城市的管理、民生、医疗、教育、卫生、养老等，就是把城市的资源怎么引到农村来，同时推进一二三产融合，让农村的产品能够畅通无阻地流进城市。

四、实现乡村振兴必须坚持党对乡村的领导

乡村振兴一个非常重要的经验，就是给钱给物不如建一个好的党支部。所以我们要认真实施《中国共产党农村基层组织工作条例》和《中国共产党农村工作条例》。一是要完善党对乡村振兴实施战略工作的领导机制，要明确省市县乡村五级书记是实施乡村振兴战略的第一责任人，只有这样才能落到实处。二是要加强党对农村基层工作的领导，核心问题就是要把农村基层的党支部建设成为坚强的战斗堡垒，要选优配强村党组书记，实施农村带头人的培训。三是要加强党对农村社会文明建设的领导，包括落实社会主义核心价值观，建立乡规民约，推进乡村生态文明建设。四是要加强党对乡村社会建设的引导。在人民群众中通过社区、村组的建设，把基层治理好，真正解决过去经常讲的基础不牢、地动山摇的问题。昨天下午我们去看了上李家村的道德评议，用视频滚动式播出，这个非常好，中国人非常注意自己的形象，俗话讲的脸面，在那一播送，打分低，存在的问题就能及时得到整改和督促，因此是行之有效非常好的做法。同时通过乡村治理解决农村的社会负面问题，即宗族势力、宗教势力和黑恶势力问题，保证党的方针政策、党中央的声音能够传到最基层，传到社区。

五、实现乡村振兴必须牢牢抓住国家启动 经济内循环的历史机遇

改革开放几十年，特别是在东部沿海地区形成了一批外向型的出口依赖性的经济，中央根据疫情发展，以及目前国际形势的变化，及

时提出了启动经济内循环，这是一个重大的英明决策，这对乡村振兴来说是一个战略性的历史机遇。2020年4月8日，习近平总书记在关于常态化防疫和恢复生产秩序的中央政治局常委会上明确提出，要不失时机地畅通产业循环、市场循环、经济社会循环。7月21日，在专家座谈会上他再一次提出，必须充分发挥国内超大市场规模的优势，通过繁荣国内经济，畅通国内大循环，为我国经济发展增添动力，带动世界经济复苏，逐步形成以国内大循环为主体、国内国际双循环相互促进的新发展格局。7月30日中央政治局会议决定，要启动经济的国内大循环。这是一个极其难得的机遇，我们要充分抓住利用这一机遇。农村是一个大市场，乡村振兴有大需求，内需和外需的差异化，这些都为进一步推进乡村振兴提供了机遇。目前的外向型出口依赖性经济，要适应内循环的要求，必然会引起产业结构的重大调整，市场产品需求的重大变化，和产业链的重新构建。而如此这样一个大市场、大需求，必然会对内需内循环产生极大的牵动或吸引。所以我们要利用这个机会，让乡村振兴计划能够进入"十四五"规划编制的盘子，能够作为经济内循环一个重要的内容，从而更好地做好乡村振兴这个大文章。

最后，让我们更加紧密地团结在以习近平同志为核心的党中央周围，以习近平新时代中国特色社会主义思想为指引，认真实施乡村振兴战略，不忘初心，砥砺奋斗，为中华民族的伟大复兴贡献我们的力量。

——在2020中国乡村振兴发展大会上的发言

（根据录音整理）

树牢绿色发展理念
推进农业高质量发展 *

　　为了深入学习贯彻党的十八大、十九大会议精神，大力推进乡村振兴战略实施，中国小康建设研究会、宁波市农业农村局、鄞州区人民政府共同举办的乡村振兴大会，今天隆重开幕了。我受中国小康建设研究会的委托，对大会的举办表示热烈的祝贺！对出席会议的各位领导、各位嘉宾、各位朋友表示热烈的欢迎！

　　近年来，特别是党的十八大以来，宁波和鄞州认真学习贯彻习近平新时代中国特色社会主义思想和"三农"论述，认真实施乡村振兴战略，经济社会发展取得重大成就。特别是大力实施乡村振兴战略，推进农业农村现代化建设，有力促进了城乡融合和经济社会的高质量发展，积累了宝贵的经验。听了刚才的几个讲话，深受教育和启发。宁波和鄞州的乡村振兴经验具有典型性、指导性和创新性。

　　2020年是"十三五"时期的收官之年，是我们即将迈向"十四五"时期的关键之年。在这个重要的时间节点上，在鄞州举办乡村振兴大会，深入学习习近平新时代中国特色社会主义思想和"三农"论述，

---

　　* 尹成杰，原农业部常务副部长。

总结交流实施乡村振兴战略典型经验，对推进"十四五"时期的乡村振兴很有意义。

自党的十九大提出乡村振兴战略的三年来，我国"三农"以乡村振兴为总抓手，认真贯彻党的十八大、十九大精神，大力推进乡村振兴战略的实施，积极应对来自国际上各种风险与挑战，应对自然灾害、新冠肺炎疫情的影响，统筹推进复工复产与"三农"工作，奋力前行，顽强拼搏，乡村振兴取得了重要的阶段性成果。农村基层党的组织建设明显加强，进一步加强对"三农"工作的全面领导；农业的综合生产能力明显提高，并达到了一个较高的阶段性水平；精准扶贫和农村全面小康建设取得明显成效；农村综合性改革不断深化；农业科技进步创新明显加快；农业农村发展的新业态、新模式、新动能明显增多；城乡融合发展加快推进；农业的资源和生态环境保护的力度不断加大；乡村基层社会治理进一步加强；农村居民的生活水平明显提高。我国实施乡村振兴战略取得重大成就，并且积累了宝贵的经验，为"十四五"时期加快推进乡村振兴战略的实施奠定了坚实的基础。

当前，推进乡村振兴战略的实施面临新形势、新机遇、新动力。习近平总书记指出，要正确认识和判断形势，要化危为机，在危机中抓住机遇，在变局中开辟新局。今年以来，习近平总书记就经济社会发展和应对国际国内各种风险挑战作了一系列的重要讲话。中央就经济高质量发展、统筹推进疫情防控和经济社会发展、加快形成双循环发展新格局、大力推进长三角一体化高质量发展、扩大服务贸易对外开放等，作出了一系列的重要部署。这充分表明我国经济转型升级高质量发展的新格局正在形成，乡村振兴的新机遇、新动能正在形成。我国实施乡村振兴战略仍然面临着难得的发展机遇和条件。只要我们认真贯彻党的十八大、十九大的会议精神，正确认识机遇、抓住机遇、善用机遇，我们就能够大力推进乡村振兴高质量发展。

当前，正值"十三五"时期向"十四五"时期转换的重要时期。按照乡村振兴战略三步走的战略目标，到 2020 年末，乡村振兴的制度框架和政策体系基本形成，各地区各部门乡村振兴的思路举措得以确立，全面建成小康社会的目标如期实现。"十四五"时期要为实现乡村振兴第二步、第三步战略目标而不懈努力，到 2022 年，乡村振兴的制度框架和政策体系初步建立；到 2030 年，乡村振兴取得决定性进展，农业农村现代化基本实现；到 2050 年，乡村全面振兴，农业强、农村美、农民富全面实现。当前和今后一个时期，乡村振兴的任务艰巨繁重，要为"六稳""六保"和"十四五"时期国民经济社会发展奠定坚实的基础，为实现"十四五"乡村振兴的目标而不懈努力。

乡村振兴是一项前无古人、具有战略性、长期性的宏伟工程，让我们认真学习贯彻习近平新时代中国特色社会主义思想，认真学习贯彻党的十八大、十九大精神，坚持中央新的发展理念，不忘初心，牢记使命，奋力拼搏，大力推进乡村振兴战略的实施，夺取农业农村两个现代化建设的新成绩！

——在 2020 中国乡村振兴发展大会上的致辞

脱贫攻坚与乡村振兴有机衔接 [*]

很高兴来参加这次乡村振兴发展大会，围绕大会的主题，结合这些年在农村的调研，我想主要就搞好脱贫攻坚与乡村振兴有机衔接谈一些认识和看法。

一、做好脱贫攻坚与乡村振兴衔接是当前农业农村工作的一项重要任务

目前是农业农村发展非常重要的历史时期，在 2020 年，一方面脱贫攻坚要取得决定性的胜利，所有贫困户都要一同进入小康。另一方面，乡村振兴要取得重要的进展，要为实现农业农村现代化打下坚实的基础。在这样一个百年历史的交汇期，统筹推进乡村振兴和脱贫攻坚的衔接，对农业农村发展具有重要的意义。如果搞得好，就能使已经脱贫摘帽的贫困户和农村地区通过实施乡村振兴更好地巩固脱贫

＊　陈晓华，第十三届全国政协农业和农村委员会副主任。

的成果，持续推进经济社会的发展，更好地改善人们的生活。但是如果搞不好，可能使已经摘帽和脱贫的地区和人群出现返贫，脱贫的成果就会缩水，一些地方和人群与全国的差距就会越拉越大。所以，中央对解决这个问题高度重视。在 2018 年，中央关于乡村振兴的实施意见就明确提出来，要做好实施乡村振兴战略与打赢脱贫攻坚战的有机衔接，在乡村振兴中把脱贫攻坚作为一项重要的任务来统筹安排。2019 年和 2020 年的中央一号文件也反复强调这个问题。中央提出这个任务是有很强的针对性的。从调研来看，我国原来 800 多个扶贫县，一部分还需要啃硬骨头，2020 年还有 50 多个县、1000 多个村、几百万人需要脱贫；一部分刚脱贫摘帽，需要巩固脱贫的成果，防止和减少返贫；还有一部分，脱帽比较早的已经开始谋划和探索实现乡村振兴的路径和办法。

我们需要高度重视这个事情，把脱贫攻坚和乡村振兴很好地衔接起来，它们之间的相互关系是相辅相成、有机统一的。首先要看到，脱贫攻坚是乡村振兴的重要前提和优先任务。没有脱贫，全面小康就没有完成，就无法实现农业农村的现代化，所以这是一个前提。乡村振兴最终是要实现共同富裕，所以不把贫困问题解决了，就不能算真的乡村振兴。

还要看到，这两项任务，也有差异和不同点，在工作的任务目标上，脱贫攻坚主要是解决"两不愁三保障"的任务，而乡村振兴是全面的振兴，是五句话。在时间节点上，乡村振兴是要伴随农业农村现代化的整个过程，中央已经把 2022 年、2023 年，到 2035 年的目标规划都定出来了，所以是一个长期的过程。

在工作的方式上，脱贫攻坚是精准发力，要到点、到户、到村，而乡村振兴是一个面，包括了整个农村和区域的发展以及和城乡的融合。所以可以说，脱贫攻坚和乡村振兴是"两个一百年"奋斗目标中接续推进的不同阶段的重点任务。

二、做好脱贫攻坚与乡村振兴的衔接，既有许多有利的条件，也面临不少的困难和挑战

应该说这些年，我们为脱贫攻坚做了大量的工作，取得了巨大的成绩，这也为实现乡村振兴奠定了很好的基础。从调研来看，这些年贫困地区的产业发展有了很大的进展。脱贫的贫困户中，60%是通过产业和就业来实现脱贫的。同时，贫困地区的基础设施条件也有了很大改善，水、电、路、气、房、通讯，有了很大的改善。我们到了一些村，看到贫困村的建设，有的水平比一般村还高，贫困户的社会保障的水平比一般的边缘户还高，所以有了很大的变化。还有贫困地区的人才保障状况有了很大的改观。这些年我们见到不少扶贫工作队第一书记，在脱贫攻坚中发挥了重要的作用，比较好地解决了脱贫攻坚和乡村振兴人才不足的问题，这些都为做好脱贫攻坚与乡村振兴的衔接奠定了基础。

但是也要看到，做好这两个衔接，也不是一件轻轻松松的事情，也面临一些困难，现在比较突出的，反映比较多的，第一，是提高产业发展的市场化程度问题。农业产业的形成、发展和成型，没有三五年、七八年是很难见效的。而脱贫攻坚，我们有规定的时间、规定的任务，只是创造了一个条件，打了一个基础，现在很多产业的基础并不牢固。我们形成这些扶贫产业更多的是靠政府这只手来支撑，市场的作用发挥得还不充分，产业链条、市场主体还没有真正发力，所以产业的发展始终是一个弱项和短板。

第二，激发内生动力和自身活力的问题。贫困户的脱贫、贫困村的脱贫，主要是靠各方面的支持和重视，不少反映，现在内生动力不足，甚至有的形成了"等靠要"的思想。所以在脱贫的后期，中央反复强调，对干部而言，要防止搞数字脱贫，搞形式主义，弄虚作假；对群众而言要引导和解决好内生动力不足的问题。乡村振兴是全面的振兴，没有发挥农民的主体作用是很难持久的。这个问题现在是看到了，实事求是地讲，办法并不多，需要很好地探索和解决。

第三，保持扶贫攻坚正确的稳定性和连续性。这是一些贫困地区反映比较多的问题，我们对贫困地区有一整套特殊的政策，如果这些政策退得过早，支持力度减弱，扶贫成果就很难巩固，就更难继续实现乡村的振兴。

三、做好脱贫攻坚与乡村振兴的衔接需要抓住关键环节

怎么衔接？从一些地方的经验上来看，我觉得应该从五个方面发力：

一是做好领导体制的衔接。这是要继续发挥我们的政治优势和制度优势，五级书记亲自抓。这是脱贫取得决定性胜利的最重要的经验和因素。实现乡村振兴同样需要如此，不能摘帽了，领导的力量就减弱了。所以一些搞得好的地方，把扶贫的领导体制直接转为乡村振兴的领导体制，效果还是比较好的。同时要继续完善干部的考核办法和机制，要很好地总结在脱贫攻坚中我们对干部的一些有效考核的办法，实事求是地运用到乡村振兴的干部考核中。

二是做好发展规划的衔接。扶贫攻坚有目标，有任务，有行动，

有计划，有项目，搞得很实，而乡村振兴的规划不能搞得虚了，也应该像脱贫攻坚一样搞得非常实。现在对乡村振兴的规划，中央已经有了指导性意见，关键是要把县、乡、村的规划搞起来，实事求是地讲，过去在搞新农村建设的时候，每个村都有规划，但是基本上没有坚持下来。要不就是经常换频道，要不就是规划目标脱离实际，所以应该在扶贫规划的基础上，按照缺什么补什么的原则，按照新的目标要求，尽快地充实这个规划，尤其是一些重点项目，应该继续在乡村振兴规划中体现。

三是要做好政策保证的衔接。脱贫攻坚我们采取了非常规的办法，特殊的政策，现在政策的衔接非常关键，中央已经明确要设定过渡期，这需要我们在实践中很好地研究和探索，梳理一下政策，这些扶贫的政策哪些应该转为常态化、制度化的政策，哪些需要逐步退出，需要多长时间，怎么来结束，这些都要经过大量的调查研究和实践的论证，所以这个问题需要上下努力，认真解决。

今后的政策，恐怕更多的是要考虑普惠性、区域性的政策，因为在乡村振兴这个阶段，是全面的振兴，而且不是一个点上的问题。现在很多建设，整个区域发展起来了，贫困村才能真正发展得好，这是政策衔接的问题。同时要考虑一些社会保障的政策，怎么衔接好。现在大家议论比较多的，包括贫困户的医保报销比例等问题，怎么来缩小边缘户和贫困户之间的差距，这就需要通过乡村振兴和一些制度做好安排，认真解决。

四是做好重点举措的衔接。乡村振兴和扶贫攻坚的衔接，在工作上应该说是完全可以对接起来的。第一个就是产业发展举措的衔接，怎么样在脱贫攻坚产业扶贫的基础上规模化，提高规模化的程度和组织化的水平，把市场培育起来，把产业链建起来。同时要做好基础设施的衔接，尤其是公共路网的联通，该升级的要升级，该改造的要改造。

五是做好工作队伍和人才的衔接。乡村振兴也好，脱贫攻坚也好，关键在人，要解决好这方面的问题，现在看来比较有效的有如下几点：首先是要留下一部分人，贫困村脱贫了以后，工作队不能完全撤，需要留一部分，转为乡村振兴的工作队。其次是要引入一部分人，通过政策的激励，使一些人才回流农村，有些可以发展产业，有些可以发展社会事业，甚至有的可以成为乡贤，参与乡村的治理。最后还要培养一部分乡土人才，这是最根本的。需要很好地统筹，认真地来解决好乡土人才的培养，从而保证脱贫攻坚与乡村振兴的有效衔接。

——在 2020 中国乡村振兴发展大会上的发言

（根据录音整理）

浙江：深入贯彻落实乡村振兴战略 *

实施乡村振兴战略，是关系全面建设社会主义现代化国家的全局性、历史性的任务。在全国上下决战决胜全面建成小康社会，奋力实现第一个百年奋斗目标的关键时期，2020中国乡村振兴发展大会今天在宁波隆重召开，这是助推乡村振兴战略高质量实施的有利举措，也是宁波学习专家新理念、各地好经验的有利时机。首先我代表中共宁波市委、市人民政府，对各位嘉宾和朋友的到来表示热烈的欢迎，对大家一直以来给予宁波经济发展的关心和支持表示衷心的感谢！

同时，也感谢中国小康建设研究会把本次会议定在宁波举办。实施乡村振兴战略是党的十九大作出的重大决策部署。近年来，宁波深入学习贯彻习近平总书记关于"三农"工作的重要论述以及给余姚市横坎头村全体党员回信的重要精神，全面贯彻落实党中央、国务院、省委省政府的决策部署，坚持把实施乡村振兴战略作为新时代"三农"工作的总抓手，走出一条具有时代特征、宁波特色的农业农村现代化路子，许多工作走在了全省全国的前列。我们注重农业农村优先发展，建立健全城乡融合发展的体制机制和乡村振兴规划政策体系，成

＊ 裘东耀，浙江省宁波市委副书记、市长。

为省部共建乡村振兴示范省、先行的创建市。我们围绕着产业兴旺，部署实施"4566"乡村产业高质量发展的行动，大力发展绿色农业、特色产业，率先基本实现农业现代化，荣获"国家农产品质量安全市"的称号。我们狠抓生态宜居，深入践行"绿水青山就是金山银山"的理念，着力开展农村环境的整治、村庄景区化的建设和美丽乡村的建设，实现农村生活污水治理的基本全覆盖。我们注重乡风文明、深化创建全域化、高水平的文明城市，部署建设新时代文明实践中心，全国文明镇、全国文明村的数量位居全省首位。我们聚焦治理有效，积极推动乡村治理体系和治理能力的现代化，村民说事、农村小微权力清单入选了全国首批乡村治理的典型案例，鄞州区、象山县成为全国首批乡村治理体系建设的试点。我们努力提升农民的生活水平，全市的农民人均可支配收入接近 3.7 万元，位居副省级城市第一，城乡居民收入的倍差缩小到 1.77，远远低于浙江省的 2.01 和全国的 2.64 的水平。到 2020 年底将实现 70% 以上的行政村集体经济的总收入 100 万元以上，所有的行政村的集体经济总收入 30 万元以上。

本次大会以创新发展新模式、推动乡村新发展为主题，将举办主旨演讲、案例发布、巅峰对话等系列活动，同时还将签约一批重大的项目，真诚期待各位嘉宾给我们分享新的理念、新的思路，期待各地区各领域的领导和嘉宾给我们提供好的案例、好的做法，我们也衷心期盼大家对宁波的工作多提宝贵意见，一如既往地给予我们关心、指导和帮助。我们将深入学习贯彻习近平总书记考察浙江、考察宁波重要讲话精神，积极吸纳本次大会的丰硕成果，认真学习、借鉴兄弟城市的先进经验，持续推动乡村振兴战略在宁波走深、走实，为全国的乡村振兴发展贡献更多的宁波力量，奋力当好浙江建设重要窗口模范生。

——在 2020 中国乡村振兴发展大会上的致辞（根据录音整理）

准确把握乡村治理的方向和重点 *

根据会议的主题，今天我就加强和改进乡村治理工作，谈几点看法。

治理有效是乡村振兴的重要内容，也是乡村振兴的基础，乡村治理不仅关系到农业农村改革发展，更关乎我们党在农村的执政基础，影响着社会的大局稳定。近年来，党中央国务院对乡村治理作出了一系列重大部署，各地也高度重视加强乡村治理体系建设，积极探索有效的方法和举措，取得了一定的成效。比如，刚才介绍的鄞州区"一核三治五共"治理模式、"三六五"工作法等，都是很有效的方法创新，对推进鄞州区的乡村治理和全域治理起到了重要的作用。这两年，我们加强调研，不断总结各地的经验做法，也推出了两批案例。从各地的实践经验看，在工作中需要把握好方向和重点。

（一）坚持和完善党领导乡村治理的体制机制。党管农村工作是我党的传统，也是我们的优势。乡村治理的范围已经拓展到农村经济、政治、文化、社会、生态文明建设等各个领域，是一项涉及面广

---

* 张天佐，农业农村部合作经济指导司司长。

的系统工程。因此，我们要毫不动摇地坚持和加强党对乡村治理工作的领导，落实县乡党委抓农村基层党组织建设和乡村治理的主体责任，加强和完善村党组织对村级各类组织的领导。要全面加强农村基层党组织和党员队伍建设，这是党在农村全部工作和战斗力的基础，任何时候任何情况下都不可放松。要继承和发扬我们党联系群众的传统，把党在农村的阵地建到农民群众的心里，把政治优势转化为实际的效果。

（二）坚持农民在乡村治理中的主体地位。我们从过去的社会管理转向社会治理，一字之差，其治理的理念、思路、方法、手段完全不同。过去主要依靠政府进行单向管理，现在转向社会各方多元共治，推进共建共治共享。农民是乡村的主人，也应当是治理的主体，乡村治理的核心就是要突出农民群众的参与。当前，农村改革发展中"干部干、群众看"的现象比较突出，农民群众参与乡村治理的积极性不够，参与的途径不多，各类社会组织、志愿者力量还比较弱，这是乡村治理面临的一个重大课题。一要尊重农民的主体地位，充分调动和发挥好广大群众的积极性、主动性，组织和引导农民群众广泛参与，让农民自己"说事、议事、主事"，做到村里的事情村民商量着办，形成民事民议、民事民办、民事民管的治理格局。二要尊重基层和农民的首创精神。40多年农村改革的伟大实践，很多重大政策都是在总结农民创造的基础上再在全国确立和推开的。在符合中央精神、遵守国家法律法规、保障农民利益的前提下，要鼓励基层和农民群众大胆创新。

（三）坚持把握和顺应乡村发展规律。一方面，作为传统农业大国，我国的乡村经过数千年历史沉淀，有深厚的历史底蕴和文化传统，乡村治理要建立在这个基础上，不能以城市思维开展农村治理。乡村治理要补齐的，是农村治理的短板，并不是要消灭农村的生活模式、传统习俗乃至生存方式。另一方面，我们也要深刻认识到，当前我国农村正处在社会结构深刻变动、利益格局深刻调整、农民思想观念深刻变化的过程中，人们的利益关系更加复杂，对民主、法治、公平、正义、安全、环境等方面有了更高的要求，对获得感、幸福感、安全感有了更高的期待。同时，以互联网为代表的现代信息技术日新月异，深刻地改变着人们的生产生活方式，我们必须顺应历史发展变化的大趋势、大逻辑，深入分析乡村治理面临的新机遇、新挑战，正确处理好历史与当今、传统与现代、老办法与现代技术手段的关系，准确把握前进方向、顺应历史发展规律，与时俱进地探索乡村治理的有效实现形式。

（四）坚持自治法治德治相结合。健全自治、法治、德治相结合的乡村治理体系是中央根据我国农村社会治理的基本制度安排和特点提出的，自治、法治、德治相结合是一个整体。要以自治增活力，鼓励把群众能够自己办的事交给群众，把社会组织能办的事交给社会组织，把市场能做的事交给市场，打造人人有责、人人尽责的基层社会治理共同体。要以法治强保障，更好地运用法治思维和法治方式谋划思路、构筑底线、定分止争，营造办事依法、遇事找法、解决问题用法、化解矛盾靠法的良好氛围。要以德治扬正气，强化道德教化，提升农民的道德素养，厚植乡村治理的道德底蕴，深入挖掘熟人社会中的道德力量，德、法、礼并用，通过制定村规民约、村民道德公约等自律规范，弘扬中华优秀传统文化，教育引导农民爱党爱国、向上向善、孝老爱亲、重义守信、勤俭持家，增强乡村发展的软实力。

（五）坚持聚焦突出问题。乡村治理必须坚持问题导向，重点围绕乡村治理中的难点、痛点、堵点问题，针对农民群众的操心事、烦心事，研究破解问题的办法。从一些地方成功的实践看，往往从问题突出的小切口切入，在有效解决这类小问题的同时，农村很多其他问题也迎刃而解。比如，针对农村小微权力监督问题，浙江宁海推行小微权力"36条"，不但规范和约束了小微权力，而且改善了干群关系，推进了民主政治建设，增强了农民参与治理的积极性主动性。针对民意反映不充分、矛盾纠纷化解难的问题，象山建立了"村民说事"制度，坚持把"村民说事"常态化、制度化，经过10多年的推行，从农民最初的说纠纷、说抱怨到现在的说发展、说建设、说理念，"村民说事"的内容不断革新，小小的"村民说事"，成为乡村治理的主要抓手。还比如，针对农村婚丧嫁娶大操大办、天价彩礼等问题，河北肥乡区坚持各级党委牵头，依靠村民自治组织制定约束性的措施，对红白事的桌数、天数、席面、礼金数额等制定标准，运用法律对迷信活动、非法红娘进行治理整顿，同时要求党员干部带头，运用党纪问责违规党员干部。通过综合运用宣传、教育等手段，不良社会风气得到有效遏制，平均办理红白事支出不及之前的六分之一。人人厌恶且又无法摆脱的揪心事、烦心事得以彻底解决。

（六）坚持治理重心下沉。乡镇和村处在农村工作的一线，上级部署的各项任务、提供的公共服务，绝大多数要靠乡镇和村来落地。农民群众和政府、党员干部打交道，主要是在乡镇、村。农民群众对党在农村政策的感受，也主要来源于乡镇、村所提供的服务水平。当前，乡村公共服务和管理的整体水平仍然不高，服务内容和权利责任有待细化，服务方式和管理机制还不完善，成为乡村治理的突出短板。要推动治理重心向基层下移、干部力量向基层充实、财政投入向基层倾斜、治理资源向基层下沉，切实提高基层的治理能力。与此同时，还要探索三个方面的问题。一是建立县乡联动机制。从目前的法律规定和权能配置看，行业管理、资源配置、执法监督乃至人权、财权等更多地集中在县区级，而事权更多地放到了乡镇，对乡镇的赋权赋能不够。要探索县直部门与乡镇（街道）的联动机制，增强乡镇统筹协调和治理能力。近几年北京推广"街道吹哨、部门报道"的做法，在现有区直部门、乡镇（街道）权能基本不变的情况下，通过加强联动，让属地管理的职责和部门职责有效衔接，提高了基层治理效能。二是规范村级组织工作事务。要充分考虑基层工作实际，清理整顿村级组织承担的行政事务多、各种检查评比事项多等问题，切实减轻村级组织负担，使其集中精力解决村内事务。三是持续推进"放管服"改革和"最多跑一次"改革向基层延伸，探索健全基层服务一体化平台，为农民提供"一门式办理""一站式服务"，真正做到为农民多办事，让农民少跑腿。

（七）坚持丰富村民议事协商形式。村民议事协商是村民自治的基本形式，也是化解农村社会矛盾、激发乡村发展内生活力的重要方式，必须创造条件、创新形式丰富和发展。一要创新议事协商形式。在坚持村民会议、村民代表会议研究决定重大事项的同时，要因地制宜地创新议事协商的形式，让农民有更多的渠道表达自己的意见。同时，更重要的是说了要有用、有结果、有反馈，这样农民才更愿意说，更愿意参与。二要拓宽议事协商范围。让村民议事覆盖矛盾纠纷、经济决策、开展移风易俗、人居环境整治、维护公共秩序等方方面面，通过村民参与议事讨论、汇集智慧、达成共识，共建共治共享。三要搭建多方主体参与的平台。随着我国农村从封闭走向开放，农村社会结构变化很大，中西部走出去的多，东部外来人口多，新型农业经营主体、各类组织也发展很快，不同主体利益诉求、价值观念差异很大，这就需要为本地村民、外来居民、企业和社会组织等搭建交流互动、议事协商、民主管理的平台。

（八）坚持创新现代乡村治理手段。当今社会，以互联网、云计算、大数据和人工智能为代表的现代信息科技迅猛发展，为基层社会治理创新带来了无限空间和广阔前景。我们要充分利用现代信息技术推进治理方式和治理手段的转变，探索建立"互联网＋"的治理模式，推进各部门信息资源的整合共享，提升乡村治理的智能化、信息化、精准化、高效化水平。

自古以来，郡县治，天下安；乡村治，郡县稳。乡村治理是国家治理的基石，也是国家治理的短板。我们必须加快建立健全乡村治理体系，推进治理体系和治理能力现代化，确保国家长治久安。

——在 2020 中国乡村振兴发展大会上的发言

民营经济在乡村振兴中发挥重要作用 [*]

中国乡村能够振兴，包括鄞州取得的成绩，最关键的是大力发展民营经济，包括治理。

过去农民种地种了几千年，从来没有致富过，改革开放以后，正是因为发展了民营经济、民营企业，才使得农民、农村出现了新的面貌。从相关材料可以看到，鄞州的农民去年的人均收入是 36789 元，现在每个农民的月收入是 3050 元。应该说是进入了中等收入，这一切我认为主要就是民营经济发展的结果。

江浙一带与全国来比较，民营经济发展得好，包括浙江能够成为全国人均收入最高的地区，我认为浙江最亮的一条风景线，主要还是在于民营经济。

为什么民营经济能够在乡村振兴当中发挥这么好的作用呢？一是农村有少量的顶天立地的大企业，还有铺天盖地的民营的中小微企业，比如鄞州有 80 万的户籍人口，有十几万的市场主体，这都是民营企业，它为我们提供了"5678"的业绩。

---

* 庄聪生，中华全国工商业联合会原副主席。

二是民营企业很多在农村通过建立农业产业的现代化，根据实际来发展各种农业产业，包括农村的种养殖业，使得农民能够致富。

三是村企结合，现在我国进入全面小康的最后攻坚阶段，习近平总书记提出来精准扶贫，现在全国有十几万个民营企业结对了十几万个村。这些形式使得乡村能够振兴，因为民营企业脱贫致富是目前效果较好的，比如说一个农民，没有收入，只种地，一家三口人，收入可能也就几千块钱。但是一旦办起民营企业，让农民打工，一个月可能 3000 元，在鄞州可能 3000 元都招不到工人，可能要 4000 元到 5000 元，平均下来一个月 4000 元到 5000 元，一年的收入马上就能够脱贫。民营经济、民营企业在乡村振兴和脱贫致富当中发挥着这么重要的作用。

最近几年民营经济在发展过程当中，面临着很多的痛点、堵点和难点，特别是这次疫情的冲击，使得 60% 的民营企业遭受重创，也是民营经济自改革开放以来最困难的时期。在这样的情况下，我们一方面要营造更好的营商环境，来激发各类市场主体的活力。另一方面要落实中央对民营经济的一系列政策，让民营企业能够渡过难关，另外要构建亲清的政商关系，帮助民营企业解决各种困难和问题，使得民营企业更快更好地发展，在乡村振兴当中发挥更大的作用。

最后我用一句话来点题，我们要营造更好的营商环境，推动民营经济在乡村振兴当中发挥更大的作用。

——在 2020 中国乡村振兴发展大会上的发言

（根据录音整理）

农业品牌化助力乡村振兴 *

我来自农业农村部农产品质量安全中心,我从农产品质量安全方面谈几点意见供大家参考。

我认为,要生产出来高质量的农产品,第一,必须品牌农业先行。经过大家的努力,现在的农产品是琳琅满目,吃饱的问题可以说已经解决了,下一步的重点是解决如何吃好的问题。我们生产出来这么多的农产品,就靠我们中国人是吃不完的,只有那些在市场真正卖出去的农产品才变成了有效供给,实现增加农民收入的目标,那就是有竞争力的品牌农产品,如有机农产品、绿色农产品、GAP 认证农产品。我们要做的就是把品牌农业做好,把高质量这张牌打好。

第二,我觉得要实行农产品生产的全程控制。因为农产品从田间到餐桌链条很长,水产品就很明显,养殖的时候出池是没有安全问题的,但个别到了餐桌上就有问题了,这是因为中国人喜欢吃鲜活的,在运输的过程中一些不法商人可能添加一些违规东西,这样离开产地时合格的产品就变成不合格了。因此,我们必须要对农产品的生产运

---

* 寇建平,农业农村部农产品质量安全中心副主任。

输等全过程实行质量控制，才能最终保证农产品的安全。

第三，应该要实现规模化经营。中国从总体上说人多地少，属于小农经济，必须解决小农户对接大市场的问题。近年来咱们的合作社、种养大户这一块发展特别快，在向规模化迈进。农业的现代化首先是规模化，只有规模化上去以后才能实现标准化，而标准化才是让农产品走入市场、保障质量和竞争力、增加市场份额最有效的办法。

第四，是要重视包装标识工作。因为过去大家都知道，大筐、大麻袋的运输，卖不出去，也卖不出价钱。现在要把包装标识搞上去，和人一样，农产品也要穿上漂亮的衣服，走入市场，更好地为我们服务。逐步实现单果包装上市，销售净菜，而不是带根带土销售，不能食用部分占一定比例，增加了城市垃圾的数量，大家把这种现象形象地比喻为"垃圾搬家"。

第五，也是最后一条，要守住安全底线。如果生产出来的农产品不安全，存在安全问题，那生产运输等什么都白做，因此，我们要把好农产品安全关，不能因为农药或重金属残留超标，让生产出来的农产品变成有机垃圾，所以农产品的安全底线一定要守住，确保消费者舌尖上的安全。

——在 2020 中国乡村振兴发展大会上的发言

推进乡村治理体系与治理能力的现代化[*]

宁波是一个好地方，今天很高兴再次来到宁波。这次的对话主题是全域治理，全域治理的一个关键词就是域，是一个区域的概念，它是既包括城又包括乡的全方位、全领域治理的概念。我们一般讲全域治理，说宁波市、鄞州区、某一个乡某一个镇进行全域治理，这不行，这个全域治理一定要用城乡统筹的理念来治理，乡村治理只是其中一个很重要的方面。

现在中央已经明确提出来，要实施乡村振兴战略，乡村振兴战略的总目标就是要实现农业农村现代化，到2035年要基本实现农业农村的现代化，到2050年要全面实现农业农村的现代化。农业农村现代化，关键核心的问题是要实现乡村治理体系与治理能力的现代化，这就要构建一个现代化的自治、法治、德治"三治"一体的乡村治理体系，自治、法治、德治能够有机结合，形成一个能适应现代化需要的治理体系。

第二点是乡村治理能力要现代化。现在乡村治理能力与城市相

---

* 魏后凯，中国社会科学院农村发展研究所所长、研究员。

比，差距很大，远远不能适应农业农村现代化的需要。我把它叫作能力缺口，下一步一定要填补乡村治理能力的缺口，加大力度，推进乡村治理能力的现代化。

第三点是乡村治理一定要走模式多样化的道路。每一个村庄、每一个地区特色、发展类型是不一样的，不能千篇一律，不能把一个地区的模式没有改变地搬到另外一个地区去。所以我觉得乡村治理的模式一定要特色化，一定要多元化，这一次我们搞了 25 个案例，我觉得很好，就体现了乡村治理的多元化。

最后一点是乡村治理手段要智慧化、智能化，利用现代科技的手段，信息化、大数据的技术，来实现乡村治理的能力。一个很核心的问题，就是城乡融合的大的视角下，来推进乡村治理体系跟治理能力的现代化。

——在 2020 中国乡村振兴发展大会上的发言

（根据录音整理）

探索乡村产业的高质量发展新路径 *

　　我结合今天的主题谈一谈我的看法。我来自农业农村部规划设计研究院，刚才在座的很多领导谈到了一定要规划先行，其实说白了，就是策划好，把应该做的事情在时间上和规划上安排好。

　　我想谈谈乡村产业的高质量发展。所谓的高质量也是五位一体的高质量，昨天参观湾底村的时候我体会到人民第一、创业万岁。搞产业和政治有什么关系？实际上关系很大，怎么样让老百姓过上好日子，让老百姓觉得社会主义好、觉得共产党好，这就是最大的政治，所以首先要认清楚它的本质。怎么样规划好这个产业？一般来说，搞产业要瞻前顾后，调整好产业。瞻前是什么呢？刚才陈剑平院士提到，一个是瞻市场的需求，第二个是瞻资源禀赋。因为农业和工业有很大的不同，农业的资源禀赋要是利用好，成本就会降低。

　　市场需求要考虑产业自身，主要构建经济结构，首先要想好要什么样的产品，这个产品不光是农产品，包括提供的任何一种方式的物质、非物质的东西，比如说旅游，包括生产粮食，所有这些都要考虑

＊　齐飞，农业农村部规划设计研究院总工程师。

到。我们要考虑做什么，再考虑到我有什么样的产业支撑，这个产业不一定在村里，放在什么地方都行，就是在空间上怎么来优化它，这是产业本身。最后特别重要的是"顾后"，就是探索什么样的模式。我从三个方面考虑怎么样把这个产业搞长、搞得有竞争力：

第一，要什么样的技术模式。我用这个技术怎么样支撑这个东西，不太容易被人家来打败。同时我前期技术选择比较好，后期发展起来非常轻松。昨天参观了湾底村，它是4A级景区，进去那个温室里，非常漂亮。看得出来，这个温室的选择上还有很多技术的短板，现在已经限制它变成5A级景区了。

第二，组织模式应该怎么弄。同样一个村子，用不同的人、不同的形式来经营，它的结果完全不一样，在设计这个组织的时候就想好用什么样的方式，用什么样的人来把这个产业经营好。昨天参观的两个村是不太一样的，第一个村是集体经济，把其他的企业都买回来；第二个村是各自发挥各自的优势，用五光十色的模式让农民能够挣钱，只要是合适的，能够促进发展的模式就可以。

第三，也非常重要，产业发展应该选择什么样的模式。浙江人敢想敢做敢闯，能吃得天下苦，享得天下福，这是他们一个很大的特点，在政策上很多方面的创新，不管是治理的政策还是产业的政策，有很多创新，非常值得我们学习，它能够变成一个产业发展的加速器。

我是搞规划的，更加希望从实践中学到更多的东西，把这张美好的蓝图放在中国的各个地方，让全中国都像浙江一样美。

——在 2020 中国乡村振兴发展大会上的发言

（根据录音整理）

高水平推进乡村振兴
打造生态农业样板 *

　　非常高兴今天能够跟大家做一个简单的交流。最近我和央视一块在浙江做了 8 期关于新农村的节目，我们对浙江的乡村振兴做了一个观察，我想借着这个机会跟大家分享一下。我特别高兴，因为今天这样的一个大会，是在我的老家举行，我是鄞州人，这就是我的家乡。我从 2012 年开始乡村振兴的研究，当时把它叫作乡村复兴的研究，因为当时习近平总书记提出伟大民族的复兴，我觉得伟大民族的复兴首先从乡村复兴开始。我的研究就是坐在这个山里边，怎么样把老天爷的经济、老祖宗的经济，通过现代的手段，变成老百姓的经济，我就是从这个地方开始研究这样一个战略。2019年，鄞州区领导想让我当我老家村里的第一书记，虽然我有点纠结，但是基于对老家的热爱，我接受了。就这样，我成为老家的第一书记。

　　2016 年我对老家进行了规划，把它定位成五句话，第一句话是打造世界佛教圣地精神家园；第二句话是打造生态农业及和谐社会的

---

* 　陈剑平，中国工程院院士。

样板；第三句话是打造江南特色旅游小镇；第四句话是打造宁波人的后花园，我当时已经考虑到城市的发展是郊区化、逆城市化，我老家是宁波人的花园；第五句话是把东吴打造成东吴人的幸福家园。为了统一思想，我给镇里的乡镇干部讲课，农业综合体，三农发展新模式，从而进一步规划，五句话怎么来体现，然后写成文章，在镇里把它印出书来，给大家看，统一思想，最后把它提升为规划，做成了288 张 PPT。

但是遇到一个瓶颈，这个瓶颈就是水库水源保护地突破不了，我非常纠结。2016 年 3 月的时候我病了，市里有关领导专门到杭州医院去看我，我非常感动，也非常感谢，并趁机汇报了两件事，第一个是宁波整个市的乡镇振兴发展战略，提出个"十百千"计划；第二个是我老家建设规划的这个瓶颈，能不能帮帮忙。经过了四年的努力，今天签约了，我特别高兴。这个项目的落地，也是源于我对家乡的热爱，当然有关领导的推动非常重要。

东吴这几年做了非常漂亮的事。我和中央电视台合作的 8 个节目，我想就从我的老家东吴开始。我觉得一个乡镇要发展，党委书记太重要了。我们的党委书记是一位年轻干部，我非常喜欢，他说干啥我就干啥，就听他的。我当时跟他讲过一句话，我说我们乡村建设，穿衣戴帽，涂脂抹粉，我很反感，把乡愁都搞没了，现在看是白白的，很漂亮，但是过了三五年，风吹日晒，就黑了，不好看。应该是改造要尊重原貌。我们书记展现的作品让我很震撼，他把东吴老街改造了，花钱少，但很漂亮，村民们都参与，很开心。我就跟他讲了一句话，好多地方搞得乡愁没了，我为什么这么热爱我的家乡，就是乡愁，保留下来了，搞得非常成功。这是第一个案例。

第二个案例是浦江县诗画小镇，这个项目是开发型的，在山坡地上建一个小镇，这个房子非常漂亮。开发商告诉我，房产是赚钱，赚钱放在农业上，农业是撒钱，这个项目他已经投资了 1 个多亿，等到房子卖完的时候，农业产业培育起来了，农业可以赚钱，所以这是他的理念。他叫我去这个小镇里，给他的产业进行规划，我非常高兴，看了这样的房子，农民喜欢，市民也喜欢。我有一个习惯，高兴给你出主意，像医生一样给你开处方，告诉你怎么做。2018 年冬天我给他开了处方，这个产业应该怎么样，而且要整合，要怎么干，谁来干，干成什么样，我都写了。这次我们去采访这个开发商，他说商业逻辑是成立的，我们给他搞桃园，请了国家产业体系的首席科学家蒋教授。他建的果园、桃园，是全中国最省工省力的，原来桃园一亩地要 35 个工，现在 10 个工就够了，大大节约了成本。县委书记非常满意，说这值得探索，我们全力支持。我说，很高兴，这也是我的一个作品。"三老"经济，"五老"协同，哪"五老"呢？老爷、老师、老板、老乡、老外，老爷就是当地政府，老师就是我们这些搞规划的人，老板就是企业家，老乡是农民，老外是国外的东西，协同在这个项目上体现，非常高兴。更高兴的是这里的技术人员，他原来是城里的，后来他来到这里，他说能够跟院士、跟首席科学家学习现代农业技术，我自己感觉到很光芒。这是他的原话。更高兴的是，这位农民，原来在外地打工，现在他说我可以在家门口上班赚钱，同时学到技术，我还同时能把地里的产量提高，两份收入，非常高兴。

第三个案例是宁海县大佳何镇葛家村，现在的网红村，通过农民赋能，农民跟我说，我们现在当了艺术家，自己在村里面创作，生活无比快乐，这是一个农民跟我亲口讲的。这个村也没有什么高大上，很朴素很简单，但是很干净，就是因为中国人民大学的丛教授，他说赋能，让农民自己干，不要政府干而农民看，农民签字参加乡村振兴，还专门给这个教授修了一条路，叫教授路。镇党委书记跟我们说，原来政府花很多钱，现在只要花三分之一的钱，但是效果、效率、效益提高了三倍都不止，村民都很开心，现在村民争先恐后地找他们。我观察，每一个人的脸上都是笑容。

第四个案例，我们到金华种粮。政府要粮，农民要钱，种粮的农民不来钱，老是靠政府补贴怎么办？很难。到了金华感觉不一样。一位农民叫陈建军，他因为到长山去拍地，五千亩地种粮食，拍不到，很懊恼。他说我当时思想不够解放，提了国家的补贴。下次去拍地，我就不提国家补贴了，五千亩地要规模经营，他觉得种粮食很有希望。他的堂侄，原来是在城里面做小老板的，现在小老板不做了，在农村开小飞机了，他说对农业信心百倍，觉得前途无限。

第五个案例，也是我们鄞州的。有一个女孩，叫姚春梅，十年前大学毕业非要做农民，爸爸妈妈好不容易把她培养成大学生，她要做农民，整天吵架。她说不甘心，为什么农民这么苦，爸爸这么苦，农民一定能赚钱。她包了两个山，搞果园。十年下来，非常艰难，日子不好过。但是情况变了，她通过搞市场前置，依靠科技，赚钱了。现在采访爸爸的时候，他说，我现在很高兴，手里拿着对讲机，来厂里的车停车场都停不下，都是来提货的。

第六个案例，也是金华的。程伟达和他的爸爸，他爸爸种苗木，但是不会卖，他觉得，要继承爸爸的事业，要超越爸爸，更要超越自己。原来只是种，不懂市场，卖不掉，贱卖。现在他不是这样卖，他通过网络卖，根据客户的需求卖，他现在不是卖苗木，而是用苗木做成产品再卖。

第七个案例，奉化区西坞街道金峨村党支部书记。27年前，他是一个企业家，办厂一年的收入是四位数，党组织叫他当村支书，他就当村支书。这是一个穷山沟，交通都不通。他做村支书，要谋划产业，谋划了十年，冷板凳坐了十年，27年下来，农民住的都是别墅，环境非常漂亮。最近我们也在交流。我认为要明白一个问题：村支书干什么？村支书干两件事，要谋、要干，光会干也不行，要会谋，而且要长期坚持。

第八个案例，宁波大学海洋学院院长王春琳。她通过青蟹去扶贫河南的兰考县，青蟹适合那里的盐碱地，所以通过科技创新，使当地的农民致富，我觉得也是一条非常好的路径。

最后，我把几点认识跟大家分享一下。

第一，实施乡村振兴战略关键得有善于谋划又能实干的领路人，我们年轻的引路人，年轻的干部、引领人要有谋有干。

第二，我觉得要有规划。规划的过程中，一定要有全球视野，历史关切，科学规划，"三老"经济，"五老"协同。你要干什么，怎么干，干出什么样，要想明白了；要三年设计、十年建设、一百年运行，都要想好。

第三，一定要打造产品，社会资本、商业模式、专业团队、农民赋能。要做乡村振兴需要很多钱，政府的钱是不够的，农民本身是帮扶对象，也没钱。对社会资本来说，这是投资，要有产品。首先要打造产品，打造产品有回报，社会资本就来了，要建立商业模式，那就要专业团队，要农民赋能。

接下来，市场前置、科技创新、文化创意、轻资产运行、辐射带动，这是做农业必须要做到的。中国的农产品占全世界的50%以上的产量，所以一定要市场前置。

第四，招商引资，在做项目的过程中，一定要先导入教育链、市场链、生态链、产业链、商品链，才是招商引资的资本链。

最后一句话，切忌长官意志化，切忌房地产异化。乡村振兴离不开房地产，一定要有房地产参与。乡村振兴我理解就是三个问题，房子怎么造，产业怎么发展，生活怎么过。还有一个要改变，不能政府在干、农民在看，一定要农民去干才有希望。

——在 2020 中国乡村振兴发展大会上的发言

（根据录音整理）

全域整治支撑乡村振兴 *

看我名字，就知道我是宁波人，还是鄞州人，20 世纪 80 年代家就住在大河路鄞县人民医院隔壁那个老医院。当时还有轮渡到东乡，是主要的路径。以前是属于江东的，后来被划给鄞州区，现在是真正的鄞州人了，当然我很早就离开了。

离开以后我来到宁波计划单列办公室，我研究生毕业以后，主动报名工作了三年，亲手促进了宁波的计划单列，三十几年以后，宁波变成万亿级城市，我很高兴。

时间关系讲两条。

第一个，全域治理，乡村的治理，可以上升一个高度。习近平总书记讲的是党的两大目标，决胜与追梦。两个百年目标，2020 年决胜全面小康社会建设，小康研究会非常重要。再追梦 30 年，实现社会主义现代化强国，所有政策都围绕它来进行，乡村振兴也好，经济上的战略，包括现在很多的政策、对外关系，都是围绕这个来进行。基层干部记住这个，全域治理也是在这个方面来考虑。决胜与追梦，

---

* 陈甬军，中国人民大学中国经济改革与发展研究院副院长、教授。

这不是一个名词，这是一个动词，要克服道路上的各种困难，所以很多具体的政策会出来。

第二个，回到微观的乡村全域治理，2020年8月24日习近平总书记在经济社会领域专家座谈会上的讲话，提了6个问题，请了9个专家，主要是经济学专家。其中提出，要实施共建、共治、共享的社会治理模式，我觉得这应该成为乡村全域治理的一个具体目标，一个纲领。我们现在要盯住中央的社会治理的最高目标，共建是基础，共治是关键，共享是目标，全体人民共享社会治理的成果，来实现决胜和追梦。

——在2020中国乡村振兴发展大会上的发言

（根据录音整理）

数字乡村是乡村振兴的新基建 *

甲骨文是做农业大脑、数据农业、数据乡村这个板块的。我们在国内大概也服务了 400 多个地方政府、5000 多个基地，2 万多家农业合作社，为 300 多亿件商品提供数字化的服务。

今天这个主题跟我公司做的这个事情很契合，乡村振兴，核心的板块就是产业兴旺、乡村治理。我们作为一家技术服务商，看整个乡村振兴，还是很有感慨的，今天论坛也发布了很多案例，我发现都没有突出数字化这一块。

其实我认为，数字乡村还是整个乡村振兴当中非常重要的板块。如果把乡村振兴看成一个珍珠的项链，数字乡村就是那根线，把所有的原货厂都串联起来，把它呈现出来。我们做了很多村、镇包括县域数字乡村的驾驶舱、大数据、可视化的平台，特别是在今年抗击疫情的过程中，我们做了很多。2020 年，对于疫情的防控、乡村的治理，很多地方政府，特别是乡镇村，对于监管提出了很大的要求，也面临很大的困境。我们惊讶地发现，通过乡村的一张图、一张网或者一个

---

* 顾惠波，浙江甲骨文超级码科技股份有限公司董事长。

驾驶舱，通过数字化以后，还是能够大幅度提升政府的治理，包括原货厂的监管，包括乡村资产的数字化，因此还是很有感触。我们在国内 28 个省份很多地方做了很多相关的案例。

最后用一句话想表达一个观点，我还是认为，数字乡村是乡村振兴的核心驱动力，也是乡村振兴的新基建。

——在 2020 中国乡村振兴发展大会上的发言

（根据录音整理）

浙江宁波上李家村：村庄治理的大智慧 *

大家好，下面我就乡村振兴里面的乡村治理，结合我们村里的一些工作，向大家汇报交流。

我们村庄前几年一直在搞旧村改造，新村建设，改善农村的居住环境。这几年农民入住了，家家有别墅，户户有汽车，生活发生了很大的变化。对于各项事业的发展，都有了一定的进展，但农民的思想觉悟提高有一定的差距和短板。结合乡村"三治"融合，我们进行了自治、法治、德治，用这样一个机制来考核村里治理的一些实质性的问题。

之前我们也实施了道德负面清单这一块，效果比原来好一些，但是总的来说没有达到想象的效果，主要存在几个问题，第一个是机制不够完善。第二个是村干部一直在搞，却没有让群众参与。第三个是在执行当中，执行力度不够。所以我们也通过区里面、镇里面的领导给指导以后，重新升级成为道德"双清单"机制的运营方法。我们成立了道德评议委员会，由党员、群众和外来人员一块组成一个考核评

* 李德龙，宁波市鄞州区云龙镇上李家村党支部书记。

议委员会，通过制度的细化，制定了实施的办法。比如说我们定了20条道德负面清单，每条扣5分，还有正面清单，如好人好事、美丽庭院等，这一块可以加分，形成了每个月考核一次的制度。我们要建立一个道德红黑榜，在评议当中有加分的，有扣分的，让扣分的群众红红脸，出出汗，鞭策他们在以后的生活当中注意。我们对被扣分的这些群众进行了一个转换机制，被扣分以后，可以做好人好事，做服务，可以跟以前扣的分抵扣，也可以加上去。

我们还建立了一个道德基金，有企业老板、村民积极参与以后，捐助村民的道德基金，用于下半年年度评议创新的道德红包的发放。通过这几年的治理，民风、村风发生了很大的变化，村庄的环境干净清爽，做志愿者、做好人好事的人越来越多，所以在乡村治理当中，我作为村干部来说，最大的感受是，人也很轻松，也达到了很好的治理效果。

——在2020中国乡村振兴发展大会上的发言

（根据录音整理）

六盘水：纵深推进农村产业革命 *

　　六盘水是宁波结队帮扶的周边，所以今天来这里也很有亲切感，我代表基层的农业农村系统讲一讲对乡村产业发展的认识。

　　为了推动乡村振兴，贵州在前年的时候就提出了"来一场振兴农村经济的深刻的产业革命"这一工作要求，在产业发展方面，提出要聚焦产业发展八要素，产业选择、培训农民、技术服务、资金筹措、组织方式、利益连接、基层党建、围绕产业链的构建，从这八个方面提出了具体的要求。

　　通过近几年的发展，农村三变改革为统领推动产业发展，应该说取得了一定的效果，猕猴桃，还有茶叶、生态畜牧业的发展，取得了一定的成效。尤其是贵州近几年农业产业增加值的增速，位居全国前列。尤其是黔西南，在宁波的帮扶下，黔西南的农业指标增长也非常快。

　　从现在整个产业链的构建来看，涉及方方面面，是整个链条化的，缺一个环节都不行。我认为第一个是要做好高位统筹、系统谋

---

　*　施关正，贵州省六盘水市农业农村局副局长。

划，协同推进，尤其是要和各级部门一起来协同推进，因为现在的产业不是农业农村部门一个部门能单打独斗的，生产出来以后，涉及销售的事情、品牌化的事情，还有产品质量安全的问题，它是一个系统性的工程，需要系统化的思维来推进。

第二个是在产业的过程中，从思想上、作风上要解决好我们的问题。

第三个是在整个乡村产业革命、乡村产业发展的过程中，我认为还是要做好顶层设计和基层实践的有机统一。

——在 2020 中国乡村振兴发展大会上的发言

（根据录音整理）

第二部分

乡村振兴与通航产业发展

通航高质量发展　支撑交通强国建设 *

在这寒意渐浓的初冬时节，很高兴参加中国小康建设研究会与人民交通杂志社联合主办的 2020 中国通用航空产业发展高峰论坛。在中国共产党十九届五中全会胜利闭幕之际，召开此次论坛，深入学习贯彻习近平总书记重要讲话精神和"十四五"规划编制工作会议精神，进一步解放思想、凝聚力量，多角度、多层面系统地探讨通用航空产业发展问题，为推进我国新型工业化、信息化、城镇化和农业现代化的协同创新发展，为决战决胜脱贫攻坚、全面建成小康社会、全面建成社会主义强国夯实基础，具有十分重要的意义。下面我谈几点看法。

一、发展通用航空是建设交通强国的重要基础

交通是兴国之要、强国之基。改革开放以来，我国交通运输事业

---

* 刘晓峰，十二届全国政协副主席。

取得了举世瞩目的发展成就，综合交通运输基础设施加速成网，各种运输方式有效衔接日趋顺畅，交通基础设施和装备加快走出国门、走向世界，现代物流业发展日新月异，综合运输服务保障水平不断提升，建成了名副其实的交通大国。2019年9月，中共中央国务院印发了《交通强国建设纲要》，制定了从2021年到本世纪中叶分两个阶段推进交通强国建设的发展目标。第一个阶段是到2035年，基本建成交通强国；第二个阶段是到2050年，全面建成交通强国，以构建安全、便捷、高效、绿色、经济的现代化综合交通体系，实现"人民满意，保障有力，世界前列"交通强国的目标。

推动通用航空产业高质量发展，是建设科技强国的必由之路，也是交通强国建设的内在要求。纲要中明确提出对于通用航空发展的新要求，其中包括：在有条件的地区推进具备旅游、农业作业、应急救援等功能的通用机场建设；完善民用飞机产品谱系，在大型民用飞机、重型直升机、通用航空器等方面取得显著进展；大力发展支线航空，推进干支有效衔接，提高航空服务能力和品质，完善航空物流网络；提升航空货运效率，开展低空飞行旅游等。通用航空的快捷、高效是其他运输方式所无法替代的。

通用航空是国际运输市场的核心力量。通用航空是唯一能通达全球的网络化运输方式，在跨国、跨洋运输中发挥着其他运输方式难以替代的作用，是国家全方位对外开放的重要支撑。

通用航空是区际快速交通服务的主力军。通用航空主要承担远距离地区之间的快速交通运输服务，为旅客提供快捷、舒适的服务，为高附加值、高时效性产品快速运输提供重要保障。

通用航空是国家安全应急的战略力量。通用航空是国防交通的重要组成部分，是执行军事、应急、救援、抢险、救灾等运输任务的重要力量。通用航空具有机动灵活、高效快捷的特征，在改善偏远地区居民交通服务水平方面发挥关键作用。"5·12"汶川大地震中，航空救援发挥了重要作用，据统计，在救援阶段共出动飞机约428架，实施抗灾救援飞行8277架次，转运和空投救灾物资两万多吨，转运伤员和灾民约六万余人，为夺取抗震救灾的全面胜利，发挥了不可替代的作用。

通用航空是经济社会高质量发展的动力源。通用航空具有产业链条长、资金和技术密集的特点。通用航空可以提供广泛、高效的全球运输服务，是地区扩大开放、改善投资环境和培育新兴产业的重要基础条件。机场周边临空产业的发展促进了地区产业升级和经济增长。

通用航空作为重要的战略性新兴产业，对建设交通强国、拉动经济增长、提升经济发展水平、更好地满足群众生产生活需要、应对自然灾害等具有极为重要的作用，在可以预见的将来，通用航空产业必将迎来跨越式的发展。

二、多措并举创建通航产业发展良好环境

通用航空是一项系统工程，涉及政策环境、业态培育、基础设施、配套保障、观念理念等方方面面。近几年，我国高速公路、高速铁路、港口水运等行业发展水平均已进入世界领先行列，航空运输也从2005年起位居全球第二位。但通用航空发展远远落后于发达国家甚至部分发展中国家，是综合交通运输体系建设的短板所在。我国通用航空发展的现状和趋势，可以用三句话来概括：

第一句话，通航发展势头好。

根据相关数据显示，2019年前三季度，我国新增通用飞机数量

超过200架，全年增长12%。截至2019年11月，我国颁证通用机场数量达到243座，在中国民航历史上首次超过运输机场数量；2019年全年飞行小时数首次突破了100万小时。截至2019年10月，我国实名登记无人机37.6万架，净增10万架，无人机飞行时长为121万小时。与我国经济新常态下的其他行业相比，我国通用航空产业的发展稳步向前。

第二句话，当前压力仍不小。

尽管当前通用航空产业发展较快，但相比国外先进水平差距仍然较大。一是低空空域开放和通用机场建设仍不到位。作为通用航空生产要素供给严重不足，现在仍存在低空空域划设方式、方法和范围不尽合理，空域使用成本过高，未实现空域资源公开、透明和有效的配置，以及有关政策协调不足、改革措施缺乏实施层面的配套，尚未健全通用航空飞行常态化、便捷化的政策环境。"飞不起来、落不下去"成为通用航空企业面临的普遍困境。2019年，我国通用机场数量达246个，较2018年增加了44个。但相比发达国家，我国通用航空的总体规模依然很小，美国各类通用机场的数量约有2万个，欧洲约4200个，巴西约2500个。二是通用航空基础服务保障系统不完备。我国通用机场数量上缺乏，布局不合理，有效使用空域小，没有形成网络效应。低空飞行监控手段不健全，飞行服务站建设较慢。同时，缺乏专业的维修机构和航材供应商，尚未建立航空油料、航材配件等行业资源供需交易平台。三是通用航空产业体系集约化程度不高。国内通航产业专业化与集约化程度低，新购置的通用飞机开展新兴业务却很难启动与发展。由于通用航空盈利能力有限，导致优秀的飞行、管理、维修人才流向运输航空，造成了目前专业技术队伍人员匮乏的现状。四是通用航空产业自主创新能力不足。我国通用飞机制造商多而不强，研发能力较弱，主要依靠测绘、仿制和引进，严重依赖国外的核心技术和关键产品。由于机型分散，多种进口机型存量不足，国内维修能力较弱，导致我国通航运营企业购买成本、保有成本和维修成本都高。

第三句话，未来基础要打好。

随着社会经济的不断发展，人们对航空飞行领域的需求也在不断增大，这预示着我国通用航空产业的发展已经迫在眉睫。在这样紧迫的形势下，我们要稳步前进、多措并举，实现通用航空产业突破性的发展。

一是积极推动低空空域管理体制改革。现行的空域管理体制是我国通用航空产业放活发展的最大制约因素，应当妥善处理好空防与空管的关系，有效推进空域管理体制改革。既不能一味追求空域开放而忽视安全管理，也不能一味强调安全而在空域开放、空域改革方面止步不前。要在空域管理改革中积极探索通用航空安全的管理方式，循序渐进、稳扎稳打。二是加强对通用航空的基础设施建设。我国提出要深化低空空域改革、推动产业发展以来，各个地方的积极性都很高，纷纷将通用航空产业视为地方经济的重要增长点。建起了一批通用航空机场、通用航空产业园。虽然，我国在通用航空的基础设施上相对薄弱，但也不应一拥而上，必须处理好经济发展水平、群众消费需求及其他交通方式之间的相互关系，这其中特别是要处理好通用航空与综合交通的关系。在国家和地方的综合交通规划中，要将通用航空纳入并进行统筹考虑，推动通用航空与各种运输方式之间的衔接与融合，明确通用航空机场布局和建设标准，避免重复建设、盲目竞争。三是扩大通用航空市场化发展空间与布局。要紧紧围绕市场导向，从实际出发，研究国际和国内对通用航空的模式、规模、方式、偏好，以及类型。纵观世界，其他国家的通用航空产业需求、规模、模式、业态是不同的，作为新时代的通用航空产业的发展趋势和变化，我们一定要注重战略性的研究和论证，注重消费理念、消费心态、消费偏好、消费习惯的变化，来科学地决策。通过积极创新商业模式来推进通用航空产业和传统产业的跨界融合，以实现社会广泛参与通用航空产业发展。在保持农林生产、电力巡查、遥感探测、人工增雨等通用航空传统作业持续增长的前提下，开拓"通航＋旅游""通航＋农林""通航＋能源""通航＋急救""通航＋娱乐"等商业发展模式的新局面。而且要实时调整发展的规划思路和策略，牢牢地把握市场变化的主动权，这样我们作为一个行业的决策才会有科学的依据。

三、注重创新推进通航产业高质量发展

如今，通用航空产业已步入快速发展的战略机遇期，即将迎来井喷式的快速增长发展，成为促进我国国民经济发展和产业结构转型升级的重要引擎。在全面深化改革的背景下，以"十四五"规划和2035年远景目标建议为导向，坚持创新在我国现代化建设全局中的核心地位，把科技自立自强作为国家发展的战略支撑，以强化国家战略科技力量、提升企业技术创新能力、激发人才创新活力、完善科技创新体制机制为目标，从顶层战略规划着手，全面推进通用航空产业的系统变革和快速发展。

第一，以集群化为载体，推进通航园区实现产业融合。通用航空经济的发展直接涉及投资、生产、流通和消费各个环节，集产学研用多领域为一体，涉及庞大的周边和地面产品集群，在研发制造产业链、服务保障产业链、运营产业链以及关联产业链的基础上能够形成具有特色的产业集群，推动区域内的现代制造业、高新技术产业和现代服务业融合发展。发展通用航空新兴产业，要注重产业布局更加集约化，加强区域内专业分工、优势互补与协调合作，采取项目合作、平台搭建、政策配套、资源支持、环境营造等措施，依托通用航空全产业链的聚集，构建全方位保障体系，以拉动区域内需、促进就业、创造税收、提升居民收入，进而促进当地相关产业的发展，打造区域经济发展的带动型产业。

第二，以信息化为抓手，变革通用航空市场应用服务。当前，通用航空产业既面临现代信息技术的应用挑战，又迎来行业变革创新的发展机遇。通用航空领域的航电系统、运营管控、安全管理、航空测绘、交易平台与市场营销等都需要通过信息化技术的集成应用来实现。通用航空产业发展要积极应用互联网思维，充分利用现代信息技术手段，通过大量的移动互联技术工具和一系列软硬件支撑，推广行业数据的数字化与网络应用，充分挖掘通用航空大数据的潜在价值，推动产业与"互联网＋"融合创新，实现产业要素的互联互通，打造行业专业信息数据平台，为用户提供集成式服务和"交钥匙"的系统解决方案，促进我国"互联网＋通用航空"新业态的形成与发展。

第三，以智能化为导向，打造通用航空产业"双创"新业态。通用航空的迅猛发展需要通用飞机、发动机、机载、空管、运营、服务的技术大变革。要落实"中国制造2025"战略，主动把握全球发展趋势，加大政府投入与政策扶持，建立健全鼓励自主研发的政策，支持民间资本投资自主创新的航空研发，合理利用国际国内资源，推进在通用航空领域的科研与适航合作，开发无人机在民用行业深度融合应用，在通用航空行业广泛应用人工智能技术，带动新材料、电子、通信、能源、精密制造等一系列相关高新技术产业的发展，通过实现通用航空产业系统的智能化来提升中国制造的核心竞争力。

　　蓝图已绘就，奋进正当时。推动我国通用航空产业发展，我们一定要不忘初心，牢记使命，继往开来，砥砺前行，早日建成人民满意、保障有力、世界前列的交通强国、科技强国，为实现中华民族伟大复兴的中国梦当好先行官！

——在 2020 中国通用航空产业发展高峰论坛上的致辞

发展通用航空新产业
加快建设交通强国 *

党的十九届五中全会指出，加快建设交通强国，完善综合运输大通道、综合交通枢纽和物流网络。同时还指出，要提高农村和边境地区交通通达的深度。五中全会对"十四五"时期构建交通强国，做出重大部署。发展新时代的通用航空产业是建设交通强国的重要组成部分，是推进乡村振兴和农业农村现代化的重要力量。下面我围绕这个问题讲几点思考。

一、我国新时代通用航空产业呈现
良好的发展态势

近些年来，特别是党的十八大以来，我国的通用航空产业加快发展，在经济和社会发展中发挥了重要作用，通用航空产业的战略地位明显提升。主要有以下几点标志：一是通用航空产业纳入了"十三五"

---

* 尹成杰，原农业部常务副部长。

和"十四五"的发展规划。这两个发展规划都指出，要加快发展通用航空，强调的是不仅要发展通用航空，而且要加快发展通用航空，并把通用航空定为新兴的战略性产业。二是党的十九大报告明确，要加强航空的网络建设，建设交通强国，明显地提升了通用航空在交通强国建设中的战略地位，把通用航空发展写入党代会的报告，为通用航空产业的发展指明了方向，提供了难得的机遇。三是 2016 年国务院下发了《关于我国通用航空产业发展的指导意见》，对我国通用航空产业的发展做出明确部署。四是通用航空产业发展的保障措施进一步强化。国家制订出台了一系列政策措施支持通用航空产业的发展。这些政策和措施概括起来，主要有以下几个方面：进一步明确了组织实施发展航空产业的主体及政府各部门的责任，强调要加强协调，要解决航空产业发展当中的突出问题；进一步明确了要加大对民用通用航空产业发展资金的支持力度；强调要调动各方面力量，采取各种形式，多方筹集资金，加大对通用航空公共服务经营的保障力度；还强调要扩大通用航空领域政府购买服务的范围，把通用航空产业及其服务纳入了政府购买服务的范围；要完善现有的补贴政策，鼓励企业和个人投资通用航空，支持政府和社会资本合作建设运营通用航空，同时，进一步地建立和健全了相关的法律和法规。

目前，我国已经具备加快通用航空产业发展，实现转型升级的有利条件和难得机遇，主要体现在：

一是现在我国发展通用航空产业具有巨大的需求潜力。中央提出实行经济发展的"双循环"新格局，实施扩大内需的战略。发展通用航空产业，既是扩大内需，又是为了满足人们追求美好生活的实际需要。通用航空产业的发展，对经济社会发展、交通运输、乡村振兴、灾害救助、风险防范都会发挥重大的作用。现在在国外一些发达国家，通用航空已经进入了人们日常生活的领域，包括节假日的出行、文旅活动、社会的公益活动等。当前，我国加快通用航空产业发展恰逢其时，正赶上我们扩大内需的战略实施，发展"双循环"的经济新格局，为通用航空产业的发展提供了难得的战略性机遇。

二是发展通用航空产业是建设现代经济体系的重要任务。通用航空产业的链条长，技术门类多，使用的领域广泛，溢出效应巨大，科技含量高，对经济社会发展的带动能力很强。所以，加快通用航空产业发展，对于构建现代经济体系、产业体系，加强现代基础设施建设，提高竞争力是不可缺少的。

三是发展通用航空产业是提高国家竞争力、加快交通科技进步的重要举措。我国不但是交通大国，还要建成交通强国，必须加快通用航空产业的发展，解决制约瓶颈问题。我国现代交通发展很快，正在从"四纵四横"的高铁向"八纵八横"的高铁完善和发展。如果通用航空的发展与高铁网的建设能够同步推进，这就会在交通领域产生叠加效应，提高我国交通现代化的水平和能力。

二、以创新为动力促进通用航空产业转型升级

目前，我国通用航空产业发展已经取得了可喜的成绩。通用的机场有 300 多个，这方面的企业有 280 多个，航空器现在大概有 2000 多架，但是与发展经济需要相比，还相对滞后，还比较薄弱。我国航空制造业的发展还显得力量不足，运营服务能力还有待提高。我国即将进入"十四五"的发展时期，"十四五"加快通用航空产业要实现转型升级。十九届五中全会强调，在我国现代化建设全局中要把创新放在核心地位，要把科技自立自强作为国家发展战略的重要支撑。在

"十四五"时期，促进航空产业加快发展转型升级，要以中央新发展理念为指导，以创新驱动战略为引领，加快建设和发展步伐，努力建设布局合理、制造先进、安全规范、广泛实用、军民兼备的通用航空产业体系。

要实现加快通用航空产业发展和转型升级，有这么几个问题需要很好地研究和把握：

一是要坚持合理规划、优化布局。要根据中央新发展理念和十九届五中全会精神，从各地市场需求出发，充分地考虑到当前需求和长远发展的需要，坚持以问题为导向，制订一个合理的发展规划，优化通用航空产业发展布局，合理地利用空域资源、建设资源、需求资源，优化配置和结构，提高航空产业发展的效率和质量。我们现在航空产业发展比较快，但是总体来看，我们的质量还有待提高。"十四五"经济的发展，一个主要任务就是要提高经济发展质量，航空产业作为一个基础性的重要的产业，当然要在提高质量上下功夫。

二是要坚持创新驱动，转型升级。从航空器的制造、基础设施建设、服务业态、运营模式到服务领域等都应该以创新驱动来提高层次和水平。要增加现代通用航空业的现代元素，增加科技含量。要创新技术，提高航空器制造的质量和性能。要创新管理，建立现代的管理系统。要创新业态，实行新的业态和模式。要实现创新领域，要服务专业化、智能化，并向新的领域覆盖和延伸。

三是要坚持科学管理，优质高效。管理是通用航空产业发展的基础，安全是通用航空产业发展的核心，优质高效应该贯穿通用航空产业发展的全过程，建立现代的管理制度，确保优质高效。

四是要坚持市场导向，注重需求。要从需求出发，从实际出发，研究国际国内通用航空产业需求的规模、方式、偏好，科学地研判通用航空产业发展的趋势和变化，注重消费者理念、心态、偏好、习惯的变化，科学地决策，实时地调整发展的规划、思路和策略，牢牢把握市场变化，掌握通用航空产业发展的决策权、主动权。

三、充分发挥通用航空产业助力
乡村振兴的作用

乡村振兴很重要的目标，就是推进农业农村的现代化。十九届五中全会提出，要实施"乡村建设行动"。"乡村建设行动"是新中国成立以来我们在农村提出的一个重大的行动。通用航空产业如何和乡村振兴的需求紧密结合，发挥更大的作用，这既是推动农业农村现代化的需要，也是通用航空产业找到新的发展空间和平台的需要。把通用航空产业的发展和乡村振兴紧密地结合起来，可以互相推动，实现双赢，相得益彰。通用航空产业应积极地助力乡村振兴，助力农业农村现代化建设，助力乡村建设行动。"乡村振兴战略"和"乡村建设行动"也为通用航空产业的发展拓宽了服务领域，拓展了消费需求，提供了良好的机遇和条件。

现在农业农村很大一个变化，就是农业植保应用了无人机，而且效果好、效率高、成本低。过去实行植保，特别是发生病虫害的时候，都用人工来进行操作，既对人的健康不利，效率又低。现在应用了无人机，农业植保领域现代化程度进一步提高了。十九届五中全会重点强调，要优先发展农业农村，加快农业农村现代化。通用航空产业发展要把自然灾害多发地区，农产品的主产区、林业地区、重点文旅地区作为一个重点。这些地区恰恰是推进乡村振兴和农业农村现代化建设的重点地区，同时又是通用航空产业大有作为、大有发展空间的地方。

如何来助力乡村振兴和农业农村两个现代化呢？有这样几个方面：

一是要助力乡村的产业兴旺。比如，目前乡村的农产品深度加工业及文旅产业、休闲康养产业、体验农业、观光农业要加快发展。建设航空产业和企业的地方怎么样与当地的乡村振兴、小城镇建设密切结合来，搞好产业和技术辐射，带动乡村产业发展，怎么样和农村文旅产业、体验产业、观光产业结合起来，助力乡村文化旅游产业发展，这都是通用航空产业发展面临的新机遇和新需求。十九届五中全会提出要拓展农村交通的深度和广度。农村交通的深度和广度既要靠公路、靠铁路拓展，又要利用通用航空来实现。

二是要助力农业和林业的现代管理。利用通用航空，特别是"无人机＋互联网＋区块链＋大数据＋监测管理"这个系统，来加强农情和林情的监测，及时地发现农业、林业的病虫害和灾害预警，加强现代农业林业的管理，提供科学的、智能化的服务。

三是要助力现代农产品流通体系建设。发挥通用航空便利快捷的作用，加快高端的易腐易变质农产品的投递，提高运输效率。加强农产品现代流通体系建设，离不开通用航空产业的发展。我们有些地方已经开展了这方面的试点，发挥了很大的作用。

四是要助力农业林业病虫害的防治。利用通用的航空器，特别是无人机来开展农业林业病虫害的防治和监测，实行植保操作，发挥其对预警病虫害，防控病虫害作用，应用通用航空技术装备，促进现代农业和林业植保体系的建设和完善。

五是要助力农业农村风险防范体系的建设。习近平总书记强调，要建立健全风险防范体系和机制。一方面是要加强体系和制度建设，一方面是要提高科技含量，应用现代的装备、科学的基础设施来提高防范风险体系的科技含量。通用航空在助力农村防灾减灾，防范一些重大的自然灾害方面，应该发挥更大的作用。我国农业和农村是自然灾害多发、重发的领域和地区，应利用通用航空产业开展灾害的救助活动，有力地提高防灾救灾的能力和效果。

六是要助力农业生产经营和效果评价。利用通用航空，特别是无人机自动监测系统，开展农田和草原面积的普查、农作物种植结构的普查。此外，农作物产量、草原载畜量评估、土壤肥力、水利灌溉监测等方面，都可以利用通用航空来进行监测和普查，对重要农情的生产活动进行监测和评估。民用航空产业的发展，对于乡村振兴和实现农业农村"两个现代化"具有不可替代的作用。

——在 2020 中国通用航空产业发展高峰论坛上的发言

教育和培训在通用航空发展中的作用 [*]

很高兴受中国小康建设研究会的邀请，参加第二届中国通用航空产业发展高峰论坛，我讲一讲职业教育在"十四五"领域应该怎么做。

当今时代，已经进入了数字经济时代，知识经济量产的时代，没有人才何谈经济发展？没有人才何谈各个领域、各个产业的建设？通用航空也是如此。通用航空不能仅限于培养一般的人才，因为当下是个数字化时代，是个智能化时代，也是个网络化时代。

民航，不能离开数字经济时代，职业教育、专业改造，不管是哪个领域都需要深刻认识人才怎么样培养。

刚刚闭幕的十九届五中全会通过的"十四五"规划和 2035 年远景目标建议，提出了两个阶段，15 个方面 60 条内容，包含 10 个"强国"，其中有一个是建设交通强国，也包括各种立体交叉、多维航空的发展；强调了 100 个任务，100 个任务和通用航空相关的也有许多。2025 年我国的目标是要完成智能制造，5 年时间，要补短板，要解决"卡脖子"问题，要解决基础产业高级化，还有供应链现代化和安全

---

* 鲁昕，教育部原副部长。

的问题。"十四五"要解决这样的问题，还有 5 年时间，是可以做到的。

最近我国在"卡脖子"领域，尤其在基础原材料领域、微电子领域，捷报频传，所以更加坚定了我国在今天世界百年大变局背景下，各行各业发展的信心。航空领域"卡脖子"的问题最多，成立相关的联盟，能够解决很多问题。

"十四五"中 7 个强国建设，交通强国、贸易强国、网络强国、质量强国、制造强国、人才强国、科技强国，与通用航空都密切相关。只有我国通航产业强了，交通强国才能做到，如果不强，交通强国也做不到。这个强国是"十四五"的目标，也是 2035 年远景目标。到 2035 年，我国规划目标是人均 GDP 达到将近 3 万美元，现在是 1.4 万美元，到 2035 年要翻一番。2020 年预计 GDP 大概在 16 万亿美元，如果按照今天的汇率达到 17 万亿—18 万亿美元，与美国的差距缩小了，美国是 24 万亿美元，差距越来越小。我国 2020 年贡献了世界经济增量的 60% 左右，2020 年世界财富的增长力在中国，不在美国，也不在欧洲。到 2035 年要达到人均 3 万美元，我国是 14 亿多人口，一算就出来了，等于 GDP 是现在美国 GDP 的 1.75 倍。在这个背景下，我国航空事业、通用航空事业、民航事业，也包括军事工业领域的航空事业，将得到大力发展。如果人均 GDP 达到 3 万美元，那么通用航空事业将是巨大的人才市场、需求市场、消费市场等。

100 强任务中与产业界相关的是 26 条。我国进入了新的发展格局，以国内大循环发展为主，国际国内"双循环"。要打破循环的堵点，循环的堵点就是交通基础设施，所以民航专门建立了空中互联、人机物联、物物互联的通道。不久前，国家发改委又公布了"十四五"期间，要建设三线、四线城市的机场，这个机场的建设，就回答了通用民航整个发展的道路、思路等问题。三线、四线城市，包括边远地区的五线、六线城市都要建机场，这是"十四五"的规划。铁路还要继续建，高速公路还要继续建，打通省际间的堵点，打通我国和边界国家的堵点，只有堵点打通了，才能真正形成国内为主的大循环。我认为，第二届中国通用航空产业发展论坛，可能开启一个新的篇章，进入一个新的起点，和国家同步进到"十四五"。

关键是要打通堵点，这个堵点是货物畅通的堵点，是要素配置的堵点。货物畅通、要素配置、人才流、信息流，没有交通肯定不行，交通不能是单一交通，必须是立体交通，有空中的，有水上的，有陆地的，有铁路的，有城际的，还有地下的、地上的。党的十九大提出，要建立现代立体交通体系，通用航空在现代立体交通体系中具有重要的位置。"十四五"时期，全面打牢现代化国家建设各项基础，任务很多。

科技创新。通用航空不仅要技术创新，更要机制创新，通用航空的机制创新、制度创新，还有制度化的安排需要认真考虑，不能就飞机论飞机，就小机场论小机场，要有顶层设计。顶层设计，我认为这个联盟应该起到国家智库的作用，把顶层设计搭起来，把四梁八柱做起来之后，才能够使通用航空事业得以快速发展。我国现在堵点特别多，难点也特别多，困扰也特别多。低空飞行这件事，我国很难做得像美国，因为美国地域面积大。我国人口密集，尤其是在东部沿海地区不可能放开。通用航空的定位、制度架构、顶层设计、机制体制，现在的难点、问题导向、目标导向，要认真研究。

现代产业体系是我国"十四五"期间的大事，首先要把现代产业体系作为重要任务来抓。当然科技创新也很重要，举国体制在布局科技创新，通过科技发展纲要引领科技创新，通过规划引领创新，现在正在做，我也在参与其中的研究。现代产业体系有一些任务：产业链优化，锻炼、锻造、补齐短板。现代产业体系发展现代战略性新兴产业，跟我国有密切关系。城市管理是我们现代服务业、农业，当然也包括 5G 的信息产业，包括治理体系、治理能力现代化，包括土地、国土资源监控的天眼，这一系列问题都跟通用航空要发展有直接的关系。要打通循环堵点，循环堵点很多。现在，最大的堵点是流通，流通不畅，生产就不畅，供应链体系就不能是最短的时间，因此要着力解决供应链供应及时的问题。但是供应链有一个国际安全问题。如果把打通的方式上升到国家战略高度，把通用航空作为打通堵点的重大战略举措，将会非常有用。在国家发展新格局的大背景下思考这个领域的行业发展，是非常重要的。

构建"十四五"体系，现在要解决要素在市场基础配置作用下，在全球配置要素。习近平总书记给深圳、上海提出了重要的课题，"十四五"的开放要是制度性开放。制度性开放非常重要，要解决的问题是生产要素，七大要素全球资源配置，最好把这些要素都配置到中国来，有资金，新要素是知识、技术、管理、数据、人才——不是劳动力，也不是人力资源，是人力资本。资本是投入就要产出，资源不一定，资源可能待开发，但是人力资本不一样。人力资源、人力资本是不同层次、不同领域的问题，要全球配置，要打通。现代农业也离不开通用航空。

绿色发展。国土资源部的天眼监测系统，通过北斗监控能在地球以外 80 千米监测我国的地理信息，我国也需要有 2000 米、1000 米这样的监控系统。绿色发展理念下，通用航空历史定位非常重要。

教育发展新阶段，要干 10 件事。如今，教育已经到了空前重要的地位。首先要提高政治站位，必须站在变局、大局和全局的高度。习近平总书记经常告诉我们各级领导干部，告诫中华民族的每一个同志，一定要看到百年之大变局。要科学应变，主动求变。科学应变就是做好自己的事，通用航空也要做好自己的事，办好中国人民自己的事。通用航空要打通堵点，这一点非常重要。要对标国家目标，要在

2025 年建成制造业强国，2035 年超过美国。有人预计我们的 GDP 总量大概在 2027 年超过美国，我估计"十四五"就超过了。如果总量超过了，关键是我国的教育等各个行业怎么适配。

教育行业有三个结构问题，这三个结构和通用航空有直接关系。因为通用航空需要各类人才，比如说维修的、制造的、供应链的、产业链的，还有管理的，等等。所以教育行业肯定要做那么几件事，首先高等教育要 70% 调整为培养应用型人才，解决教育趋同发展、同类发展的问题。我国不缺乏人，一年的出生人口为 1400 万，毕业的大学生明年是 1000 万。为什么市场缺人？教育结构不合理，实施体系不合理，课程结构不合理，教师队伍素质跟不上，现在正在解决这样的问题。

简单回顾一下民航发展趋势。通用航空，工业、农业、航空科研、探险、飞行、航空体育、公务航空、私人航空，涉及的领域极其广泛。通用航空在我们国家发展历史当中的定位是什么？这些领域是人民对美好生活的向往，是打通各种堵点的重大举措，也是提高我们社会治理能力和治理体系现代化的一个重要支点。所以，我们对通用航空的历史定位，不能就一件事论一件事，要站在历史的高度，把自己放到 2035 年的历史长度和历史维度来思考通用航空的发展。

通用航空这些年发展得也非常快。无人机现在有 39 万台，航空训练飞行，因为在职业教育领域，航空、空乘、发动机维修等，都已经成为专业。原来教育部跟民航局有特别的合作，把民航局的中专全部升为大专。突破了教育部许许多多的制度壁垒，所以才有今天航空事业人才培养。为什么要升格？因为它是知识密集型行业，它是技术密集型行业。后来又开设了飞机发动机专业，开展飞机发动机大赛，对飞机发动机制造类人才培养，飞机发动机检修类、巡检类人才培养发挥了重要作用。我走了几个学校，这几个学校的实训设备变化非常大。实训设备非常贵，因为是技术密集型，一般没有两个亿，根本武装不了这样的学校。因为资本有机构成决定资本的价值构成，那个学校培养的学生一定是不合格的，这是一个投钱比较多的行业。

关于航空事业怎么发展，党中央、国务院一直在高度重视，2012年一个文件，2016年一个文件，2018年一个文件，2020年一个文件，都有一系列的发展。尤其是讲到干支结合、军民融合、运输通用融合、一市多场、有人无人融合、安全高效、绿色环保、智慧便捷、和谐美好。航空科技发展，通用航空低水平、低高度飞行，不管为哪个领域服务，科技是当今时代最大的趋势，也是最大的特征。数字化空域系统、5G、北斗、量子信息技术、区块链、分布式电推进技术、核能小型化技术、脑机接口、人工智能，都是我们要关注的发展通用航空事业当中的先进技术。

2020年中央政治局集体学习的主题有量子科技，2019年学习过区块链，2018年是大数据，2017年学的是人工智能，所以习近平总书记一直在引领创新，从数字经济概念的提出——2016年在中国提出来的，到今天讲的解决数字鸿沟。前不久G20峰会，习近平主席讲，中国愿意积极参与世界数字经济发展，同时推进数字安全、数字治理，当然也愿意解决数字鸿沟的问题。

通用航空、人工智能飞行。我国现在有39万架无人驾驶机，通用航空由人到智能这块应该充分考虑，尤其是我国的专业建设，职业教育、专业升级改造。职业教育很快将开设1100多个专业，将有40%彻底颠覆，全部是新的概念，包括航空领域的专业，涉及航空教育大概有七八十个专业，彻底颠覆。对专业进行改造，课程体系、知识体系、人才培养体系，还有核心课程、基础课程全面更新。这次我组织了七八十位院士参与专业设置改造。这些院士有搞材料的，有搞制造的，有搞信息的……都是各领域的顶级专家，他们对整个专业设计进行了系统的改进。他们的意见已经放到 1100 多个专业里边，从现在开始，职业教育是中专、大专、本科、专业硕士一体化。12 月 22 日，成立了中国职业教育学会，设立本科教育工作委员会，还有专业硕士，将来还有专业博士，原来的职业教育只到中专、大专。

民航局的本科是教育部的课题，民航事业发展人才培养的层次比较高。航空要发展，不仅是民用航空，还有通用航空要发展，首先是人才，具有数字化知识结构人才，具有数字化动手能力的人才最重要。建立系统思维、重塑知识结构、增强数字能力、着眼未来技术。职业教育的本科，原来只有民用航空有，现在所有领域都有了，大概 60 多个专业。普通本科 663 个专业。一部分是对接本科，一部分是设计专业，总而言之是两个类型教育。职业教育已经有了本科毕业生，将来会有硕士、博士，2022 年就能实现一大批，2025 年将有一大批专业硕士毕业。

——在 2020 中国通用航空产业发展高峰论坛上的发言（根据录音整理）

集聚优势推动通用航空产业发展 *

  很高兴和大家相聚在首都北京，迎来"2020 第二届中国通用航空产业发展高峰论坛"的隆重召开。首先，我代表主办方中国小康建设研究会，向各位领导和嘉宾的到来，表示热烈的欢迎！向一直以来，关心和支持中国小康建设研究会发展的各位领导和各界朋友，表示衷心的感谢！

  今天，在全面建成小康社会、启动现代化建设新征程的关键期，在通用航空产业迎来新发展机遇的窗口期，我们中国小康建设研究会在有关单位的支持下举办此次论坛，有利于推动通用航空产业的大发展，有利于形成产业集聚优势。此次论坛以"打造产业新模式，助力通航新发展"为主题，将共同探讨我国通用航空产业的发展模式及路径，认真研讨通用航空的发展前景与规划，突出通用航空交通服务功能，大力培育通用航空市场，不断构建和完善安全、有序、协调的通用航空产业发展新格局。

  我国通用航空产业经过多年发展，产业规模逐步增大，产品创新

---

 * 白长岗，中国小康建设研究会会长。

能力持续增强，产业集聚能力不断提升，特色化产业基地正在逐步形成。特别是，在民用飞机产业化、航空发动机自主研发、航空材料和基础元器件自主制造、航空科研试验基础设施建设、通用航空制造与运营服务协同发展等领域硕果累累，培养造就了一大批具有国际水平的战略科技人才、科技领军人才、青年科技人才和高水平的创新团队，为建设科技强国、质量强国、航空航天强国、交通强国提供了强有力的支撑。

欣慰之余，我们必须清醒地认识到，我国通用航空产业面临的长期性、结构性、基础性问题还有待进一步改善。企业自主创新不足、研发设计能力不强、产品竞争力较弱、服务意识较差、产业园区建设缺乏统筹设计等问题依然不同程度地存在。同时，我们也必须清醒地注意到，发展环境的复杂多变。国际上，单边主义、保护主义、逆全球化抬头，不稳定、不确定因素增加；国内，结构性、体制性和周期性的矛盾并存，发展不平衡、不充分的问题仍然突出；公共卫生方面，新冠肺炎疫情持续，带来的负面影响广泛而深远。这些都是摆在我们面前的严峻挑战。

通用航空产业方兴未艾，我们必须抓住机遇直面挑战，在技术研发和创新发展上再提速，在产品质量和品牌建设上再强化，在产业集聚水平上再提升，在国际竞争力上再提高，在行业协作上再加强，全力打造通用航空产业新发展模式。2018 年，我们成功举办了首届"通用航空产业发展论坛"，2020 年这次是第二届。稍后，领导、专家将发表主旨演讲，真诚期待各位领导、各位专家给我们分享新理念、新思路，衷心期盼与会嘉宾共同探讨，广泛沟通，深入交流，为通用航空产业大发展，贡献出更多科学观点和深刻思考。

中国小康建设研究会在这次论坛上，将宣布成立新的中国小康建设研究会通用航空产业专业委员会，搭建一个行业平台，能够整合行业技术、人才资源，进一步加强对外交流。同时，设立通用航空产业发展基金，为产业的发展注入新活力与动力。

　　同志们，推动通用航空产业发展，是人民美好生活的迫切需要，也是我们为之共同努力奋斗的目标。中国小康建设研究会期待与大家一起，在决胜全面建成小康社会，建设社会主义现代化国家新征程中，以习近平新时代中国特色社会主义思想为指引，以坚定的决心和意志，不懈努力，为"十四五"时期经济社会发展和 2035 年远景目标的实现，作出新的更大贡献！

　　　　　　　　——在 2020 中国通用航空产业发展高峰论坛上的致辞

农业航空发展情况 *

  农业航空是通用航空的重要组成部分，在世界通用航空领域中，农业航空都占相当的比例。目前，我国农业航空主要有通用飞机作业和无人机作业两大类，它们各有所长，相互补充，成为农业稳定发展的重要保障。

  我国从1951年开始用飞机参加防治东亚飞蝗、护林防火和播种造林等工作，之后农业航空成为我国通用航空重要的应用领域。二十世纪八十年代后期，为适应农业发展的需要，我国新疆生产建设兵团和黑龙江垦区建立了自己的农航站，除配备国产的飞机外，当年通过补偿贸易等途径，进口一些澳大利亚、波兰等国的通用飞机。二十世纪九十年代后期，国家立项在江苏、山东、辽宁等地探索建立区域性农航站，目前，以开展多种农业航空业务为主的固定翼飞机有几百架，主要机型包括"农5""Y5B""Y1l""海燕650B"等。服务内容包括航空农作物植保、施肥（叶面肥）、播种（飞播草种、水稻）、辅助授粉、草原灭虫、航空护林、人工降雨、渔业飞行、航空摄影等

* 张天佐，农业农村部合作经济指导司司长。

方面。

农业航空是农业机械化的发展和延伸，飞机进行航化作业具有地面机械装备不具备的明显优势：省时、省力、不误农时；可完成地面机械所无法完成的项目，比如，高秆农作物，生长到一定高度后，一般机器很难进地作业；大规模林区、草原，遇到虫灾或火灾，地面机械难有作为；作业质量好，农药喷洒均匀，雾化效果好，用药省；在航空播种中节约种子和肥料，有效降低生产成本。航空植保能快速高效地完成病虫草害的防治，特别是能及时有效地防治大面积爆发性有害生物灾害。

另外，它不受地理因素以及不同的作物生长期的制约，无论山区或平原，水田还是旱地，农药的喷洒一般不受太多因素的影响，特别是对于滩涂、沼泽等地面机械难以进入的，或是蝗虫和其他害虫的滋生地域，都可顺利高效地完成作业任务。

同时，也面临不少困难和问题：农业航空企业航空设备落后，规模小，不能实现规模化经营，经济效益差；农业航空作业要求低空飞行，难度大、要求高，对使用者的技术素养要求很高；空域管理比较严格，农业航空作业申报审批手续复杂，周期长，往往增加了农业航空作业成本，还有可能延误最佳作业时机。受经济方面和管理机制的影响，我国农业航空的应用水平与我国农业的发展需要不适应，与国外应用航空的规模和速度相比差距较大。

因此，对通用航空特别是农林航空的发展，国家应该加大扶持的力度。重点是：加强通用飞行器和专用配套设备的研究，保证作业的质量和效率；给予航化作业适当的补助，降低作业成本；进一步优化空域管制，适当放宽内陆区域空域管制的有关政策，简化审批流程，提高放行效率；推进通用航空领域资源整合，提高航空器具资源共享水平。

　　近几年来，农业无人机因其效率高、性能优越、应对突发灾害能力强等优点，在中国呈井喷式发展。当然，农业无人机也历经两个发展阶段，国内农业无人机起步于 2000 年以后，国内有一些科研单位和企业研制出燃油直升机和油动直升机用于农业植保，由于当时植保无人机价格高、性能不稳定，并没有实现规模化量产，用户无法实现盈利，没有得到推广运用。随着无人机操控系统、充电电池、喷洒设备等技术的逐步成熟，2015 年以后，植保无人机开始高速发展，一批厂家陆续介入，带来了产品性能、性价比的快速提升。设备销售量逐年上升，作业面积保持大幅度增长。与此同时，国家层面给予政策支持。农业部门出台了植保无人机纳入农机补贴试点的政策，出台农业社会化服务补助政策，对无人机开展植保等农事服务，可以享受农业社会化服务政府补贴。工信部门出台了促进和规范民用无人机制造业发展的指导意见，推动植保无人机行业的发展。另外，一系列作业标准、行业标准、质量标准、职业标准陆续推出，规范了行业发展。在政策支持下，植保无人机市场在全国进入快速发展期，保有量和作业面积大幅增加。据有关统计资料显示，我国 2014 年植保无人机保有量 695 架，作业面积 426 万亩次。2018 年，植保无人机保有量达到 3.15 万架，作业面积达 2.67 亿亩次。今年保有量估计超过 10 万架，作业面积超过 10 亿亩次。

　　与传统作业相比，无人机开展农事作业具有明显优势：

　　一是适应范围广。地面机械进行机械化作业，必须保证机械的轮距与作物的行距相适应，当作物生长到一定高度后，一般的机械都无法下地作业。而无人机不受作物种植模式的影响，不同地形、不同生产阶段都不影响作业。

　　二是节水节药，节能环保。常规机械地面喷洒农药用量大、雾化效果差，而使用无人机作业，总体可减少农药使用量 20% 以上、节省用水 90% 以上，提高农药利用率 30% 以上。

三是效率高。植保无人机喷洒效率是人工喷洒的 100 倍以上，而且受药均匀，对环境影响小。

四是安全性高。远程遥控人员远离农药，减少了有毒农药对人体的伤害。

五是机动性好。无人机体积小，重量轻，运输方便，便于跨区调度。

也存在一些问题：

一是续航能力不足。使用电池的无人机，电池平均续航能力 10—20 分钟，电池充 300—500 次就要报废，成本较高。

二是载量不足。植保无人机载重一般为 10—20 千克，大面积作业，需要不停地添加药剂，影响作业效率和作业成本。

三是专用药剂缺失。无人机飞防效果很大程度上与使用的药剂有关。目前大多凭经验和参照地面喷雾确定剂量与配置方法，往往因为用量、配置不科学，或者缺乏助剂而影响作业质量。因此，飞防专用药剂、专用助剂的研发需要加大力度。

四是定位不精确。使用现有公开发布的百度、谷歌等地图数据，往往有误差，精准度不高。使用人工现场测量，耗时耗力，增加了成本。

随着农用无人机产品的逐渐成熟，农业航空技术应用领域也越来越广。目前我国农林无人机在植保领域主要用在防治水稻、小麦、玉米、棉花作物病虫害等。此外，在低空遥感信息获取、杂交水稻辅助授粉、无人机播种、棉花脱叶剂喷施应用等方面不断推广应用。我国作为农业大国，20 多亿亩农作物播种面积，每年需要大量各种农业作业。然而随着农村劳动力结构快速变化，农业劳动力老龄化、兼业化问题，以及短缺问题日益严重，年轻人不愿意从事繁重的农业生产，大量的农作物生产环节需要专业化社会化的服务来替代。此外，每年农药中毒、农药残留和污染事件频发，给农民健康和农产品质量安全都带来严重影响。无人机高效、环保、智能化、操作简单等特点，在农业领域将有广阔的前景。

技术上要重点解决以下问题：

一是提升续航能力，核心是电池性能的改进。

二是研发专用药剂和助剂。

三是智能化，操作逐渐向"傻瓜机"方向发展。

四是关键技术研发。基于农业航空作业的图像实时处理技术、变量喷施技术、数据融合技术、高精度 RTK 定位技术、多机协同作业技术及无人机喷施配套技术等方面。

在行业发展上要重视以下问题：

一是资源的共享利用问题。建立一些行业组织，搭建一些平台，促进资源的科学调度，合理使用。

二是完善有关的行业标准，让服务有章可循，让评判有标可依。

三是完善相关政策，如继续完善购置补贴、作业补贴等政策。

展望未来，农业航空技术在农业生产多领域、多环节具有广阔的应用空间，巨大的发展潜力，将对中国乃至世界智慧农业的发展产生深远影响。

——在 2020 中国通用航空产业发展高峰论坛上的发言

贯彻新理念构建新格局
促进通航高质量发展 *

很高兴和各位领导以及通航业各位同仁、专家相聚在这里，共同参加第二届通用航空产业发展论坛，共商促进通用航空产业发展的大计。当前，全社会正在学习宣传贯彻党的十九届五中全会精神，全会审议通过了《中共中央关于制定国民经济和社会发展第十四个五年规划和二〇三五年远景目标的建议》，对"十四五"时期我国的经济社会发展做出了系统谋划和战略部署。我相信在"十四五"规划实施的伟大进程中，通用航空将在服务国家战略，转变经济发展方式，满足人民生活需求，拓展新兴产业方面提供有力的支持，发挥更大的作用。这也更加坚定了我们发展好通用航空的信心和决心。下面我以贯彻新的发展理念，构建新的发展格局，促进通航高质量发展为题，跟大家做个交流。

---

* 廉秀琴，中国民用航空局运输司原副司长。

一、坚定改革创新，着力完善治理体系

"十三五"期间，通用航空发展成绩显著。通用航空与运输航空为民航业发展的两翼，也是综合交通运输体系的重要组成部分。2016年5月，国务院办公厅颁布了《关于促进通用航空发展的指导意见》，为新时期通用航空发展指明了方向。通用航空业被确定为国家战略性新兴产业，迎来了难得的发展机遇，各地各方面参与支持发展通航的热情高涨，把发展通用航空作为调整经济结构、转变发展方式的重要抓手。2020年是"十三五"最后一年，"十三五"期间，民航局高度重视通用航空产业发展，深入贯彻落实国办指导意见，致力于为通航发展创造良好的政策环境。

（一）行业治理成效显著，开创了我国通用航空发展的新局面

一是通用航空"放管服"改革成绩显著。民航局积极推进通用航空法规体系建设，全面梳理民航法律法规规章中不适合通用航空的特点，不利于通用航空发展的规定，重构通航法规体系，从通用航空发展特点的规律和实际出发，对公共航空运输与通用航空经营性与自用性通用航空，载客类与非载客类飞行活动实施分类管理。

二是监管范围更加精准。通过取消通航机场建设审批要求，简化航空器适航年检程序，降低运用驾驶员、试用驾驶员体检标准，放宽短途运输企业直接面向客票销售的限制等多项举措，有效降低了通用航空飞起来的制度成本。

三是监管实施更加精准，开展通用航空监管模式调整试点，初步建立了专门的通用航空监管事项部，实施了通用航空监管事项复合型判断标准，明确了适用"双随机"检查的范围，让监管的指向、内容、力度、边界更加清晰。

四是监管服务更加贴心。为执行抢险救灾任务的通用航空器改装，开通了适航审定绿色通道，整合通用航空行业统计渠道，减轻企业的负担，以通用航空管理意见箱为平台构建业内监管机制，畅通对行业过度监管问题的反馈渠道，累计答复涉及规章适用、运行监管等各类问题建议600多条。通航专项补贴力度持续加大，"十三五"期间，2016—2019年四年间，累计发放通航补贴14.25亿元。

（二）通用航空运营保障体系日趋完善

一是空管服务保障水平明显提高。印发了低空飞行服务保障体系建设总体方案，有序推进全国低空飞行服务保障体系建设，发布了全国低空目视航图和全国通用机场航空情报资料汇编，全面推进ADS—B实施以及低空空域监控技术的应用。

二是机场服务保障水平明显提升，持续推进通用机场分类管理，通用机场数量大幅增加。印发了《关于加强运输机场保障通用航空飞行活动有关工作的通知》，明确了地面保障服务的内容、价格、收费标准、通管指挥、安保查验等相关要求，启用了运输机场保障通用航空飞行活动的投诉平台，畅通投诉管理渠道。

三是航油服务保障水平明显提升，中航油发布了通用航空事业发展战略规划纲要，全面推进通用航空共同网络建设。目前全国航油供应已达到361个供应点。

（三）通用航空服务能力显著提升

一是服务国家战略日见成效。深入推进港澳特区直升机跨境运输试点，努力解决政策瓶颈，实现短途运输常态化，助力大湾区国家战略实施。畅通空军退役飞行员、维修人员进入通用航空、行业的渠道，推进北斗技术、产品在通航领域的应用，助力军民融合发展。加强适航审定国际合作，向境外航校颁发141部训练机构认可证书，助力"一带一路"倡议和对外开放大局。

二是服务经济发展作用凸显。以市场需求为导向，引导国产民机制造业加快发展，西锐、运12等国产飞机得到了广泛应用。锐翔电动飞机填补了国内新能源飞机的空白。以消费需求为导向，引导新业态的快速发展，批准相关企业在陕西全境、江西赣州、浙江杭州等地开展多种应用场景的无人机物流配送应用试点，探索多场景下提升物流最后一公里的效率，扩大了贫困地区农副产品销售规模，提升了当地贫困农民的收入水平，有力助推了当地经济社会发展与精准扶贫等项工作。以人民生活需求为导向，引导面向大众的消费类项目加快发展，空中游览、跳伞飞行服务、制造培训等项目保持加速发展态势，各地兴建通用航空产业园，通航小镇举办通航会展，飞行表演的积极性高涨，呈现了通用航空热度不减的良好态势。

三是服务社会发展效果明显。在基本航空服务领域，内蒙古、云南、青海等16个省份开通了50多条短途运输航线，去年运送旅客超过了5.5万人次。在抢险救灾领域多家通航企业积极参与森林草原防火等抢险救灾工作，在保护人民生命安全和国家自然资源等方面发挥了重要的作用。同时，我们也看到，2020年新冠肺炎疫情期间，通航企业勇担社会责任，主动投身疫情防控工作，在紧急运送医疗物资、开展航空喷洒、消毒灭杀和空中巡查等作业方面作出了积极有效的贡献。

（四）通用航空协同发展成效显著

一是部委协同成果丰硕。联合相关部委开展的产业示范推广、飞行营地等项目试点，41项示范推广项目，26个产业综合示范区项目有序推进，新昌、建德和荆门等通航小镇初具规模，全国现已设立263个飞行营地。与国家卫健委联合开展航空医疗救护试点，多家通用航空企业与医疗机构签约，开展航空医疗救护合作，累计救助病患、伤员千余人。

二是局省共建，机制优势凸显。民航局与江苏省政府共同成立了江西适航审定中心，给初教-6型飞机颁发适航证，畅通军民共用产品进入市场的渠道，切实服务江西省航空工业发展。

三是军民地三方共治初见成效。推进四川省低空空域管理改革试点，设立了军民地空域协同管理机构，固化工作机制，推进黑龙江通用航空飞行服务站的建设，军民航联合审批飞行计划，为多家通航企业和通航机场提供保障服务。

民航局在开展上述各项工作的进程中得到了国家各部委和地方政府以及军队的大力支持，得到了各相关企业、各地方政府和军队的积极响应，得到了相关领域专家、学者的建言献策，在大家的支持下，"十三五"期间，我国通用航空呈现出传统业务持续增长、新业态快速发展的喜人局面。截至2020年末，我国传统通用航空企业已经达到了513家，运营航空器是2913架，分别较"十二五"末增长了81.1%和30.3%。

2019年传统通用航空运行了106.5万小时，比"十二五"末增加了36.7%，"十三五"期间无人机新业态迅猛发展，网上注册开展通航作业的无人机企业超过1万家，商用无人机超过12万家。2019年，云平台注册无人机运行125万小时，今年已经超过了150万小时。

二、科学研判共同发展，危中有机，危可转机的新形势

虽然近些年我国通用航空发展的局面令人鼓舞，但是对标习近平总书记对民航发展的殷切希望，对标民航全国战略基本要求，通用航空发展面临的形势依然严峻，一些制约通用航空发展的关键问题仍亟待解决。例如，空域资源有待进一步释放，通用机场建设和飞行计划审批效率有待进一步提升，通用航空治理能力现代化水平有待进一步提升，等等。这些问题尚需在座各位各方携手，共同破解发展难题。

2021 年是"十四五"的开局之年，我们发展通航要贯彻中央"十四五"规划建议的精神，继续坚定不移贯彻新的发展理念，把创新、协调、绿色、开放、共享的发展理念，贯穿促进通用航空发展的全过程，努力实现通航更高质量、更高效率、更为安全的发展。

在构建以国内大循环为主体，国内国际"双循环"相互促进的新发展格局方面，要发挥出通用航空产业链条长、覆盖面广、带动能力强的优势，坚持供给侧结构性改革，加快培育空中游览、飞行培训、医疗救护等通航市场需求体系，不断扩大内需，积极推动"干支通，全网联"运输服务，着力提升应急服务，巩固传统作业优势，拓展以无人机应用为代表的通航新业态，以创新驱动、高质量供给引领和创造新需求，形成需求牵引供给，供给创造需求的良性循环，更好地服务经济社会发展。同时，我们应清醒地认识客观形势，分场景预测、研判目标，科学谋划通航发展。

一方面要看到，人民日益增长的美好生活需求将为通航发展提供广阔的市场，治理体系的不断完善将促进通航运营环境改善和公共服务能力的提升。民航全国战略将有效促进通用航空业的发展，提升基

础设施保障能力，便利交通出行。区域协调发展、国家扶贫攻坚、新基建等战略加快提升通用航空发展的动力。

另一方面，我们也要看到，新冠肺炎疫情对通航需求增长带来的挑战，全球贸易保护主义使通航对外合作难度更加加大。我国经济发展的不确定性和以无人机为代表的新业态快速崛起，给传统通用航空业带来了挑战，可以说通航发展机遇和挑战并存，动力和压力同在，我们仍需主动作为，进一步坚定通航发展的信心。

三、找准在新发展格局中的定位，发挥优势，促进通航高质量发展

新的发展格局包含国内循环和国际循环这两个循环，从国内来看，包括生产、流通、消费诸多环节都要发挥通航产业的作用。比如，像生产环节就要加强关键核心技术攻关，优化产业布局，支持国产民机的应用，维护产业链、供应链安全稳定。在流通环节要提高流通效率，降低流通成本，将通航短途运输通过干支通结合，融入整个运输网络，积极推进无人机物流配送试点，打通货物配送最后一公里，实现物畅其流。在消费环节要优化消费环境，保护消费者权益，充分发挥我国消费市场巨大优势，同时还要扩大对外开放，放宽市场准入，畅通国际循环，形成国内国际双循环互相促进的格局。

具体来讲，要聚焦民航强国建设，突出高质量发展的主线，以服务国家战略、满足人民需求为导向，以供给侧结构改革为主线，以加快提升治理能力为抓手，着力持续深化"放管服"改革，促进已出台"放管服"政策的落地落实，进一步优化营商环境，促进多方协同，突破关键资源瓶颈，鼓励和支持新业态，推动通用航空安全、智慧、

高质量发展。

一是加快提升现代化治理能力，构建多元共治管理体系。加快建成独立适用的法规体系，加快改进适航审定、机场保障、运行监管、安全保卫、经济监管和无人机管理等方面的规章，深化行业标准化改革，加快形成国家＋行业＋团体的标准体系，加快信用体系建设，加强监察员培训，提升治理能力，完善治理体系，加强与军队、相关部委及地方政府的合作，持续推动低空空域管理改革，打造多元共治的有效手段。

二是以基础设施为引领，提升保障能力。加快通用机场建设，引导建成直通协同的短途运输机场群，支持符合条件的通用机场升级为运输机场，引导区域通用机场体系化、特色化发展，支持通用航空应急救援高原机场的布局，推进通用航空共有网络建设，完善油料标准和质量管理体系，推动通用航空维修和航材保障便利化，提升通用航空情报服务、通信监视、气象服务等各方面能力。

三是以高质量服务为引领，实现服务能力品质化。推动构建覆盖广泛的短途运输网络，探索发展便捷、通达的通航物流，推进高原航空应急救援体系建设，引导航空医疗救援社会化发展，进一步优化通航消费环境，扩大通用航空新兴消费的供给。

四是积极培育新业态，提升行业发展的新动力。坚持创新驱动，坚持有人机和无人机融合发展，持续完善无人机政策规章体系，持续拓展应用场景和服务领域，充分发挥以无人机为引领的新产业发展优势，以民航绿色发展战略为引领，支持清洁能源航空器的研发制造和应用，探索可持续发展的新路径。

五是确保持续安全，有效提升抗风险能力。安全始终是通航发展的生命线，这几年，伴随着通用航空的较快发展，不安全事件数量也有所增加，发生了一些人员伤亡和财产损失的事故，一定程度上拉低了消费者对通用航空安全水平的信任度，长此以往，企业就无法生存，行业就失去了发展的基础。因此，要正确处理好安全和发展的关系，筑牢通航发展的基础。

中央在制订"十四五"规划建议时，特别注重开门问策，集思广益。这次通航高峰论坛，汇聚了国家和地方各机关相关部门的领导，汇聚了相关领域科研单位、权威专家和学者，汇聚了各主流新闻媒体，汇聚了通航业的精英代表，希望大家积极建言献策，交流经验，并以此论坛为平台加强合作，共同为促进通用航空发展贡献智慧和力量。

——在 2020 中国通用航空产业发展高峰论坛上的发言
（根据录音整理）

从回眸中展望通航产业
高质量发展新征程 *

我简单和大家交流一下我对"十四五"期间通用航空高质量发展的一点展望。

从环境来看,"十四五"是我们国家经济社会形态发生重要转变的一个时期,对通用航空来说也是这样。我国的通用航空也受到了一些外部形势的影响,以国内的内循环为主体,"双循环"相互促进的模式,也会对通用航空产生深刻影响。无人机的应用上,一些无人机的发动机在国外引进,也限制了在国内使用,这些大的外部环境变化,一定会对我国通用航空的发展产生一些潜在的影响。从国内的形势来看,现在地方政府,尤其省一级政府在通用航空发展方面发挥越来越重要的作用,"十三五"学到了很多,"十四五"开始更加显著地发挥它们的主导作用。

我国通用航空的市场需求也在发生深刻的变化。传统通用航空消费化的趋势,公务航空的体制化发展趋势,以及无人机领域的商业化趋势,可能在"十四五"期间我们国家会形成更加深厚的国内市场。

---

* 吕人力,中国民航管理干部学院通用航空系主任。

38 号文是通用航空发展的一个很重要的纲领性文件，国内的发展有很长的历史阶段，2010 年开始重新起步，真正形成规模化的时期。在"十四五"期间，尤其民航在财政支持方面相对稳定，行业规模会有一定的增长。

空域改革，首先考虑的是国家安全、国防安全，主干交通网的顺畅，也会兼顾到通用航空的需求。由于各地财政的实力和财政支持的方式不一样，未来在各省通用航空发展会出现一些分化。

通用航空是一个产品线非常长的领域，从二十世纪最早开始的传统航空器，到了五六十年代以后发展的公务机的业务，再到这个世纪，我们看到无人机领域的蓬勃发展，在三个不同时代有三个不同的产品，也在中国获得了不同的发展轨迹。

"十四五"期间，传统通用航空发展上，省级政府的作用越来越大。在"十三五"期间逐渐摸索出一条发展通用航空的道路，各个省之间形成了某种竞争和合作的关系。有的经济学家说，中国经济的发展主要是县域经济的竞争，促进了整个行业发展、整个国家发展。在通用航空领域，省级政府的作用，现在也开始发挥起来。"十三五"期间已经建立起了省域范围的通用航空发展的四梁八柱，政府主体确定，市场抓手也确定了，促进政策也更加成熟。

在省里面都有指定的政府部门负责通用航空的统筹工作，下面会指定相应的国有企业来开展相应的基础设施和保障能力的建设，这样的企业在全国大部分省份已经明确了，起到的是内引联、汇集资源的作用，以及别人不干的事情，他们来承担。

各个省都建立了三张网，一个是通航机场的网络，一个是短途航线的网络，一个是飞行服务的网络，主要对空中飞行服务。空中的应急救援网络，这样的配置，可能在"十四五"期间，会在各个省逐渐推广开来。

从业务结构来看，传统的通用航空主要强调的是作业类和执照训练，目前来看更多转向市场消费。短途运输、应急救援，对区域经济发展非常重要的社会需求逐渐体现出来，而且在"十四五"期间会获得更快发展。

四川省在低空空域协同管理的着力点，促进了通用航空的发展。这是在省域通用航空发展主导权上面最清晰的一次展示，因为它通过这种方式跟民航和军队协调，对通用航空最重要的空域划出来，真正实现了完全目视飞行，由飞行员自己来控制，飞行计划不用审批，只需报备，也建立了地方为主体、军民航协同运行的管理体系。2018年12月24日以来，在这个空域飞了3万多小时，是一个新的增量。

我国的公务航空在亚太地区是最大的（通用航空还不敢这么说），公务机领域在中国获得了一定发展，也跟我国相应的经济社会发展的体量是匹配的，可能不如欧美一些国家，但是我们在亚太地区，甚至在印度洋地区都属于领先。目前正在转向体制化的发展模式。原来更多靠资源、靠资质，现在靠服务去获取它的客户使用，它们自己的客户在使用公务机上面越来越多了。

未来的发展，公务机领域可能是一个国退民进的特点，因为现在私营企业、民营企业逐渐突破了航空安全的关键瓶颈，它们在这个竞争中的优势越来越稳定，而我国现有的一些国有大型航空企业逐渐开始退出公务航空领域。

目前来看，主要还是受疫情的影响，现在公务机主要是"内循环"，国内运输为主，未来长远来看还是"双循环"。公务机未来的市场能不能进一步扩大，更多看是不是有专业的公务机机场，在我国进一步推广。

无人机领域是我国特别重视，也特别希望去发展的一个领域。因为这个领域是我国具备全产业链优势的一个领域。我国的制造业，消费类制造业占到全球 70% 的产量。今天想要突出讲，现在无人机领域逐渐从消费类为主体向以专业类应用主体转移，现在制造业规模，专业类无人机的市场规模超过消费类，未来的应用更多是商用。

"十四五"期间，民航正在抓的叫特定类的无人机的应用，可能会成为主要的增量。"十四五"期间将是无人机实现多个领域规模化发展的重要起点。

我国无人机制造业规模比较大，通用航空制造业在中国没有这样的百亿规模企业。航天 11 院彩虹无人机已经在做民用领域的推行，在甘肃做人工增雨。现在一些传统无人机已经在民用领域开展应用，这个领域不可能放弃，一定会在世界上争我们的主导权。即使在 2020 年新冠肺炎疫情影响下，对无人机的飞行小时也没有影响，今年能飞到 200 万小时，能增长 40%，甚至更多一些。

现在全球都在开展无人机政策的顶层设计，这个是无人机竞赛的领域。未来无人机的发展要以政策标准体系建设和技术路径的双重发展获得航空领域的突破。

无人机领域也是一个在技术和市场方面在"十四五"期间要获得重大创新突破的领域。比如在农业上的应用，很多领域逐渐成熟了。刚开始想到是无人机做航拍，支撑 100 亿规模，在市场消费上也会形成一定规模。在"十三五"精准农业应用上已经实现了，"十四五"期间，还可以看到，无人机在消防、应急、物流、物探、城市交通里面获得新的发展。

这个行业有一批创新型的企业，靠它们来推动。原来这些企业不是我们传统通用航空业或民航业的企业，现在看到的大疆、吉利、美团、京东、顺丰，这些企业都在无人机的发展领域投入了很多资源。

我们国家对无人机的管理，逐渐从云数据收集（去年收集到 125 万小时，用民航局的系统去自动化收集的），到未来要向这些无人机提供反向信息服务，再到以后实现对无人机整体的交通管理，对空域进行管理，在这个发展的路径上，中美欧各具优势，现在处于并跑阶段。

"十四五"期间在无人机政策体系、技术体系和社会动员方面是一个关键时期。无人机是未来航空一百年竞争的主要领域。欧洲人预测，到2040年以后，在高空飞行的这些航空器中有1/4是属于无人驾驶或者可选驾驶，上面有可能有飞行员，也可能没有，未来替代的不仅仅是现在说的传统通航领域的一些业务，未来实现的是一个整体的替代。

我国现在无人机的实验区，民航局已经正式公布了，13个实验区。全球都在这么做。"十四五"期间，在这些区域，我们要不断地推进它们在技术创新以及市场应用方面的作用。"十四五"期间，随着这些实验区地方政府的充分参与，我相信这样无人机的发展会有新的动能。

从"十四五"来看，通用航空的发展更加讲究品质，更加讲究效率的增长，从传统的通用航空业务来看，省域的竞争与合作以及网络化可能是发展的主要趋势，公务航空更加强调服务导向与内循环，无人机发展上，要跟全球去并跑竞争，并跑创新，实现规模化。

——在2020中国通用航空产业发展高峰论坛上的发言

（根据录音整理）

让通航新业态更好地萌芽 *

通用航空是民用航空的一部分，以航空器为载体所从事的一些业务。运输航空，通常讲的是指定期航班，运输航空的特征，是对外公布的，卖票的、定期飞行的，除此之外的，笼统地作为通用航空。民用航空事业，一直受到党和国家的高度重视。我国民航事业在党和国家高度重视下得到快速发展。我国是航空大国，旅客运输量从 2005 年开始稳居世界第二。在 1978 年，当时通用航空大概旅客运输量是 230 万，现在旅客运输量是 6.5 亿，大概增加了 300 倍。通用航空是我国少数改革开放以后没有得到充分发展的行业之一。

1978 年，我国民航大概有 28 个运输飞行部队，其中 14 个飞行部队是通用航空飞行部队。除此之外，还有两个直升机中队，实际上是 16 个。通用航空和运输航空并驾齐驱，称之为"两翼"是有道理的。通用航空没有得到充分发展我认为主要有两个问题：

一是开放不够，前一段时间，国家发改委组织的促进低空经济的研讨会上，正在起草相关文件，准备给 2021 年政府工作报告提供素

---

* 丁跃，中国航空运输协会通航分会会长。

材，就是要发展低空经济，要把空域与公路和水陆一样看待，它是一个战略性资源。

二是谁来买单。举个例子，我们讲航空医疗救护，2019 年开始，卫健委和民航局开展航空医疗救护的试点，问题在什么地方？直升机去救援，把患者送到医院，医院收的是医疗费用，从这个地方运到医院的费用谁出？我好几次参加会议就强烈呼吁，应该把航空医疗救护合并到医疗保险当中去。我国参加医疗保险大概有 8 亿人，假如说医疗保险里面每一个人，每一个月交的款里面，有 1 块钱进入航空医疗保险，那就是 8 个亿，一年 96 个亿，就把这个行业带动了。

我就说两个问题：一个是开放不够，另一个是政策配套不够。

通用航空和运输航空相比，通用航空涉及的面更广，产业链较长，因为它涉及国计民生的各个方面。两组数据显示，我们国家大概心脑血管患者有 2.6 亿人，得心梗或者脑梗，它的黄金治疗时间不能超过 4 个小时，一旦发生脑梗了，4 个小时之内送到医院进行溶栓处理，他就变成正常人了。过了 4 个小时，就会造成不可逆转的伤害。

2016 年国务院公布了《关于促进通用航空发展的指导性意见》，这个指导性意见出来以后，航空运输面临着很好的发展机遇。我大概归纳了一下，有这么几个：

第一，各种利好的政策、措施密集出台。

第二，各地发展通用航空的积极性高涨。各省市自治区都做了自己发展通用航空的规划，也出台了相应的政策。

第三，多头并举，试点先行。民航局先后在 5 个管理局、14 个省开展 9 项试点，包括空域改革、服务平台建设、无人机的研发、低空监管、通航 + 旅游等。

新业态不断催生，比如说短途运输、无人机，还有娱乐飞行，包括通航的培训等。现在，106 万飞行小时里面，训练飞行在 90 万小时左右。职业培训方面，特别是无人机在航空巡线、拍照、森林防火、地理测绘等方面都发挥了重要作用。

无人机在很多领域取代有人机的趋势越来越明显，还有就是飞行营地的建设，特别值得一说的是大众消费型的活动，在悄然兴起。通用航空说到底，需要大众参与，要培养热爱飞行的人群。我国的飞行员大概有几万人，美国的飞行员是 70 万人，它们的通用航空为运输航空培养了大量的飞行人才。

目前，青少年的航空科普教育都在兴起，有党中央、国务院的指导，有各个政府主管部门的政策配套支持，再加上地方同志广泛的社会参与，中国通用航空的明天一定会更加美好。

——在 2020 中国通用航空产业发展高峰论坛上的发言
（根据录音整理）

辽宁法库大力推动通用航空全产业链发展[*]

今天我们相聚在这里，举办 2020 年第二届中国通用航空产业发展高峰论坛，共商通用航空产业发展大计，一起交流通用航空产业发展现状、进程和未来发展的新机遇。在此，我代表法库县委、县政府，对此次高峰论坛的举办，表示热烈的祝贺，向长期以来关心支持法库发展的各界朋友，表示衷心的感谢。

作为国家战略的新兴产业，通航产业发展水平是一个国家科学技术、经济发展和人民生活水平高低的重要标志，一直以来备受国家和各个省市高度关注。在全面建成小康社会、启动现代化建设新征程的关键时期，也在通航产业即将迎来发展新机遇的关口，此次论坛以"打造产业新模式，助力通航新发展"为主题，汇聚了民航局、通航界的精英和翘楚，在更高的层次、更大的范围，共商我国通航产业的发展良策，对于推动通航产业实现新发展以及调整产业结构，促进消费升级、培育经济的新增长点，具有十分重要的意义。

众所周知，沈阳是全国首批 26 个通用航空产业综合示范区之一，

---

* 刘阳春，辽宁法库县委书记。

法库借助沈阳母城的资源和优势，一直以来高度重视通航产业的培育和发展。早在 2009 年 3 月，法库就启动建设了沈阳通用航空产业基地，也是目前国内唯一的同时具有通用飞机跑道、水上飞机起降场、无人机起降场的通用航空产业基地，也是沈阳市委市政府抢抓国家低空空域改革的历史性机遇，建设的以国家级通用航空、无人机，以及通航特色小镇为核心的新兴产业基地。十余年来，基地建设集研发、孵化、中试、制造、组装、展示、销售、航材供应、零部件配套为一体，涵盖研、学、培训、运营、维护、应急救护、低空旅游等领域，以及具备检测检验、大数据平台、行业标准制订等功能的通航全产业链。

我们坚持从应用领域入手，以应用带动核心产业，以低空旅游、农林飞防等应用带动生产制造，已经成为沈阳打造千亿航空产业链的重要组成部分。

与此同时，法库立足独特的区位、空域和生态资源禀赋，抢抓国家省市大力支持通航产业的发展先机，坚持高点谋划，先行先试，主动作为，把发展通航产业作为培育转型新动能、构建现代产业体系、实现县域高质量发展的重要抓手。目前，通航产业已经成为法库三大特色主导产业之一，先后引进了联航神燕等一大批通航知名企业，逐步成为推动东北通航产业发展的重要引擎。我们也获得了国家级的通航产业中国示范区、国内首批国家级航空飞行营地、中国最具投资价值通用航空产业园、辽宁省航空应急救援基地、国家级民用无人机航空试验区等诸多荣誉，特别是已经连续成功地举办了九届沈阳法库国际飞行大会，不仅形成了法库通航发展的产业优势，作为辽宁省名牌展会，社会影响力和品牌效应更是逐年彰显，已经成为辽宁省一张靓丽的对外名片。

发展是这个时代的主旋律。即将开启的"十四五"发展大门，蕴含着无限的希望，衷心希望以此次论坛为契机，我们共同为通用航空产业出谋划策，共同为通用航空产业发展出谋划策，描绘蓝图，打造通航产业新模式、助力通航新发展，推动我们的合作向更深层次、更宽领域、更高水平迈进，实现共同发展、互惠共赢。

借此机会，我真诚地希望各位能够进一步了解法库、关注法库、走进法库，对法库通航产业发展多提宝贵意见，也更诚挚地邀请国内外通用航空企业到法库投资兴业，携手共创美好未来，共同融入全球通航产业发展的新格局。法库将以高效的政务服务、优质的营商环境，聚拢各方智慧，团结各方力量，助力企业做大、做优、做强，推动通航产业大发展，共同形成产业集聚新优势，共创通航产业的新辉煌。

——在 2020 中国通用航空产业发展高峰论坛上的发言（根据录音整理）

轻型飞机"大同造"助力 通航产业再升级*

跟大家简单地报告下，2006 年到现在，大同轻型飞机制造有限公司做的几件事情。

第一件事，实现了中国自转旋翼机的突破，自转旋翼机 2019 年在中国国庆阅兵上出现，整个行业从 0 到 1，基本上是我们的贡献。

第二件事，我们收购了一些知识产权，在山西大同开始制造。我们做航空教育的机型，现在手头上已经有 7 款固定翼、3 款旋翼机，都拿到中国的准入证。

中国的通航这几年走入了一些误区，还是要回归本性。

第一个，交通属性。小康社会里面，人民生活需要通航的服务，需要通航的产品，特别是交通。

主要说一下通航机场，现在全国的通用机场造价都是 3 亿元起。我们在 2018 年获得了国家的通航示范省建设，2018 年到 2020 年，一个机场没有建成。我认为要做小的通航机场，在山西每一个县建一个小的机场，不管它叫机场，还是叫营地、叫起降点，造价就控制在

---

* 申定龙，大同轻型飞机制造有限公司董事长。

3000 万以内，做一个小生态，涵盖维修、维护、体验，基本能生存下来。一个机场的生存靠市场，一个机场的发展也靠市场。

第二个，娱乐属性。我认为，中国的通航，首先应该开飞机，只有你开过飞机以后，享受到飞行的乐趣，告诉大家，这样大家才有可能去学习，学完了以后，才能买飞机。其他说得太高大上，没有任何意义。

中国的国防要强大，只有一种可能性，航空运动和航空科技教育，像乒乓球运动教育一样普及的时候，才会有非常多优质的、有天赋的飞行员产生，有非常多的人能够以后从事飞机的设计、制造、维修、维护、培训工作，这样国防力量才能强大。

第三个，工具属性。它能够采集很多数据。空间未知数据采集和生态环境数据采集，用航空的方式是非常容易的。黄河和长江整个管理，从源头到入海口，禁捕禁渔，水质污染，鱼群的动向、流量都是靠航空才能做得到，我们可以 24 小时不间断地获得数据，真正能管理好。

最后一句话，我认为聚焦通航发展，应着力于通用机场网络低成本建设和低成本的运营服务。轻型行业的制造符合低成本，各类人才培训和打造低空快捷交通体系，政府辅助以相应政策支持，一定能为通航的发展走出一条金光大道。

——在 2020 中国通用航空产业发展高峰论坛上的发言
（根据录音整理）

第三部分
社会养老的创新发展

完善养老服务体系
推动健康事业高质量发展 *

党的十九届五中全会指出，要全面推进健康中国建设，实施积极应对人口老龄化国家战略。"十四五"时期，我国将迎来一拨养老照护的新浪潮，养老服务将接受更大的挑战和考验。

人口老龄化是我国社会发展的必然趋势，是人类文明进步的体现，也是今后较长一段时期我国的基本国情。站在全面小康社会的新起点、社会主义现代化强国建设的新态势下，这意味着应对人口老龄化需要全社会、多领域共同参与。目前，我国在社会养老发展上还存在着资源分配不均衡、医疗条件缺失、管理标准不规范等问题。进一步推动养老服务业高质量发展、完善中国特色养老服务体系，满足广大老年人及家庭多层次、多样化的养老服务需求，是我国人口老龄化工作的主要任务，需要政府、企业、社会和家庭及个人的共同努力。应重点关注健康养老服务、老年健康、医疗和养老负担、老年人健康养老意愿等社会热点问题，在制定政策规划、保基本、兜底线、提供基本养老服务等方面下足功夫，减轻全社会对人口老龄化、养老问题

＊ 刘晓峰，第十二届全国政协副主席。

的焦虑，有力增强老年人的获得感、幸福感、安全感，让所有老年人都能老有所养、老有所医、老有所乐、老有所安！

——在第六届中国社会养老创新发展论坛上的致辞

做好养老工作　保障老有所养[*]

　　全面建成小康社会有一个重要的标志，就是人民生活水平全面提高。所谓全面，不仅包括居民的收入水平显著提高，包括人民的衣食住行水平显著提高，包括人们的教育、文化水平显著提高，也包括人民的健康水平显著提高。

　　1984 年邓小平同志首先提出小康社会这个概念的时候，中国当时的全国人均期望寿命是 69 岁左右，到 2018 年已经增加到 77 岁。1982年，中国 65 岁以上的老年人占全国总人口的比例是 4.9%，2019 年这个比例已经提高到 12.6%，这个数字说明我们国家的老年人的数量逐年增加，老年人占全国总人口的比重显著提高，也说明了人民的健康水平在明显地改善。随之而来的就是人口老龄化的趋势逐步增强。

　　我们怎么来分析、来对待这个现象？刚才有的同志讲这是严重的社会问题，我不太赞成这个提法。人口老龄化是人类经济社会发展的必然趋势，哪一个国家发展得越快，人们的生活水平越高，人均寿命越长，老年人的比重就越高，这是必然趋势。2019 年 65 岁以上的人

---

　　* 高强，原卫生部部长。

占到全国总人口的 12.6%，但是经合组织国家平均水平是 17%，包括英国、法国、德国、挪威、荷兰等国家，都超过 20%。世界上 65 岁以上人口占总人口比例最高的国家是日本，占 28%，这个比重要比我国高百分之十几，这就是人类经济社会发展的必然结果，这个趋势不可逆转。

我们现在研究的问题就是要按中央的要求，如何采取措施积极应对人口老龄化的问题，有效地化解人口老龄化给经济社会发展带来的一些不利的影响。不是扭转这个趋势，而是化解矛盾，推动社会继续前行。我理解的积极应对，所谓"积极"二字，是要往前看，往前行，站在时间的前面，未雨绸缪，积极运筹，采取积极有效的措施来应对。中央把积极应对老龄化提高到国家战略的高度，那就说明这是一个全党、全社会的共同的任务，各行各业、各级政府，甚至每一个民众，都有义务、有责任，投入到积极应对老龄化这个重要的工作中来，这不仅仅是养老，还有比养老更多、更重、更复杂的任务，需要我们去解决。

人口老龄化带给经济社会发展所谓不利的影响，也有三条：

第一，老年人口占的比例越高，有效的劳动力占的比例相对地就会下降，最终可能造成劳动力供应不足，从而滞缓经济社会的发展，这是不可回避的问题，必须要解决这个问题。虽然我们在这个问题上还没有面临特别突出的矛盾，有效的劳动力占全国总人口的比重还超过 70%，但是今后这个趋势，即劳动力下降的趋势会逐步加重，这个问题要提前采取措施，包括逐步地延缓法定的退休年龄，让一些比较年富力强的老年人继续发挥作用，使这些老年人老有所养、老有所学、老有所用、老有所得、老有所乐，使他们由过去是社会的负担，变成今后是社会的贡献。

另外还要发展一些智能的设备，有效替代人工所承担的劳动，这都需要今后若干年时间内继续研究。现在需要大家思考的就是要延缓法定的退休年龄，采取什么样的办法？现在有不同的方案、不同的意见，还没有完全统一起来。有主张每年都延缓，每年延缓几个月，逐步从 60 岁延缓到 65 岁，也有人主张法定的退休年龄不变，实行灵活的退休制度，如果身体好、精力旺盛而且有经验、有技能，单位又需要你，经过一定的手续，办理退休以后甚至可以再回来工作，照样发挥作用，这些意见需要社会广泛地研究。全部延长退休年龄，可能符合一部分人的要求，而影响另一部分人的利益，因为一些劳动者可能不一定希望延长退休，这个事情要采取一个灵活的办法。

第二，退休金问题。退休金的筹措是一个重大的问题。现在全国的职工养老金超过 50000 亿，数字挺大，但是各省之间严重地不平衡。有的几千亿，有的省出现了入不敷出的情况，中央决定要加快推进养老金的全国统筹，实行统一的政策，统一筹资和支付。这里面需要研究的问题是，统一了养老账户以后，由于各省缴费的水平不一样，有的地方如发达地区工资水平高，交的养老金就多，有的水平低交的就少，发放的标准怎么办？是一个标准还是区别对待？也是没有研究解决的问题，一个标准，好像有问题，区别对待、统一账户不统一标准，可能也有问题。这都是没有解决的事，这些问题都是我们需要思考的。

第三，就是养老问题。这是大家都关心的事情，养老问题涉及的面很宽。今天我们谈的社会养老，是社区养老还是社会养老？我理解是社区养老。因为国家提倡的三种养老模式，一个是居家，一个是社区，一个是机构。我们研究的重点是哪一个方面？我认为是社区。社区应该成为今后养老的一种主要的模式。社区养老这个模式是一个创新，它是把居家养老和机构养老的优点、优势融合在一起，形成的社区养老。参加社区养老的老年人，他仍然在家里居住，环境不变，面对的亲友不变，习惯和生活方式也不变，但是社区给他提供各种各样的有效的养老服务，解决养老面临的困难，这是我们今后应该加强的重点。如果单纯由于儿女不在身边，这些人就要到郊外，离开熟悉的环境参加机构养老，会带来很多不便，对这部分人最有效的办法就是居家和社区服务融合在一起，形成一个社区养老的模式，我觉得这是今后发展的重点。

社区养老的重点不仅仅在于康养结合，社区养老服务的重点，也不仅仅是健康服务。对于患病的老年人提供健康服务，还有大量的没有生病的健康老年人，提供生活、娱乐、文化上的，各个方面需求的服务，这都是社区养老机构提供的服务内容。要不断地完善，要上门服务，要根据老年人不同的需求提供不同服务的方式、方法和收费价格。千万不要把社区养老，仅仅限于在健康上，其实老年人的健康主要不应该靠医生，甚至也主要不应该靠别人，要靠自己。现在国家推动健康中国建设，最重要的一个目的，就是把每一个人都培养成自己健康的第一责任人，对老年人也是如此，像年近80岁的老人应该不需要别人照顾。

我们的健康不依靠医生，要靠自己！如何把自己能够锻炼成一个健康的人，身体是健康的，精神是健康的，生理是健康的，既有体力、智力，也有精力，甚至也有点财力，这样的老年人才是健康的，这样的健康人不会给国家造成太大困难。希望更多的老年人，成为健康老人，成为活力老人，这是我们最大的追求，也是我们创新社区养老模式，提供社区养老服务所追求的最大的目标。

社区养老还有一个重要的任务，就是不要把关注的目标都放在健康人身上。有一些90岁以上的老年人，确实行动不便的，出现了一些失能、半失能的老年人，需要重点照顾。对这部分人，有财力支撑的，我们如何提供服务？没有财力保障的，政府如何通过财政补助，来帮助这些老年人解除困难？这是我们必须考虑的。80岁以下的健康老年人，我觉得可以组织他们参加更多有益的活动，体力活动甚至一些心理上的活动，但是我们关注的重点是困难群体，包括城镇的一些失能、半失能的高龄老人，还有农村的一些困难的老人、孤独的老人，这是我们的社会最需要关注的。

我参加过多次类似于这样的养老创新的论坛，大家谈的几乎都是城市，我还没看到一个特别成熟的对农村、乡镇的这些孤独老人，如何提供有效的养老服务，昨天钱主任给我介绍说，他们搞了一个，我还没来得及看呢，有时间具体地聊一下。如果确实做得好，值得推广。

社会、企业家、社会机构，不要把经济利益看得过重，特别是不要把对老年人服务的经济利益看得过重，我不希望社会团体，在老年人身上获得更多的经济效益，而更多应该是付出。其实西方很多国家，是做慈善，包括养老、医疗，包括这些服务，是做慈善事业，它们的钱是通过其他的途径，做其他产业挣的钱，然后投到老年人的福利、保健服务上。这是一种无形的广告，更有利于扩大企业对社会的影响，大家一看这个企业绝对信得过，可靠，可以无偿地拿出钱来为老年人提供良好的服务。中国的企业家也应该学会这种经营模式，把财力、智力和物力更多地投入到需要重点关照的老年人的健康服务上，使他们健康地、快乐地安度晚年，这样既减轻老年人本人的痛苦，减轻家庭的负担，对社会、对国家也是一个巨大的好处。

所以真正做好养老工作，第一要靠党和政府的领导，第二要靠全社会的参与和支持，第三要靠家庭，特别是老年人自我的努力和保护，使每个老年人都能够享受到我国改革开放取得的成果，享受到社会主义现代化建设带来的幸福生活。

——在第六届中国社会养老创新发展论坛上的发言
（根据录音整理）

构建老年护工新起点 *

　　中央"十四五"规划建议，给未来的诸多不确定因素明确了指向。其中对于如何应对中国老龄化，第一次提出了要实施国家化的战略，提出了要开发老年人的资源，提出了养老事业和养老产业系统发展，提出了要加强养老获益品牌化的建设等一系列新的精神、经验。在中央经济工作会议上，对 2021 年启动"十四五"开局已经有了具体的部署，我今天就构建老年护工新起点跟大家进行交流。

　　双循环发展是一大变化，从两头在外的主场变为国内大循环的主体，扩大消费的战略支点，其中很重要的一点就是激活老年照护和产业发展，打通老年照护的两难兜底。新型城镇化、人口老龄化、劳动社会化、二胎普及化的"新四化"，拉动了中国家庭副业快速发展，我们课题组去年调查研究了 3000 万人，其中占 5% 以上的是四个行业，第一是家政服务，第二是老年照护，第三是医院护工，第四是小区照料。

---

　*　杨志明，国务院参事室特约研究员，中国劳动学会会长，人力资源和社会保障部原党组副书记、副部长。

在总体的趋势上，是进入了家庭服务业快速发展的黄金期，在今年防疫复工中，原有的就业招工、结构性矛盾迅速转变为招工难、复工难。但是在养老和家庭副业上，一老一幼是刚性需求。由于居家生活多，小时工、家庭服务有适量减少。那么这种刚性的新需求，就反映了在中国老龄化的进程中，老年照料将持续地产生新需求，这就是需求引导供给，供给创造新的需求。难点是，老年人找到合适的机构满意的护工，护工作为一个自己心里比较平衡的照料老人的职业。所以加强老年照料的培训，构筑老年照料的支点，补上老年照料的短板，需要深入研究，有所突破。

从目前展现的趋势看，这叫五轮驱动。

第一个是市场的拉动。尽管这个很难，但是每年的需求量都是百万级以上。网络直播带货，去年8万人，今年80万人，明年就800万人，不少店小二培训以后一转身成为网红了。人力资源和社会保障部颁布了一个新的职业称谓，叫网络营销师，现在正在对这个职业进行规范，来抑制过度的高打赏、高流量等。所以这块的市场怎么样激活，也是我们今天研究的课题。

第二个是政府推动。在中国内部讲，除了一系列关于发展养老事业、促进养老产业的政策性文件，还有两点现在需要补习的功课，一是针对老年照护现在的主体，是以农民工中40、50岁以上的中生代农民工为主，所以，需要政府研究他们的社保，引导他们在城市再经过10—20年，到老年以后，能够有保障；二是需要对他们上岗前，有政府的补贴，引导他们进行新职业的开发，新技能的学习。

第三个是企业带动。目前走在全国前列的是北京，以家庭照料为主，北京今年疫情期间最抢手的是老年照顾人员供给单位。在杭州，20000名员工中也有5000人左右从事老年照护工作的，最有名的是"三替"，一进门就有人替人分忧、替人受苦、替人受累。这是培育中国老年照护的前百强，应该扶持的。

第四个是环境。杭州有优越的人口条件，怎样在养老产业发展上，能够形成税费最低、政策最完备、各种养老服务设施条件最好，吸引人流、物流、信息流不断涌入杭州，营造经济学上讲的养老洼地？就是要留住人才。

第五个是科技驱动。现在中国养老市场份额最多的是德国的福维克家庭保洁站。中国不少老人在卫生间摔倒，因为瓷砖太硬，成为一个阶段的"老年杀手"。

所以在五轮驱动下，根据我们课题组的调查，我们把中国老龄化进程中的60—70岁群体初步定为低龄老年，85%都在释放自己多年积累的能量，有经验的、技术的，也有单位资源的，合称是这一阶段的，网络语言概括为退行期。只有百分之十几是由于家庭财产性收益较高，也有人说因为小孩已经率先进入杰出行列等，所以他们度假旅游养生这方面的需求比较大。这就是由健康条件的变化而决定的。现在六七十岁的老人，相当于原来五六十年代五六十岁的老人。中国老人勤劳的习惯代际相传，以及现在在经济转型两代交替过程中，经济收入的需要，使大部分白领退休后过着返聘、讲课、咨询、课题研究的生活，使大部分蓝领退休后即刻找到第二份工作。正是应了那句话，只要头脑有灵光，手脚能动弹，就不停地进行劳动、劳作。因此开发老年资源，也是一个新刚需。

把年龄在70—80岁之间和80—90岁以上的分为两个阶段。在70—80岁主要是帮助做饭，帮助清扫卫生、助急等基本养老。到了80岁以上又增加了助医，帮助看病，助行，帮助出去散步，到小区娱乐，助浴等。当前老年产业化中，老年照料发展需要市场细分，精准培训，补齐短板。从这个角度看，行业有了创新点，改革就有突破点。寻找老年照料攻破两难，以这个切入点开展课题研究，我把它概括为六点：

第一，劳动有注册。员工与企业签订劳动合同，平台企业是叫员工注册，还有相当一部分是亲朋好友介绍的，口头的也要变成有劳务期的性质。

第二，上岗有技能。人力资源和社会保障部为适应这个需要，推出了两个职业，一个是老年健康评估师，一个是健康照顾师。使从业人员进入行业能够适应，能够在二三十年赢得社会上的尊重和认可，从初级、中级到高级，一路提升。

第三，发展有融通。从全国来看，大大小小的养老服务机构，需要培育投入，需要有一批优秀的家庭服务企业，在老年照顾上率先闯出新路，提出可复制的新鲜经验。

第四，行业有标准。多种新职业汇聚到老年照料行业上，推出去以后具体的技能培训标准快速跟上。现在国家在推动的人社部"315"培训计划，是2019、2020、2021年这三年从失业保险基金中拿出1000亿元，培训5000万名技术人员，这里面就包括老年照料，人均补贴2000块钱左右。今年疫情的特殊时期还有所增加，今明两年每年培训700万名以上的农民工，来提升行动计划。

第五，行业有规范。新业态发展正在经历着先发展后规范，边发展边规范，走向以规范促发展的道路。老年照料市场经过先发展后规范，也走到了边发展边规范，包括前面提到的一大批年轻人涌进网络直播带货当中。现在中央网信办是要整顿治理，把网络直播带货作为一个新业态，以促进健康发展为基准来进行。

第六，照护有自律。网络上不断曝出照护老年人出现意外的情况，说明服务不够满意的情况比较多，但是行业发展需要时间，需要通过行业的协会引导，主管部门指导，政府监管，才能走上正轨。让愿意购买服务的人，能够基本满意，愿意服务的人能够基本得到自己的所需，最后服务的人和照顾的人都能走入健康、规范、有序发展的老年照料专业。

劳动领域出现了三个趋势性的变化，第一个趋势是需求上由数量型向质量型快速变化。贫困地区的劳动与生存是老年照料市场的主要方向，也有由企业型向技术型驱动的变化。"十四五"即将开启，中国即将进入高技能人才引领的技术时代，老年照护要高薪才能吸引一批毕业生和稀有的人才，源源不断向提升自己的服务发展。第二个趋势是劳动力从无限供给走向有限供给。从 2010 年达到峰值出现拐点以后，当年农民工人数 1245 万，比之前减少 241 万。今年的数量还要低，因为今年大学要扩招。一部分初高中毕业之后直接进入职业院校的，一方面缓解就业压力，另一方面为后时代方向发展储能。第三个趋势是一大批新生代劳动者走向外卖、快递、网约车服务、家庭服务、网络直播带货服务等工作岗位。

根据调查结果显示，目前有三个问题需要破解，第一，快乐感不够；第二，收入支出不平衡；第三，养老没有保障，所有这些都需要我们打通堵点、补上短板，特别是在数字化智能化时代，创出新供给，引导新矩阵。

新冠肺炎疫情引发社会范围内网络的热潮，数字经济包括老年照料衍生品在内等，几乎没有纯粹的传统产业，每个行业包括家庭服务、老年照料都或多或少地嵌入了智能化、数字化的声音，数据这个新的生产要素嵌入到老年产业，嵌入到老年照护行业，将产生超乎想象的效果。所以为中国老龄事业发展，为中国老龄化产业能够激活，我们要不停地学习，坚持不停地努力。

——在第六届中国社会养老创新发展论坛上的发言

（根据录音整理）

重视精神养老与文化养老 *

在岁尾年初，中国小康建设研究会在我们杭州黄龙饭店举行第六届中国社会养老创新论坛，这是我们杭州的荣幸，也是我作为杭州人感到非常高兴的一件大事。

这个论坛必将在各个方面产生积极的影响。大家知道，庚子年是个不平常的一年，由于新冠病毒的影响，我们现在口罩还没有摘掉，在这样的情况下中国小康建设研究会及各位老领导，依然到杭州举行这么一个高层次的论坛，表明了我们中国小康建设研究会及各位老领导，认真贯彻十九届五中全会的精神，把养老问题作为我国的一个国计民生的大事来关心、关注。

我认为养老问题意义重大，养老问题成为一个大家高度关注的社会问题，既有可喜的一面，也有严谨的一面。

可喜的是社会生产力发展到一定水平，人民的生活水平高了，科学医疗水平提高了，休闲时间多了，长寿高龄的人将会越来越多，这是党的十九大提出的人民追求美好生活的组成部分，可喜可贺。我

＊ 孙忠焕，杭州市人民政府原市长。

们经常听到哪一个城市预计寿命达到 80 多岁了，大家都很高兴，但是任何事物都有两重性，养老问题的快速增长，面临社会管理、经济发展，乃至社会服务、全民素质等问题。养老问题事关国家的大政方针，事关广大人民群众的福祉与民生，所以在这个时候，举行这么一个论坛，确实是贯彻十九届五中全会的精神，把中国的养老事业推向前进。

现在 60 周岁以上的老人有 179 万多人，占我们杭州人口的 22.55%，这中间 80 周岁及以上的，有 28 万多人，占了整个老人群体的 15.6% 左右，失能的老人将近 10 万，占老年人口的 6% 左右。

60 周岁叫耆，70 周岁叫老，80 周岁叫耄，90 周岁叫耋。所以不仅关系到民生，而且切身关系到我们自己，所以我从市长的岗位转到杭州市政协主席，其中三年把杭州的养老事业作为政协常委会的重点课题，连续三年调研，三年用政协常委会的形式向市委市政府提出建议，向社会发出呼声。在各级党委政府及民政部门的重视下，杭州按照中央、省、市的改革与智能建设的条件，建立了居家为基础，社区为依托，发展养老机构、医养结合的养老模式，取得了一定的成效。

居家养老社区发展，这是涉及国家、社会、家庭、个人的一件大事，确实要共同努力。前面的基础建设是必要的，但我认为医养结合更为重要，这个医也不能仅仅是医病，应该包括预防，这个养也不仅仅是养生，应该包括养心、养性，这样的健康才算真正的健康。现在很多人，包括很多老领导精神抖擞，与精神养老、文化养老、心态调整好有密切的关系。

大家知道《龟虽寿》中有一句，"老骥伏枥，志在千里；烈士暮年，壮心不已"。实际上后面一句也很重要，"盈缩之期，不但在天；养怡之福，可得永年"。生命长短不是由天决定的，是自己来把握的。"养怡之福，可得永年"，这中间包含着心平气和，对此要重视。

前不久我看到一篇文章，北京一家养老机构对 50 位耄耋之年的人做了调研，调研的结果，都在尝试着独居、独处、独饮、独住、独行即"五独"。各位对这句话体会不深，年轻的时候需要热闹，现在也需要，热闹的方法不一样了。我们调查了 50 位耄耋之年的人，42 位都是"五独"齐全的。人养老要养心，心神要宁静，心灵要净化。

人要养老不能只依靠政府，社会、自己都要关注精神养老与文化养老。很多人倡导喝茶好，因为喝茶就要在家里滚开水泡茶，杂念沉降，心静安逸，茶香飘逸，处在宁静的状态中，身心特别放松。医学研究表明，放松地品茶，心神无忧，神经系统特别活跃，胃肠蠕动能够更好地吸收，包括茶中来自茶多酚、茶氨酸等的化合物，有利于健康。社会、政府各个方面都重视康养，不但养生、养病，还养心、养性。我相信通过这个论坛一定会有更多的新理论、新观点、新方法，对中国的养老事业作出贡献。

——在第六届中国社会养老创新发展论坛上的发言

（根据录音整理）

多措并举推进养老服务体系建设 *

    非常高兴能来到西子湖畔参加第六届社会养老创新的发展论坛。

    昨天下午我有幸见证了闸弄口社区的医养护理中心的启动仪式，也听了详细的介绍。我认为杭州市在贯彻中央制定的养老体系建设方针政策方面有深入的思考和有效的实践。应该再进一步地把标准和加入的内容再细化一些，肯定会对贯彻"十四五"养老国家战略，起到很好地推动作用。实践进一步证明了制定和落实好"十四五"发展规划，加快城乡养老服务体系建设的重中之重，是以社区为单位，建设新型的养老服务体系。各级政府应该积极回应社会的需求，将养老和居家社区养老作为今后主要发展的方向。从 20 世纪末，我国开始出现人口老龄化的问题以后，党中央国务院高度重视，制订了一系列应对老龄化的方针政策，尤其是国务院颁布了"十三五"国家老龄事业发展和规划，老龄产业得到长足的发展，取得了很好的成绩。在前些年，尤其是在"十三五"之前，中央明确了新时期我国养老服务体系是居家为基础、社区为依托、机构为补充、医养相结合的体系的要求，有关

---

* 何丕洁，全国政协原副秘书长。

部门也制定下发了支持居家社区养老的文件。在这个问题上前阶段有人讲，这是一个为了满足"9073"要求而制定的，实际上我在各地调研，调研结果显示，老人现在更多的想法是在居家社区养老，也说明了居家社区确实应该作为我们今后养老服务体系建设的重中之重。

前几年我在调研中看到了很多政府，还有企业在做养老这方面的工作，都在以医养建医疗社区，养老设施为龙头，但实际上是变相的房地产开发。它们关注我国老龄工作方面招商引资多少，老龄产业产出多少的价值和 GDP，而我们关心的是在老人居家安全方面，做了哪些事？在发挥社区依托方面采取了多少措施？服务了多少人？取得什么样的成绩、经验？那些地产项目我听到的议论也很多，究竟现在经营的状况如何，大家可以做些深入的调研，我也建议中国小康建设研究会如果有精力有时间就这个题目调研一下，为政府提供一些更充足、更有说服力的数据。这些项目和产业是否能更加满足老人的需求，提高老人的获得感和满意度？

我也多次参加这类研讨会，看到了很多人把主要的精力和有限的财力，放在居家养老的基础和社区依托上。要吸引社会资本，发展老年产业，也应该建设基础和依托，因为我国的传统文化，还有大部分老年人特别是乡村的老人，基本上都是这样的心态，金窝银窝不如自己的老窝，绝大部分的子女不忍心把老人送到养老院等机构，还是愿意把居家养老的事做好。其实我国现在有很多资源，尽管说现在老龄社会来得猛，快得快，机构设施不够，但是还有些资源没有真正发挥有效的作用。

现在老人尽管年纪大了，但是在能自理的情况下，先不需要去养老院，不需要去机构，在家里安心地养老，让那些机构的床位，先满足真正需要的人。我认为临终关怀这块也能在体系里面发挥作用，这方面的工作还需要做好，让每个人都应该有尊严地、平安地走过自己的一生，画上一个完满的句号，这不是一个老人的问题，而是每个人都要遇到的问题，是一个社会的问题，这个影响还是很大的。所以各级政府和主管老年工作的部门，要进一步聚焦以居家社区养老为建设养老服务体系的重中之重，调用社会各方面的力量，做好一些示范，进一步总结示范的经验，就像闸弄口社区这样，把这些经验的做法复制和拷贝出去，同时在这个过程中进一步充实社区居家服务的内容，以及制定一些相应的标准，把它做得更健康，"十四五"期间能够建成适应老龄社会需要的、让老年人社会都满意的服务体系。我觉得为了做好这项工作，还是要想出一个概念，有的地方把居家社区养老定义为虚拟的养老院，也有的地方把它定为没有围墙的养老院，我更倾向认为它应该是没有围墙的养老院，因为它不仅只是没有一个硬性的围墙而已，而是可以把社区里的老人都管理联络起来的一个养老院，按照这样的一个标准的养老院建设，可能社区居家养老的工作能够推得更实、更快，做得更好。

这就需要在工作体制，工作机制，在责任上进一步明确和创新，这里面我想从两个角度讲：

一是，中央政府定了基本的国家战略，在之前从70年代末80年代初，实行了计划生育的国策，那时候是为了应对人口快速增长采取的措施，实行了30多年，现在国家战略是调动社会各方面力量，随着经济和社会发展水平越来越高，可以说这是一个越来越需要解决的问题。当然，国家战略实行好，早日建立起来，服务老年社会的一个服务体系建立好了，可能这方面的压力会小一点，但是老龄化带来的问题可能是今后的一个长期课题，还是需要很好地认真地对待。所以我认为国家战略也好，基本国策也罢，政府应该发挥主导的作用，在党委的领导下，在政府的主导下，把战略实施好。特别应该借鉴当年计划生育的一些做法和经验，从决策部门来讲，应该成立一个有权威的统筹这件事的部门。现在我了解大概是二十几个部门都在做老年工作，但是有的时候资源不能有效整合，造成了一些浪费。这块从中央来讲，应该确定一个有权威的部门来统筹这件事情。地方上的一把手也能明确一些责任，应该参照着当年计划生育工作那样的责任。

二是从社区街道来讲，应该配备一些专职的人员，因为我在北京调研的时候，很多街区可能没这方面的人员，责任也不是很明确。在"十四五"时期，能不能进一步明确街道的责任、社区的责任，配备专职的人员负责老龄工作，而且给他们配备一定的工作条件，落实基层的责任？因为计划生育工作我们做得很好，疫情防治工作，我们各级干部包括各类的专业人士，深入基层到一线去做，做得都非常好，这些经验都可以为老年服务体系建设做一些参考，真正把社区建成没有围墙的养老院。

将来老龄服务社会需求很大，需要很多专业人士。如果建设社区养老体系，可能需要政府有计划地聘任一些专业人士，让他们这些从业人员，作为一种社会职业，有一定的尊严、有合理的报酬，能够进一步地激发他们的爱心，真正热爱这个事业。

国外的一些养老服务的方面，就很少有需要照顾的人跟护理的人发生硬性的冲突或者矛盾，什么原因？就是因为他们的护理有很多属于上班，要尽心尽力地做，很专业，到了该休息的时候、该下班的时候他休息。这个问题也是一个建议。

参加今天的研讨会，有充分的理由相信在党委的领导下，在全社会的积极参与下，广大城乡的人民群众真正需要的和喜欢的新型养老服务体系，一定会走上健康发展之路，老年人的幸福感、安全感、获得感一定会得到提高。

——在第六届中国社会养老创新发展论坛上的发言

（根据录音整理）

中国养老产业机遇与挑战并存 *

听了刚才几位领导的重要讲话，我深受启发。我谈三点体会。

第一，从全国来看养老服务业工作，"十三五"期间，我国养老服务业发展取得重大成就。

据不完全统计，全国共有养老机构和设施 20.4 万个，较"十二五"末增加 6.4 万个。其中，注册登记的养老机构 3.4 万个，较"十二五"末增加 0.5 万个；社区养老照顾机构和设施 6.4 万个，较"十二五"末增加 2.9 万个，社区互助型养老机构 10.1 万个，较"十二五"末增加 2.5 万个。养老床位总量方面，截至 2019 年底，全国各类养老床位合计 775.0 万张，较"十二五"末增加 44.8 万张，社区养老床位 336.2 万张，较"十二五"末增加 13.3 万张。这一系列数据变化的背后，是我国养老服务政策体系的不断完善、服务能力的显著提升、保障设施的持续加强、养老产业的蓬勃发展，同时也为"十四五"时期我国养老服务业的现代化发展奠定了坚实基础。

第二，从养老服务业工作来看，"十三五"期间，我国养老服务

---

* 汤晋苏，民政部政策法规司司长。

业实现了 7 大突破。

一是养老服务政策体系基本成型。"十三五"期间国务院及各部门出台了近 30 项关于加快养老服务业发展的政策文件，实现老年福利保障、机构养老、社区居家、医养结合、农村养老、产业发展等领域的全覆盖。二是以老年人高龄津贴、服务补贴、护理补贴为主体的老年人福利制度基本全覆盖。截至 2019 年初，31 个省份均已建立了高龄津贴制度，30 个省份建立了服务补贴制度，29 个省份建立了护理补贴制度。三是养老服务质量监管取得重大进展。2017 年开始的"养老院服务质量建设专项行动"有效提升了养老机构的基本服务质量与安全管理质量，以《养老机构服务质量基本规范》《养老机构等级划分与评定》《养老机构服务安全基本规范》3 个国家标准为依托的养老机构服务质量监管体系初具雏形。四是社区居家养老服务改革试点进入收官阶段，涌现出一批具备推广意义的成功经验。自 2016 年启动的 5 批社区居家养老服务改革试点覆盖 31 个省份 203 个地级市（区、州），下发资金 50 亿元用于支持试点城市激活社区居家养老服务市场、探索社区居家养老服务模式。五是老年长期护理体系得到全面提升。《老年人能力评估》《关于开展长期护理保险制度试点的指导意见》《关于开展老年护理需求评估和规范服务工作的通知》《关于扩大长期护理保险制度试点的指导意见》等重要标准或政策的实施，从统一老年人能力评估标准、建设长期护理保险制度、老年照护需求评估等角度为国家和各地构建以长期照护为核心的老年健康服务体系提供了制度基础。六是养老服务市场主体活力得到激发、产业力量逐渐形成规模。养老服务市场持续开放，险资、国企加大力度布局养老产业，城企联动行动有效地提升了普惠养老的供给能力。七是养老服务业人才队伍建设走向专业化。老年照护师、老年人能力评估师、老年社会工作者等新职业（资格）的出现更加明确了养老服务业内部人才队伍的分工与职能，《养老院院长培训大纲（试行）》的出台更是为养老人才的职业化发展奠定了基础。

第三，从养老服务业这项工作看，"十四五"时期我国养老服务面临的挑战及应对措施。

尽管"十三五"期间我国养老服务业取得了重大成绩，但结构性问题的存在对"十四五"我国养老服务业的发展提出了挑战。主要表现为：服务与需求缺乏更加精准的匹配，养老床位入住率不足，社区居家养老服务使用率不高；长期照护支付手段过于依赖养老金，可持续性及消费能力有待提高；养老服务供应商盈利空间较小，市场积极性有待提升；养老人才短缺，现有劳动知识、年龄结构不足以支撑老龄化社会对高质量养老服务的巨大需求；养老服务资源分布不均衡，高质量养老资源集中于城市，农村养老服务整体较为薄弱等。

"十四五"期间要从以下五个方面入手加强养老服务基础设施建设。一是进一步落实老年人福利补贴政策，拓展老年人福利政策的覆盖范围，通过机制创新、效果评估提升老年人福利补贴政策的实施质量。二是继续推进统一标准的老年人能力评估工作，摸清老年人失能状况与服务需求，依托"三社联动"下扎实的基层治理工作体系的整体优势，立足社区，将老年人的实际需求与社区服务网络、专业服务组织以及养老机构进行对接。三是继续加大养老服务业营商环境优化力度，实施出台更加系统、覆盖面更广的养老产业政策，进一步激发市场活力。四是依托长期护理保险试点城市经验，制定、出台政策性长期护理保险全覆盖政策，增强长期照护服务支付能力。五是继续深化养老服务质量监管、医养结合、智慧养老等方面的改革与实践，为现代化的养老服务业打下坚实基础。

——在第六届中国社会养老创新发展论坛上的发言

大国战略意志 贵在全民行动 *

    党的十九届五中全会提出"实施积极应对人口老龄化国家战略"，体现了党中央对我国人口老龄化国情的科学判断，体现了对科学统筹我国老龄社会发展的高度重视。这是继科教兴国、乡村振兴、健康中国之后，又一最高级别社会治理、国家建设举措。全会通过的《中共中央关于制定国民经济和社会发展第十四个五年规划和二〇三五年远景目标的建议》（以下简称《建议》），是基于世界百年未有之大变局和中华民族伟大复兴的战略全局做出的科学研判，是站在第一个百年目标思考谋划第二个百年目标的精准布局，是将两个百年目标统筹规划、协同推进的重大举措。因此，世界百年未有之大变局和中华民族伟大复兴的战略全局，这"两个大局"是我们未来30年在实施"两个阶段"的中华民族伟大复兴全过程中，在全面统筹推进社会主义现代化国家建设中都必须要牢牢把握的大势，是我们实施《建议》各项任务必须瞄准的基本坐标，更是科学、全面实施积极应对人口老龄化国家战略的重要基点。具体地讲，把握"两个大局"，实施积极应对

---

* 王深远，中国老龄科学研究中心。

人口老龄化国家战略，要体现在着力把握前瞻性、系统性、针对性和操作性上，将国家意志，迅速转变为全国上下的实际行动。

着力把握前瞻性。战略的突出特点就是前瞻性，即事物发展的方向和纵深。所谓战略，就是科学预见事物发展的方向、目标和趋势，从而提前决策和布局。相对于战役和战术，战略更具有根本性、全局性和总体性特点。因此，实施积极应对人口老龄化国家战略，最根本的应体现前瞻性，就是以"两个大局"为总指针，紧紧把握《建议》的总目标、总方向，瞄准2035历史节点，放眼2049伟大目标，把对老龄社会发展规律的全面、科学、准确认知融入中华民族伟大复兴的宏伟蓝图中。具体讲，就是在思考谋划、规划制定、政策创制等顶层设计时，充分考虑老龄社会发展变化、老年人服务保障、老年人客观需求与经济社会快速发展变化、与对中长期发展的预期协调一致，使应对人口老龄化的制度、措施设计紧扣未来"两个阶段"的社会和经济发展大势，以及人类和世界发展变化总趋势，避免"短视"可能带来的局限和损失。从战略层面体现前瞻性，不但是要解决老龄社会问题，更应站在"两个大局"的高度，把积极应对老龄化上升为"三个有利于"的高度，即有利于实现新时代中国特色社会主义的宏伟目标、有利于实现全国人民对未来美好生活的向往、有利于推进新时期经济社会发展新格局。一句话，就是必须有利于推进社会主义现代化强国建设和中华民族伟大复兴。这是体现前瞻性的战略基点，也是实施国家战略的根本目的。

着力体现系统性。就是以《建议》为遵循、指导，系统、全面制定应对人口老龄化的政策措施。它不仅仅是当前我们已经和正在做的，如生育政策、老年人保障政策、养老政策等。更要着眼"两个大局"的积极应对，体现积极应对人口老龄化政策、措施的系统性。必须是基于"新发展理念、新发展格局、新发展模式"的布局，是基于实现全国人民"共同富裕"的考量，是基于与整个老龄社会发展相适应的谋划。如果说"前瞻性"是人口老龄化对策在国家发展时序纵轴上的体现，那么"系统性"就是人口老龄化对策在国家发展内容横轴上的体现，是与老龄社会发展需要相匹配的老龄经济、老龄文化、老龄人口、老龄教育等方方面面的协调发展。这个系统性，就是要建立与国家发展目标相适应的、以化解人口老龄化不利因素、以调动应对人口老龄化有利和积极因素为目的，一系列的政治、经济、文化制度措施。甚至还应在总系统里体现子系统、在大系统里包含小系统，形成无空点、无虚点的，宏大系统应对工程。系统性，不仅仅是全面，不仅仅是在现有基础上的完善和修补，更多的应该是推倒重来，是重建、重构，是对过去我们几千年社会固有的思维认识模式、生产生活方式的颠覆，是对与已经来临的老龄社会相适应的思想观念、文化思维、生活习惯、代际关系、生产方式的重构和重建。其目标将是系统建立一套与老龄社会、与"两个大局"相适应的老龄社会文化体系、老龄经济发展体系、老龄法律制度体系、老龄社会代际和谐体系、老龄健康宜居体系、老年人力资源发挥体系……

着力突出针对性。实施积极应对人口老龄化国家战略，固然应考虑前瞻、系统和总体，但更要立足当前与着眼未来相结合，把解决当前问题摆在应有位置，体现"以人民为中心"的为民思想，更好地增强人民群众对"实施积极应对人口老龄化国家战略"的信心和群众基础。当前，存在物质准备不充分的问题，但思想认识、观念理念滞后，甚至忧患意识、对人口老龄化危害认识不足更重要、更紧迫。因此，增强针对性，就是要着眼当前老龄工作中存在的"十多"和"十少"去谋划：中央顶层、涉老部门和人员对老龄社会、老龄工作、老年人保障重视得多，全社会关注、参与、重视得少；对养老服务保障呼声高、关注多，对人口老龄化带来的系统风险和危害关注、分析少；寄希望于政府养老、"养老金保底"的比例高，全民积极防老、备老意识不强、动力不足；对老年人保障政策、措施关注多，从战略上对"准老"甚至全龄应对措施少；从老年人服务保障角度看待老龄社会、老龄工作得多，从新的社会发展形势、新的生活方式、新的人口结构现状，看待、对待老龄社会得少；消极看待老龄社会得多，积极认知老龄社会得少；对显性（养老机构、床位、经费）养老问题思考得多，对隐性（家庭凝聚力的衰减、亲情沟通的衰弱、心灵慰藉的缺乏、精神文化的缺失）老龄社会问题关注得少、解决的办法少，对可能带来的危害研究得少；把老年人当被动服务和保障对象得多，特别是把"新老年人群体"当作促进、开发和推动老龄社会正面建设力量得少；忧患"如何养老"的人多，关注每个公民整个生命历程健康、平顺、和谐生活得少；思考狭义"养老"得多，关注、谋划整个老年期全面生活内容得少。这些问题的破局，有的须从思想观念和思维方式的转变入手，有的须从探索方法手段和实现路径上解决。

着力增强操作性。大国战略、国家意志，贵在具有可操作性的认知教育、制度设计、实施机制，最大限度地调动、凝聚全国上下的力量。仅从养老服务保障的谋划看，要从三个层面区分和推进：做实纯养老——主要针对七千多万高龄和失能老人的根本需求、"保命"需求，这是基于人性和社会道德价值底线的良心工程、为民事业；盯实泛养老——主要针对另外1.8亿活力老年人晚年生活的前瞻性全面服务、综合保障，这是基于"老有所安"层面，对物质文化生活更高层面的系统、全面安排；抓实大养老——主要针对每个进入工作期公民老年生活方式、必备素养、综合保障制度、机制的系统设计和建立，这是基于中华民族"伟大复兴"层面，将全体公民纳入老龄社会、新时代品质生活的统筹谋划，是更具有战略意义和根本性的人人防老、人人备老、人人为老重大举措。同时要从五个基础入手：下大力开展老龄文化建设，形成与社会主义现代化国家建设相适应的老龄生态，建设人人防老、备老的社会环境，科学、理性、积极的老龄工作机制；下大力发展老龄经济，厚蓄老龄财富，增强应对老龄社会的物质基础；下大力推进"文、健、技养共融"（文化养心、健康养生、现代信息技术养体）的养老机制，为养老迭代赋能，增强养老综合效能；下大力挖掘老年人潜力，全面塑造活力老龄社会，为新时代老龄社会治理增添力量；下大力促进代际融合，形成全龄共享，推动老龄社会和谐健康发展。

——在第六届中国社会养老创新发展论坛上的发言

新时代的老龄科学研究 *

　　中国的老龄产业、养老服务业、社会养老都必须创新，不创新不可持续，也没有生命力。随着时代的进步，中国人口老龄化形势的不断变化，老年人服务的产业也好、行业也好，必须跟上时代的步伐。

　　过去谈到养老，总是把它和保姆、家政、护理联系在一起，好像它是一种粗放式的经营，自发性成长的一个产业，从事养老产业、行业的每一位，一定要认真地考虑创新问题，要增强创新意识，特别是对科技创新的认识。养老不能停止在一种形态上，如果反应迟钝，接触不良，或者是消化不动，就要被时代所淘汰，被时代淘汰最终的结局就是从市场出局，从市场出局也就没有什么发展的前景了。

　　下面和大家分享我个人对产业政策的一点思考。

　　十九届五中全会把人口老龄化问题提高到一个新的高度，提出实施积极应对人口老龄化国家战略，这对老龄事业和产业的发展都具有里程碑的意义，因为我们党中央国务院把哪个产业、哪个领域上升为国家战略，那是体现高度的重视，不是一般的重视，我们现在可以作

---

* 曾琦，中国老龄产业协会会长。

为国家战略的一共也就七个方面。

2020 年 12 月 11 日中央政治局召开会议，强调"要扭住供给侧结构性改革，同时注重需求侧改革，打通堵点，补齐短板，形成需求牵引供给、供给创造需求的更高水平动态平衡"。我认为这些新的提法，对中国的经济社会发展一定会带来深刻的影响，为了支撑国家战略，推进需求侧改革，我个人判断，接下来党中央、国务院以及国务院有关部门，会出台一系列新的政策、新的举措，同时还会采取一些新的行动。

中国小康建设研究会对落实五中全会的精神和中央政治局会议的要求，应该说反应十分迅速，而且适时举办论坛，召集有关领导和业内专家来探讨如何推进社会养老创新的问题。同时今天下午还要召开专门的会议，研究"大同康养"品牌如何推进工作，我认为目标高远，路径清晰，举措得力，符合我们小康社会发展目标的要求，也顺应了我们 2.54 亿老年人的殷切期盼。经过一段时间的努力，"大同康养"这样的项目，一定会成为中国老龄产业或者养老服务业发展的一块金字招牌。

这些年我国为了积极应对人口老龄化的挑战，有效解决老龄问题，发布实施了很多政策。据统计，仅中央层面，党中央、国务院以及有关部委涉老问题的政策性文件，大概到目前为止已经出台了三四百部，当然这其中有一部分涉及老龄产业和养老服务业，这些政策应该说有力地推动了中国老龄产业的发展。比如 2013 年国发 35 号文件《关于加快发展养老服务业的若干意见》，这个意见发布了以后，业界反应十分强烈，后来大家就把 2013 年称为中国养老服务业发展的元年，一个政策的出台，对于整个产业的发展推动力很大。习近平总书记曾经讲过，产业是发展的根基，我们按照论坛的主旨精神，我想从决策部门和市场主体这两个层面和大家做一些交流。

对于决策部门来讲，制定实施产业政策的目的是要引导推动和规范产业发展，繁荣产业市场，扩大市场供给，满足消费需求。我认为接下来还要出台未来的老龄产业政策，我希望实现以下三个方面。

第一，政策要注重系统性。实事求是地讲，我国出台的相关政策到目前为止，总体上来说还有一些不尽如人意的地方。比如分散化，碎片化，分散在各个部门，有的甚至是重复的，有的政策出台是应急性的，就是出了一些问题，在某一个方面暴露的问题，马上有关部门出台一些政策，还是缺少系统性。这样的处理方式，我想有它的合理性，但是从长期来看，不利于产业的协调发展。对人口老龄化，要系统应对、综合施策，这是党中央要求的，对于推动我国老龄产业的发展，同样要系统应对、综合施策，我希望接下来政策的出台，要注入系统性、综合性、前瞻性。比如到目前为止我们国家还没有出台关于国家中长期老龄产业发展规划，我认为这是一个短板。有关部门认为老龄产业还是新兴业态，还不足以称之为产业，那我觉得更需要我们来推动，这样才能把老龄产业融入当前新发展格局，也就是以国内大循环为主体，国际国内双循环相互促进的新发展格局，以国内内驱为主，把老龄产业放到一个重要的发展的基点上。

第二，要提高政策的可行性。出台产业政策是为了解决产业发展中的问题，出台的政策不少，但是对于解决在产业发展过程当中的瓶颈问题，还有就是所谓难点、堵点问题，一些相关政策解决问题还没有到位，有的政策弹性有余，刚性不足，政策制定很好，但是落地很难，所以希望在提高政策的可行性方面得到改善，这些政策需要多部门的努力，所以协调也很重要。

第三，增强政策的针对性。我们经常说好的大夫能对症下药、辨证施治。今天讲政策，就要求精准发力，靶向施策，只有这样才能解决问题。比如现在讲要医养、康养相结合，医养、康养相结合不是一句空话，相关政策怎么支持医养、康养相结合？养老服务机构不是医疗机构，它有没有这样的资质，能不能把医养、康养真正结合起来？不要形式化，门诊部和三甲医院建成所谓绿色通道都是形式上的，我认为还是要精准、靶向。这次中央政治局会议提出需求性改革的问题，我个人认为，目的就是要释放有效需求，拉动国内消费市场。大家知道，老年人消费理念是需要调整的，特别是 20 世纪 20 年代、30 年代、40 年代出生的老年人，不是没有钱消费，而是不想消费，不舍得消费，宁可把钱存起来给自己的子女留着，自己省吃俭用不敢花，当然这和他们的收入水平也有关系，如果收入足够多了，那可能就敢消费了。所以这是一个综合性的社会保障，整体解决问题的一个工程，否则还是解决不了。

第二个方面，叫市场主体。市场主体我们都知道，企业家、行业协会、相关的社会组织都是市场主体。对于市场主体来讲，我希望在进入老龄产业养老服务业领域和市场的过程中一定要谨慎，因为这是一个新兴产业，刚刚起步，很不成熟，所以必须要稳扎稳打。稳扎稳打靠什么？首先就是要认真学习、理解、掌握路线方针政策，特别是涉老的产业政策是非常重要的。

第一要吃透政策，第二要用足政策，第三要推动政策，第四不能过分依赖政策。

先说第一，为什么要吃透政策？刚才讲了新兴产业不成熟，盈利模式也不清晰，所以对政策的依赖性就比较强，你对政策依赖强，如果有政策你能依赖，这些政策还没出台你依赖谁？怎么依赖？所以我希望每一个从业者，保持对政策的敏感性，要认真研究政策，看清政策导向，这样才能顺应市场需求，同时才能寻求发展的商机。中央的每一个文件，习近平总书记的每个讲话，都要认真学习理解，从字里行间当中，找到企业发展之路，找到盈利的商机。比如最近出台了关于加快实施老年人居家适老化的指导意见，还出台了关于切实解决老年人运用智能技术困难的方案。前面是解决居家设施不适老，不是解决马路上的坡道、轮椅这些公共的。家庭也要适老，特别是洗手间，老年人洗澡的地方，厨房这些；等等，都要适老。这些给我们企业家什么启示？文件都出了，你不干还等什么呢？你就按照文件的精神布局企业的发展方向，你就挣到钱了，老年人也得到福祉，这是一个良性循环，是好事。

数字鸿沟问题。科技发展、智能、技术应用程度，我国有相当一部分老年人不会用，懒得用，嫌麻烦，这个问题要解决，这就要求企业家去琢磨，怎么通过创新，解决老年人数字鸿沟问题，为他们铺平路，解决他们的出行困难。比如新冠肺炎疫情严重的时候，老年人智能手机不会用，健康码都不会用，哪里都去不了。那怎么办呢？规划和设计适合老年人的服务场景和服务手段，恢复一些传统为老年人解决问题的方式，比如银行，比如购票等。

另一方面，就是对老年人进行培训，让他们学习和掌握一些技能和操作方式，所以两手都要抓，两手都要硬。

第二，用足政策。老龄产业的政策我们认为是摇篮，也可以说是保姆。刚才讲市场主体要善于运用政策，通过学习掌握政策来解决自身发展过程当中遇到的用地、融资等问题。我们要通过掌握政策去争取政策，比如养老机构的建设补贴、运营补贴，目前有关部门，全国各地在这两个方面已经有了极大的推动。补贴发放，还有一些优惠政策，比如用水、用电、用气，这些政策要靠大家去争取。

第三，要推动政策。我们一线的运营者、企业家，其实最清楚，干这行痛点在哪儿，难点在哪儿，堵点在哪儿。我们需要了解应该有什么样的政策解决这些问题，所以要建言献策，要积极和政府有关部门沟通协调，提出政策建议，促进政策尽早出台，为产业、为企业的发展创造良好的政策环境。

第四，不能过于依赖政策。发展光靠政策还不行，给一些建设补贴、运营补贴，与你投入的巨额资金相比还是杯水车薪，康养投入的资金这些年可能是很大的数字。所以养老产业发展还要靠自身造血功能，要把市场搞清楚。当你真正发展到一定程度的时候，创造了良好的社会效益和经济效益，政策对你是加分的，那时即使没有政策，我们也能自身创造发展的机遇，创造我们的良好效益。

——在第六届中国社会养老创新发展论坛上的发言（根据录音整理）

中国养老行业市场现状分析 *

今天，我们中国小康建设研究会在这里举办第六届中国社会养老创新发展论坛。在过去的几年里，我们调研了大批的养老企业，感受到很多养老企业的热情和激情，但是也感受到很多养老企业的无助和无奈，调研中发现，很多养老机构急功近利，但更多的养老企业脚踏实地。我简短梳理一下调研中看到养老企业面临的一些状况，也希望能给在座的各位提供一点思路和思考。

在当前政策利好的背景下，众多的养老机构，为什么会处在一个不盈利，或者亏损的状态？如何走出这种困境是摆在我们所有养老人面前的一道难题。在众多的案例当中，综合分析下来，主要是养老企业机构定位、人群定位、服务定位出现了错位，导致入住率不足，导致资源浪费。所谓的机构定位，就是说目前我们理解的养老分为三大类型，社区养老、医养结合、康养。

社区养老包括日照中心，包括一些街道的社区养老院和福利院，而医养中心是带有医疗护理和治疗类的养老中心，健康养老包括现在

* 辜鑫龙，中国小康建设研究会副会长。

比较热门的康养。社区养老针对的人群一般是一些家庭条件还可以，自己有住房，身体状况还可以的这一部分人，被分流到日照中心。还有一部分进入社区的街道养老，还有一些失独的老人进入了福利院，一些失能或者是半失能的需要完全照顾的老人则进入了医养中心，而完全有行为能力的这部分老人，就进入我们所谓的康养中心。

对这些机构、人群的定位，我们能够更准确地确定市场定位。调研发现很多养老企业面临一个很大的误区。它们把很多不同类型的人群都放在一个机构里面，一个健康的老人，甚至一个生病的老人，或者失能的老人都在一个领域里面养老，使很多老人不愿意到机构来养老，从而导致了养老机构的入住率不高，没有哪一个健康的老人愿意和一群病人住在一起，所以我们在提高服务质量的同时，更要关注老年朋友的思想和心态。从年龄上来讲，进入康养中心的老人，年龄基本都是在 60—75 岁之间，这一部分老人身体健康，有完全的行为能力，可以把这部分老人纳入养老院，等他们年纪大了，他们的行动力比较缓慢了，或者身体方面跟不上了，再把这批人转到医养中心，一部分人再分流到社区养老，这样就可以让养老体系运转起来，让每一个养老机构各尽其职，发挥自己的机构优势，这样让每个养老机构都有自己的消费群体。

另外养老机构也可以根据自身的优势，形成差异化的服务。针对有高血糖、高血脂的老年人，可以建立食疗级的，对于有肩周炎的老年人可以建议理疗级的，对有老年慢性病的可以建立中医疗养制度，突出个性化的服务，逐步地实现养老机构之间的流动，然后再形成跨区域流动，然后再形成南北流动，再后面形成季节性流动，再到节假日流动，这样让整个养老机构能够像一潭活水一样被带动起来。

规范整个行业，是摆在所有养老人面前的一个问题。提高服务质量的同时，更要深层次地设计、满足不同阶层老人的需求，逐渐丰富养老内涵，摸索出一条真正属于自己的养老体系，让老人真正能够选择到适合他自己的养老机构中心去，这样养老才能走得更久远。

最后送给从事养老人的一句话，从事养老不仅仅需要情怀，更需要毅力和坚持。

——在第六届中国社会养老创新发展论坛上的发言

（根据录音整理）

从社区医养到农村医养 [*]

今天会议信息量很大，从各位领导到下面基层和基层单位，从政策层面，到实践层面，再到理论层面等都分享了一些好的做法、实践与经验。我想每次会议或者每个沟通、交流，都会给参与者一个很好的提升，领导和专家的分享解读，很多观点我都记下来了，而且肯定会放到实践当中去。我们和康集团现在社区医养做得还不错，但是缺乏农村医养，现在推广到了 200 多个地区，其中有一半都在村里。

大家知道淘宝进村，我们在很多村里都有养老站，以行政村为单位有很多试点。乡村医生进社区，我们把现在卫生主管部门退休的乡村医生，返聘到我们的医养点上来为老人提供服务。

我们还有互联网进社区，相信在全国也是创举，互联网诊室可以围绕个人身体情况线上诊断。我们的康复设施进社区，老龄化之后，很大一部分病人需要康复，康养护理，这些人如果要完全进机构很难，虽然现在民营医院很多，但是远远满足不了社会大养老的康复和康养的需求，这样的话我们的康复、康养进社区也是一个大事。

---

[*]　钱培鑫，浙江省社区研究会会长。

康复进社区有两个因素，一个是人，我们的互联网诊室，线下的诊疗；二是设备、设施，每个试点上有一些让老人体验感很强、普及性又很广的康复设施设备放在社区内。

还有农村康复，医养要进农村，我们希望以后新的小区建设，一定要建设医养综合体，这里面包括临终关怀，让每个老人有尊严地离开，一个小区按照老人数量设置床位，这里包括老旧小区的改造，我们建议能够把病房放到每个小区里。

——在第六届中国社会养老创新发展论坛上的发言

（根据录音整理）

智慧医养科技赋能线下居家养老 *

很荣幸能够站在这里给大家分享一下我们和康医养这些年的一些工作。我今天发言的主题是智慧医养赋能线下的居家养老。

首先我先介绍一下我们和康医疗集团与和康医养集团。和康医疗集团成立于 2007 年，围绕医疗产业的上下游，发展出其他的产业，包括医药、器械还有物业等。同时我们也是浙江省内最早涉足康复医疗行业的企业，目前也是浙江省内最大的康复医院连锁企业。多年的发展过程中，我们摸索出了自己的一套体系，就是以老年康复为基础、重症康复为支撑的康复医院运营体系，经过这么多年在老年康复上的摸索，我们也发现，仅仅靠机构养老是没办法满足中国 97% 以上居家和社区老年人的养老需求的，所以我们在 2017 年的时候也进入了居家的社区养老行列。

经过三年时间的发展，在 2020 年 3 月，我们正式成立和康医养集团，在各级政府、民政部门的支持下，我们已经发展到拥有 200 个社区站点，服务的老年人超过 20 万人，但还是远远不够的。

＊　钱默儒，浙江和康医疗集团副总裁。

和康集团的布局主要围绕安徽、浙江、江西三省八市，未来还将从长三角出发向全国辐射，让更多的老年人能得到我们的服务。

经过这几年的摸索，我们也简单总结出了四条。我们认为养老市场存在的痛点，第一点是老年人的医疗需求非常巨大，事实上医院大部分的患者都是 60 周岁以上的老年人，这说明老年人其实和医疗是很紧密的，尤其是养老行业是离不开医疗的。第二点是养老行业的科技和技术落后，老年人其实对科技产品的接受程度和接受能力，还有包括其支付的意愿和支付的能力都是存在问题的，像新冠肺炎疫情期间出现了老年人没有智能手机，用不了健康码，造成了困扰的问题。在移动互联的时代老年人不应该被移动互联的新技术抛弃。第三点是服务商的服务质量参差不齐，效率比较低。第四点是老年市场商品及服务产品比较单一。

针对以上四点，和康也总结出了自己的解决方案，运用"线上"+"线下"的模式，也就是智慧医养赋能线下的居家养老。

首先简单地解释一下我们线下做什么。其实现在提出了一个叫社区嵌入式养老的模式，我们在社区嵌入式养老模式之前已经率先提出了和康社区植入式医养结合的模式，也和清华大学"一带一路"战略研究院出版了一本书。什么是社区植入式医养结合呢？简单地给大家介绍一下，首先我们在社区打造和康的生态港，就是助医的工作，为站点的老年人提供绿色的就医通道。在站点也打造了康复中心还有互联网诊室、日间照料中心等，这些都是给老年人提供医疗服务，当然不局限于医疗，老年人更多的是精神文化层面的需求，所以我们站点也是老年人的娱乐中心、老年产品的体验中心，同时也是老年文化的精神属地。我们服务不仅仅局限于社区站点内，更多的服务是做一些上门的事情，所以也结合自己的医疗资源，医生、护士会定期下沉到社区上门给老年人做一些信息的采集，首先给老年人建立一个健康档案，定期做回访，形成一个连续的健康档案，这对老年人的健康管理是非常有效的。同时还有上门的家政服务。这就是一些站点上的内容。回到智慧医养赋能线下，线上是什么？我们首先搭建了一个智慧医养的综合服务平台，也就是融医养平台，融医养平台包括很多子项目。首先是智能安康看护系统，还有融医养商城、生活服务、时间银行、呼叫中心、和康数据中心等。

融医养智能安康看护系统，就是国家大力推进的家庭照顾床位的解决方案。我们结合一些软件、硬件包括呼叫中心等，给老年人，尤其是独居的老年人家里安装上这个系统之后，能大大地降低独居老年人发生意外的概率。

再说这是"互联网＋医疗"的模式。这次疫情大大加快了互联网医院的发展速度，包括互联网医院的医保政策落地，还有推进"互联网＋护理服务"的政策导向，其实都是对养老行业一个非常利好的政策。在目前医疗资源稀缺的情况下，如何满足社区内养老大量的医疗需求，我们认为互联网医疗、远程医疗是很好的解决方案。

我们也结合了大量的社区站点，开设了很多互联网诊室，已经超过了500家互联网诊室。我们对于用户的定义和大部分的主流互联网医院是不一样的，我们的用户主要是老年人，就要考虑到老年人的使用习惯，老年人对一些新科技的接受程度、接受能力是有限的，所以我们结合了自己的站点，还有大量的其他第三方社区的站点以及小微机构、养老机构，开设了互联网诊室，由工作人员来协助老年人使用互联网医院。我觉得这是一个非常大的突破，虽然是很好的创新，但同时也结合自己的医疗资源，集团内部的资源，和集团外部的资源，形成更强大的集团资源，有1000多名医生能够提供给最基层的社区。同时我们也和通信运营商等公司进行合作，把互联网医院，植入电视机顶盒里面，未来老年人用遥控器就能直接在家里的电视机上，联系到我们互联网医院的医生，甚至可以联系到三甲医院的专家，目前集团已经服务了 8 万多名老人。

近三年来已经超过 20 万名老年人享受了我们的服务，建立了 37 个社区中心，互联网诊室超过了 500 家，现在是在三省八市范围内，未来还会拓展到全中国。

和康医养的理念是做一家负责任、有担当的企业，现在针对服务范围内的老年人都提供一些免费的医疗咨询的服务，同时也向社会上的一些机构，还有服务商开放线上平台，对于民政系统我们也开放了养老、辅助数据的接口，方便辅助管理，还有服务商的管理。最后，对想要从事养老服务的机构和个人，我们也提供培训，同时也能提供项目的扶持。

和康医养的愿景，是希望让天下长者"医侍"无忧。

——在第六届中国社会养老创新发展论坛上的发言

（根据录音整理）

"大同康养"杭州倡议 *

积极应对人口老龄化国家战略，重在全民行动、全民积极参与。为搭建共谋事业、共求发展的平台和桥梁，创建"大同康养"家园，促进社会主义现代化国家目标实现，为此全体与会代表倡议：

一、牢记"大同康养"宗旨。基于全面建设小康社会历史背景下，以共同富裕人本思想为指引，在推进社会主义现代化国家新征程中，为中低社会阶层实施健康养老、养生工程，共同建设美好未来生活。

二、健全"大同康养"使命。为中低收入老年人群服务，为中小康养企业代言，为中小城市及农村养老发展助力，探索新时代中国百姓养老新模式。

三、弘扬"大同康养"精神。秉承普惠、扶重、公益的中国小康建设研究会基因，创新、进取、聚力、共融，服务更多老年人，成就更多企业家。

四、坚守"大同康养"价值。以人性关爱为魂魄，以传统文化为引领，以主动健康为支撑，以田园自然为归宿，以幸福快乐为目标。

---

* 王旭，中国小康建设研究会养老发展分会主任。

　　五、共筑"大同康养"平台。围绕有资源、帮别人、想创业、我来帮，搭建共享、共建、共融，同发展、同进步、同快乐的"大同康养"平台和桥梁。

——在第六届中国社会养老创新发展论坛上的倡议

第四部分
健康中国与食品安全

关注食品安全发展
践行"健康中国"战略 *

今天，非常高兴能与大家相聚在美丽的西子湖畔，在这里一起参加"2020第二届健康中国与食品安全高峰论坛"，为健康中国与食品安全战略实施建言献策。受新冠肺炎疫情影响，我国食品安全问题受到格外重视。我认为在这个时间举办此次论坛非常有意义。党的十九大提出要实施健康中国战略。推进健康中国战略，有利于维护社会稳定、促进经济发展、改善民生，是新时代党和政府以人民为中心发展理念的具体体现和必然要求。下面谈几点意见和大家交流。

一、保障食品安全是健康中国
建设的重要基石

人民健康是民族昌盛和国家富强的重要标志。习近平总书记指出，要把人民健康放在优先发展的战略地位，以普及健康生活、优化

＊　张宝文，第十二届全国人大常委会副委员长。

健康服务、完善健康保障、建设健康环境、发展健康产业为重点，加快推进健康中国建设，努力全方位、全周期保障人民健康，为实现"两个一百年"奋斗目标、实现中华民族伟大复兴的中国梦打下坚实健康基础。

食品安全作为健康中国建设的重要组成部分，关系到全体国民的身体健康和生命安全，也是健康中国战略的前提和基础。加强食品安全治理有利于保障健康中国战略的实施。食品安全与人们的健康息息相关，只有充分保障食品安全，更高层次的健康追求才会成为可能。

民以食为天，食安重于山。食品安全是重大的民生问题、经济问题、社会问题和政治问题，关系到民生利益，关系到民心稳定，关系到民族未来，一直以来党和国家高度重视食品安全工作。"十三五"规划更将其上升为国家战略高度，提出实施食品安全战略，形成严密高效、社会共治的食品安全治理体系，实现让人民群众吃得放心的战略目标。当前人民群众对美好生活最基本、最直接、最现实、最迫切的需要就是食品安全。保障食品安全是广大人民群众的殷切期盼，是各级党委政府的政治责任，是各级监管部门的光荣使命。

进入 21 世纪，随着人民生活水平不断提高，对食品安全问题的关注角度也发生了变化。从以前关注"吃得饱"到关注"吃得好"，到现在关注"吃得营养搭配"，食品安全在人们心中的地位不断提升。据统计，2019 年，我国居民人均食品消费支出 6084 元，同比增长8.0%；占人均消费支出比重的 28.22%，排名首位。从人们对食品消费的"慷慨"程度可以看出，食品安全始终是广大人民的重点关注对象。正是由于食品在生活中占有不可替代的地位，我们才要以慎重与严谨的态度对待有关食品安全方面的问题。实施食品安全战略是重大的民生工程、民心工程，要充分认识保障食品安全对加强我国国民身体素质、提高国民生活水平、增强政府公信力、维护企业良好形象，进而推动社会稳定和谐的重要意义。

二、多措并举构建食品安全共治共享新格局

近年来，我国食品安全监管不断加强，食品安全总体呈现"逐渐转好，总体稳定"的发展趋势。据市场监管总局数据显示，2019年完成国家食品安全监督抽检24.4万批次，覆盖33大类食品，检验食品安全国家标准指标558项，食品安全抽检的总体合格率为97.6%，与2018年持平。其中，日常消费量大的食品合格率继续保持高位。肉制品抽检合格率为97.0%，较2018年提高0.5个百分点；粮食加工品、食用油、婴幼儿配方乳粉抽检合格率分别为98.8%、98.9%、99.8%，与2018年持平。餐饮食品、淀粉及淀粉制品的抽检合格率分别较上年提升0.9和2.3个百分点，均达到97%；非法添加非食用物质检出率为0.02%。婴幼儿配方乳粉中"三聚氰胺"连续11年零检出。这说明，我国在食品安全体系的建立和监管成果上已初见成效。

但是我们也要看到，当前食品安全领域存在的问题仍然不少，主要表现有：一是生产环节环境污染问题严重。我国农产品生产多以农户为单位，由于农村技术水平整体较低，在单纯追求高产量、低成本的观念下，违规使用农药和违禁药物的现象很常见。根据中科院地理科学与资源研究所2018年研究数据显示，我国地表水、大气、土壤等环境污染严重，每年有1200万吨粮食受土壤重金属污染，农业面源污染物已超过工业的7.5倍。中国粮食主产区耕地土壤重金属点位超标率为21.49%，整体以轻度污染为主，其中轻度、中度和重度污染比重分别为13.97%、2.50%和5.02%。二是新型食品消费形态给食品安全提出新挑战。"互联网＋"经济模式在中国发展迅速，传统餐

饮行业与互联网相结合形成的电商平台外卖为消费者提供了极大便利，但同时由于监管缺位以及法律的滞后性，网络订餐食品安全隐患始终无法得到有效遏制。2019 年国家食药品监管总局对网上餐饮单位开展的抽检结果显示，不合格率为 7.95%，已经超出线下餐饮行业的平均不合格率，成为食品安全的重点监管方向。三是食品安全输入性风险不断增加。随着国民消费能力的日益提升，进口食品已经成为我国消费者重要的食品来源，但据海关总署通报的数据显示，2017年共从 94 个国家进口的食品中，检出不符合我国法律法规和标准、未准入境的食品 6631 批、4.9 万吨、货值金额 6953.7 万美元，不合格的主要原因包括品质不合格、证书不合格、标签不合格、食品添加剂超范围或超限量使用、微生物污染等。前段时间，大连由于进口食品的输入污染导致了新冠疫情的二次暴发，这次事件的发生也告诫我们，进口食品安全风险不容疏忽。

食品安全问题的特点决定了保障食品安全不能仅仅依靠"管理"或"控制"措施，必须综合施治，共同构建"食品安全、社会共治，创建成果、人民共享"的社会治理体系。要在政府重视、企业落实、公众参与、社会宣传等方面全面推进，形成人人有责、人人参与、人人共享的社会氛围。

首先，要加强食品安全源头治理。食品安全的源头在农产品，基础在农业。必须把住农业生产环境安全关，治地治水，净化农产品产地环境。共治共享的食品安全体系就是要加强对农产品生产环境的管理，完善农产品产地环境监测网络，切断污染物进入农田的链条。坚持控肥、控药、控添加剂，规范农业生产过程，严格管制乱用、滥用农业投入品。其次，要加强食品安全过程管理。食品安全需要系统的安全保障体系，要建立完善的监管制度和运用强有力的监管手段，实现从田间到餐桌全过程的监管。为强化食品安全风险治理，2013 年初，中央启动了食品安全监管体制改革。形成了食品安全监管新体制，基本实现了由"分段监管为主，品种监管为辅"的监管模式转变为相对集中监管的模式，初步形成了一体化、广覆盖、专业化、高效率的食品安全监管体系，基层监管力量得到了增强。2019 年 2 月，中共中央办公厅、国务院办公厅印发了《地方党政领导干部食品安全责任制规定》，提出要落实食品安全党政同责要求，明确考核和奖惩办法，强化食品安全属地管理责任，健全食品安全工作责任制，保障人民群众"舌尖上的安全"，监管体制改革取得了新的成效。最后，要加强食品安全风险防控。我国在风险防控上学习借鉴发达国家的好做法，建立了全国性的风险监测体系，及时发现全国范围内可能存在的风险及其分布，实现"及早发现苗头，及早处置，严防形成行业潜规则，严防发生区域性、系统性安全风险"。注重发挥群众监督、舆论监督的重要作用，形成全社会维护食品安全的铜墙铁壁。近年来，在 2837 个县（区）设置了食品污染物监测点，共有 6 万多家医疗机构和 3000 多家疾控机构开展食源性疾病监测，有效发挥了监测预警作用。

食品安全没有"零风险"，但监管必须"零容忍"。1% 的食品安全风险，落到一个消费者、一个家庭头上，都是 100% 的不安全。我们必须坚持德法并举、社会共治，切实防范食品安全风险，让人民群众早日共享食品安全发展成果。

三、注重科技创新提高食品安全保障水平

加快农产品与食品安全科技发展，是推进食品安全战略实施、提高食品安全保障水平的重要举措。

一是以科技创新赋能智慧农业发展。所谓智慧农业，就是通过充分应用互联网、移动互联网、云计算和物联网等现代信息技术成果，实现农业生产的智能管理。现代社会是一个网络化、智能化的社会，科技对于农业的发展起着越来越重要的作用。近年来，我国农业科技普及力度逐步加大，农村地区网络也在不断覆盖，已经可以满足基本需求。在乡村振兴的大背景之下要用科技创新助力智慧农业的发展。传统农业将以它的淳朴厚德迎接生物技术、互联网信息技术、智能技术等先进的科技和生产方式，并不断创新蜕变，迎来智慧农业发展新时期。智慧农业通过一系列机械化、自动化、智能化的升级改造，大大降低人工成本，提高生产效率，也使得农产品的质量更安全。

二是以科技创新提升食品安全监管水平。目前，我国正处在工业化、信息化、城镇化和农业现代化深入发展阶段。新产业、新业态的持续涌现，给市场监管部门带来了新的挑战。然而随着互联网、大数据、人工智能等发展越发成熟，食品监管的智慧升级也迎来了新的发展机遇。我们应该发挥科技支撑作用，依靠科技创新提升食品安全监管能力和保障水平。建立监管信息化系统、互联共享的信息平台，加强标准体系建设，健全风险监测评估和检测检验体系。通过科技手段建立的监管体系不仅可以实现食品安全预警时间点前移，还可扩大食品安全控制范围，提高工作效率，有效降低检测成本。现在已经有一些餐饮企业安装实施了"明厨亮灶"监控系统，把食品制作的全过程公开、透明，通过信息可视化的监管方法保障食品安全。

三是以科技创新完善食品追踪溯源工作。先进的食品追踪溯源技术，可以向消费者提供食品供应链管理、食品品控、食品生产和交换等相关信息，从生产，到运输、分销，再到消费，所有环节确保食品品质始终如一，切实降低食品安全风险，保障消费者人身权益。今年新冠肺炎疫情暴发，"案板上检测出新冠病毒"的新闻把三文鱼推到了风口浪尖上。国家卫健委高级别专家组成员、中国工程院院士李兰娟提出，要对市场里的人和食品全部进行溯源。可以看出，建立食品安全溯源体系意义重大，势在必行，是保障食品安全的有力武器之一。

同志们、朋友们，食品安全问题是全社会高度关注的民生大事，事关党和政府的执政形象和公信力。保障食品安全，是一项长期的、系统的工程。让我们紧密团结在以习近平同志为核心的党中央周围，按照党中央的决策部署，齐心协力，攻坚克难，把食品安全战略落到实处，真正让人民群众吃得放心、吃得安心，进一步增强人民群众的获得感、幸福感、安全感。

——在 2020 第二届健康中国与食品安全高峰论坛上的发言（根据录音整理）

携手共进　保障食品安全 [*]

今年将全面建成小康社会，习近平总书记指出人民身体健康是全面建成小康社会的重要内涵，没有全民健康，就没有全面小康。建设健康中国，实现全面健康，首先必须保证食品安全。关于建设健康中国、保证食品安全要讨论的话题和内容很多，今天我仅就食品安全这一话题和大家交流。

一、充分认识做好食品安全工作的重要性

中华食品丰富多彩，凝聚了国人的艰辛实践、高超智慧、丰富情感以及悠久文化。古人说民以食为天，生动而又精准地概括了食品安全的重大意义。"国以民为本，民以食为天，食以安为先。"食品安全关乎我国 14 亿多人口的生活吃饭问题。近年来，慢性疾病多发，包括 2003 年的非典、2020 年的新冠等，除了医学科技的进步，提高了

---

* 陈存根，中央国家机关工委原副书记。

鉴别病毒能力以外，习近平总书记指出在食品安全方面给老百姓一个满意的交代是对我们执政能力的要求。

食品安全主要涉及两个核心属性：一是数量安全。能不能够吃，养活民众。二是质量安全。能不能好吃，保证健康。今年，我们终于将实现温饱无忧了，但仍然不能掉以轻心，因为饭碗没有完全端在自己的手上，每年还要进口 1.2 亿吨的粮食，这里主要是大豆。与数量相比，食品质量更是社会的关注点，前段时间出现的毒奶粉、瘦肉精等，这些问题都让我们付出了沉痛的代价，教训深刻。习近平总书记反复要求，各级党委及政府有关部门全面做好食品安全工作，切实提高食品安全监管水平和监管能力，从而保证食品生产过程绿色有机无公害。

二、粮食安全是食品安全的前提和基础

我国食品安全取得了重大进步。新中国成立之后，党中央国务院围绕解决人民够吃的问题，先后实行"以粮为纲"全面发展。大力推动农业生产和现代农业技术，从 1982 年每年颁发中央一号文件，全方位多角度解决三农问题，大大地促进我国粮食和食品产业快速发展。党的十八大以来，以习近平同志为核心的党中央为保障全国人民的食品安全给予了前所未有的高度重视。结合我国国情，总书记提出了战略思想，推进土地承包改革，为新时期保障食品安全提供了根本保证。在党中央坚强正确领导下，70 年来经过几代人的不懈努力，我国食品生产，无论是业态、品种、规模，还是产量都实现了历史性跨越。据国家统计局 2017 年统计，与 1978 年相比，食品加工产值由 472 亿元，增加到 11.4 万亿元。现在粮油肉蛋等产量稳居世界第一，有力地保障了国家食品安全供应，人民群众从吃不饱跨越到吃得饱。

进入新时代我国主要矛盾是人民日益增长的美好生活需要和不平衡不充分的发展之间的矛盾。食品质量的大幅提高，无污染无添加环保绿色有机生态食品不断地出现。为我国社会政治稳定、经济社会可持续发展提供了有力支撑。

三、高度重视食品安全生产中存在的问题

我们要充分认识到食品安全方面依然存在不少突出问题。

一是食品原材料生产集约化程度不高，我国农产品粗加工以分散经营跟风生产为主，机械化、智能化程度低，现代农业技术水平不高，难以形成我国生态文明理念的集约化、专业化、商品化绿色生产经营。存在很多问题，比如：忽视质量提升、过量使用化肥、滥用农药以及各种饲料添加剂、产品保鲜剂等。缺乏生态文明，以地理标志为主要特色的名优特农产品少，竞争力弱，难以为满足消费转型升级提供有效的优质食材升级。二是相关设施不配套，缺乏先进的生产技术和生产设备，从而影响食品的安全。三是种植养殖和加工生产过程还缺乏科学健全完善的标准指导规范。四是食品加工流通销售环节薄弱，对各个环节的实时监管、精准监管、协同监管不能做到有机衔接。系统统筹能力较弱，食品安全的隐患无法完全排除。五是不少农户生产环境和条件还难以达到国家要求的标准。比如污染的问题、加工小作坊等现象依然存在。

四、把握经济转型升级和启动内循环重大机遇

我们要调动各方力量树立社会责任，推动我国食品产业快速发展升级振兴。近年来，我国经济社会发展出现了前所未有的形势，推进供给侧结构性改革和启动内循环，为推动我国食品产业快速升级壮大提供了难得的战略机遇。

一是以供给侧改革为引领，制定农产品提升战略，从源头上解决食品安全问题，要有好的食品先要有好的食材。做大做强做优种植业、养殖业、农产品加工业，以保障粮油肉等有效供给，把饭碗牢牢端在自己手里。

二是要制定实施农民队伍规划，使农业像工业生产一样有稳定的讲技术和规范标准的生产队伍，农业要达到国际一流必须要有专业化的农民队伍。要创新农业生产经营模式，强化政府引导和体制创新，以生产合作社为组织，以股份合同制为纽带，打造优质品牌，提高农业生产的效益。

三是要大力发展优质品牌农产品，加快发展以地理标志农产品为主导的绿色化、有机化产品，提升食品原材料的品质。

四是要建立统一的质量和标志认证体系，对农产品的质量进行规划统一认证，建立分等分级评价标准体系，让生产者只需一次申请就可以认证，让消费者通过一个标识就可以比较，要加大土壤污染治理，确保农产品绿色有机无污染。企业经营者要有强烈的社会责任意识，看好自己家门，管好自己家人。推动科技创新和食品加工技术，不断地提高食品加工储藏、运输、智能化水平，严格执行国家和行业相关标准，建立健全产品操作规范，加大企业员工培训力度，要加强对企业食品质量的检查监管，要建立问题食品召回制度、黑名单

制度。

五是要发挥好行业监管部门作用，形成保障食品安全的活力，加强对企业农产品和食品质量安全监管建设，做到及时准确高效，考核与政绩挂钩。

六是要建立从农田到餐桌的全过程食品质量追溯体系。食品产业链条长，业态复杂，要大力推广应用信息技术和人工智能，建立健全全过程监控机制，对动物产品从出生、养殖到销售全过程监控，要一品一标识，件件有标码，严防有问题的食品流入市场。

七是要完善食品生产相关法律体系，对与食品相关的法律条款和政府出台的规范性文件进行完善落实，特别是将食品市场准入制度、落实食品加工企业责任纳入法律体系，并与刑法衔接，完善食品安全质量体系。

八是要倡导形成全社会的协作网络。

食品安全是全社会的共同责任，让我们紧密团结在以习近平同志为核心的党中央周围，深入贯彻党中央国务院关于促进食品安全的有关决策部署，严防严控食品安全，确保从农田、果园、菜地、鱼塘到餐桌的过程安全，让广大人民群众吃得放心，安心舒心，为全面建成小康社会作出应有的贡献。

——在 2020 第二届健康中国与食品安全高峰论坛上的发言
（根据录音整理）

强化食品产业监管　筑牢食品安全防线*

　　食品安全、营养健康是当下人们普遍关注的一个热门话题，既有人民对安全、营养、健康食品的期待，又有对食品安全问题的担忧。可以说，食品安全、健康营养问题是现阶段我国最大的民生问题。这些年来，党中央、国务院采取了一系列的正确举措，把食品安全上升为国家战略，坚持预防为主，风险管理，全程控制，社会共治。

　　2016年10月，党中央、国务院下发了《健康中国2030规划纲要》。2017年2月，国务院在颁布国家食品安全法的实施条例基础上，又下发了"十三五"的国家食品安全规划。相关部门出台了具体的实施方案，提出了明确的政策举措，大力推进落地实施，取得了明显的实际效果。

　　目前，食品安全总体的形势稳定，趋势向好，人民不仅吃得饱，而且吃得好，吃得安全，吃得更加健康。有一些同志认为，我国食品安全工作已经步入良性的发展轨道，如果从时间的跨度纵向相比我赞

---

* 李春生，第十三届全国人大农业与农村委员会副主任委员。

成这样的观点。但从人民对美好生活的追求横向相比，特别是与发达国家相比，我国食品安全营养健康方面仍然有不小的差距。我们可以到大城市有档次的食品店看一下，进口的食品占有很大的比例，而且进口食品摆在醒目的位置。我们去企业，企业家往往介绍，我的产品已经经过欧盟标准认证，出口到其他国家等等。由于出口的农产品、食品对种子、土壤、加工设备都有比较高的要求，现在一些农产品和食品还达不到进口国的认证标准。这些情况都说明我国食品的质量仍有不小的差距。2006 年，我去美国哈佛大学进修，我就食品安全问题做过一些调研，回国后给相关领导写过一些建议。美国的食品安全问题走过由乱到治、由治到相对完善的过程，它们主要有这样几个特点：

一是具有健全的法律法规。美国现在有 35 部有关食品安全的联邦法律。有 50 部联邦政府部门之间关于食品安全监督的协议。有 12 个联邦政府的监管部门，还有 50 个州对于食品安全独立的立法和执法。

二是具有完善统一的食品安全标准。

三是食品从农产品到餐桌实行全过程的控制。特别是食品农产品流通环节控制，强化食品质量安全监督检验，食品的安全基本原则是：进入市场的食品必须安全、有益于人们的健康，食品政策制定必须有科学依据。政府负有实施法律的责任，食品的生产商、销售商、进口商以及相关方面必须遵守法律法规。法律执行过程必须透明，向公众公开。

四是监管机构管理比较科学。美国建立有总统的食品安全顾问委员会，主要是起到监督和协调作用。相比之下，我国在这方面有不小的差距，首先，我国食品安全的法律法规体系还不健全。我国有关食品安全的法律有 11 部，还有若干国务院和相关政府部门制定的法规和政策性文件，完善提升的空间和潜力比较大。其次，食品安全技术的标准体系还不完善。再有就是食品安全监管的体系还不够科学，这些差距也是我国食品安全问题上的短板。

目前，食品安全问题无论是食品的源头种植业环节、养殖业环节，还是食品加工、储藏、运输等环节，食品安全问题不同程度地存在，对这些问题应牢牢地抓住，并认真地解决。在此基础上注重食品营养、健康水平的提升，推进健康中国规划纲要目标的实现，食品安全问题解决是基础，食品营养健康水平的提升是保障。具体来说：

第一，应进一步健全和完善食品安全的法律法规。一方面修订现有的法律法规，同时结合实际，制定新的法律法规。目前，国家正在酝酿制定"十四五"国民经济发展规划，应结合"十三五"国家食品安全规划执行情况，对存在的问题认真地梳理，认真地研判现有的政策措施，进一步充实、完善、提升，做好相应的顶层设计，充分地体现在"十四五"的发展规划中。做好相关的规划方案，明确任务举措，真正落实到位，进一步推进食品安全工作上层次、上水平。

第二，应进一步强化食品产业的有效治理。一是种植业、养殖业的治理，我国食品供给现在呈现基本平衡格局，但产品的结构与消费者的需求不平衡。食物提供的营养素和消费者的需要不平衡，如我国优质小麦供给不足，稻谷产量大于需求，但优质稻谷还在进口，大豆供给缺口比较大，有品牌受青睐的产品供给不足。这是农业以数量为导向，忽视质量的结果。应坚定不移推动绿色发展，质量兴农，品牌强农，大力减少控制农业源头的污染。加快农业废弃物的治理，推进生态环境的治理，加快改善农业种植业等环境和条件，努力做好土壤、有机肥以及相关要素的配置，努力减少农化产品的使用，大力推动种植业、养殖业以绿色有机营养健康为导向，促进高产、优质、生态安全。

二是食品生产加工业的治理，目前我国人民摄入的优质蛋白，特别是微量元素不足现象突出。我国 90% 以上的人群钙摄入量不足，50% 以上的人群锌摄入量不足，70% 以上人群维生素 C 摄入不足，这些问题对于食品产业企业来说，既是挑战也是机遇。应舍得下功夫、花本钱大力推进科技创新、技术研发，积极应用先进技术设备，努力提升生产经营的规模化程度、技术标准，努力减少生产加工经营各个环节的安全隐患问题，努力创造培育企业知名的食品产品品牌，努力满足人们营养健康的需求，需求什么就生产什么，需要什么就加工什么，努力形成营养健康引导消费，消费引导生产、加工，推动构建以营养为导向的现代食品产业体系。

第三，进一步完善生产加工经营各环节的安全技术标准。努力形成完整统一的食品安全标准体系，按照国家食品安全法以及国务院实施条例的要求，相应的规范和标准应该说都有，但还需要进一步地完善和提升。应创造条件，与国际上先进国家接轨，特别是随着人们生活水平的提升，食品安全环境条件的改善，人们对食品安全健康营养意识的变化，相关规范标准应及时地调整和完善，生产、加工、储藏、运输、营销各环节的标准应有一个很好的衔接，比如检验检测的标准，这对于各环节食品安全规范的有效性是十分有利的。

第四，进一步强化食品安全的监管。党中央、国务院以及各级政府的要求、举措是明确的，关键是如何落实到位，如何监管到位。随着互联网、大数据、区块链和人工智能等先进技术手段的广泛应用，食品安全监管条件得到改善和提升，为食品产业链条各环节有效地衔接、食品从地头到餐桌全过程的控制和追溯提供了可能。这些都要通盘谋划，做好设计，提出方案努力实施，真正做到监管到位，监管有效，为食品安全营养健康提供坚实可靠的保证。

——在 2020 第二届健康中国与食品安全高峰论坛上的发言

后疫情时代消费者对农产品的需求发展趋势 *

食品安全事关国计民生，事关人民健康，事关健康中国战略的实施。近些年来，特别是党的十八大以来，我国的"三农"工作坚持新的发展理念，大力实施乡村振兴战略，推进农业农村现代化建设的力度不断加大。特别是农业的发展方式加快转变，一个重要的标志是坚持农业的数量发展和质量发展并重，深入推进农业绿色发展，坚持质量兴农、品牌强农。我国农业现在呈现出数量和质量双提高的良好发展态势。2019 年粮食总产量创历史新高，蔬菜七亿多吨，水果、海产品、水产品等数量都有所增长，而且质量安全水平也进一步提升。2019 年我们抽检蔬菜、水果、水产品的合格率比 2018 年又有所提高。

但是我们还应该看到，农产品和食品质量安全是一个永久性的话题，始终受到全社会和消费者的关注，特别是后疫情时期农产品的安全、食品的安全备受社会关注。2019 年末我国突发新冠肺炎疫情，在习近平总书记直接指挥下我国抗击新冠肺炎疫情取得了重大战略性成果。抗疫的实践给人们留下很多启示，其中重要一点是如何提高人

---

* 尹成杰，原农业部常务副部长。

的自身免疫力，如何有一个健康的体魄减少基础病，进一步地提高人的自身应对疫病风险的能力。这是大家思考的问题，也是医学专家在考虑的问题。人们自然想到，饮食及农产品食品安全事关人体健康，是提高人对疫病的风险应对能力的重要因素。因此，我认为后疫情时期，消费者对农产品和食品安全消费的理念、消费的方式，对农产品对象的选择发生了深刻的变化。

人们不仅关注农产品食品质量安全水平，同时又关注农产品与自身状况的关系，与自身身体需要的适应性和适配性。人们既关注农产品、食品的来源、产地，又关注农产品及食品储备的条件及流通环节的安全问题。在农产品及食品短缺时期，人们关注更多的是吃得饱；在农产品及食品供求平衡时期，人们关注更多的是吃得香；在农产品及食品丰富或供大于求的时期，人们更多关注的是吃得营养，吃得健康。在后疫情时期，人们关注更多的是吃得卫生，吃得健康。根据后疫情时期消费者对农产品及食品消费理念、消费方式以及农产品选择取向的深刻变化，我讲以下几点思考：

第一，深入推进农业供给侧结构性改革，坚持农产品的数量和质量并重。围绕提高农产品质量安全水平，深入进行改革与创新，既要解决农业结构、产业结构问题，又要解决产品质量问题，把提高农产品质量安全水平作为农业供给侧结构改革的重要内容。要加快农业科技进步与创新，特别是加快育种、加工、流通、肥料科技进步，发展智慧农业、清洁农业、质量农业，促进农业的转型升级，提高农业高质量发展的能力。要把市场需求作为导向，以消费者吃得营养、吃得卫生、吃得健康为目标，加大农业结构的调整优化力度，改进耕作方式和管理方式，提高农产品的质量安全水平。还应该调整优化农产品的品种结构，发展特色农业，生产特色农产品，发展食药同源性和功能性的农产品，以满足消费者对绿色农产品消费的需求。

　　第二，加大从源头上防控农业资源污染，提高从农产品及食品源头控制安全水平的能力。农业资源比如耕地、淡水污染，是影响农产品质量安全水平的源头。要采取坚决有效的防控措施，加大控制力度，加强农产品产地耕地和水源的保护力度。坚决治理生活污水、农业面源污染对农产品产地土壤和水源的污染问题。建议在"十四五"时期应把提高耕地、淡水质量作为保护生态资源的重中之重，实施健康土壤工程，对土壤和水源的源头污染实行综合有效治理。开展土壤和水源健康状况的调查和评估，制定出台土壤和水源保护措施。依法严厉打击对土壤和水源特别是耕地、基本农田、农业水源造成重大污染和损失的行为，确保我国农业资源的质量安全。

　　第三，进一步加大农业、畜牧业化学投入品的减量减投力度。加快发展绿色种植业、养殖业，进一步完善各类相关化学投入品的限用、减量制度和相关规定，大力减少农业和畜牧业化学投入品的使用。农业部于2014年已经制定出化肥、农药到2020年零增长的行动计划，实际上2017年提前实现了该计划的任务，这对提高农产品质量安全发挥了重要的作用。现在要加快发展新型肥料及应用技术，搞好肥料创新，生产高效绿色低成本的新型肥料，来适应提高农产品质量安全水平的需要。同时要加快发展绿色养殖业，养牛、养猪、养鸡、养鱼要实行绿色养殖。大力发展绿色畜牧业，发展减抗、替抗、无抗的畜牧业。

　　为了提高动物产品质量的安全水平，2019年7月，农业农村部发布了194号公告，在座的企业特别是饲料生产企业、养殖企业负责人应该认真学习和执行该公告的规定。公告规定，从2020年1月1日起，退出除中草药外的所有促生长类药物饲料添加剂品种，兽药企业停止生产进口经营部分药物产品。自2020年7月1日起，饲料生产企业停止生产含有促生长类药物的饲料添加剂的商品饲料。药物饲料添加剂要在 2020 年 7 月 1 日起全部退出，但有部分的植物添加剂，比如中草药的添加剂还可以保留继续使用，发挥中草药的作用。在养殖的环节，也要进一步提出减抗、替抗的方案。生产企业和养殖企业要认真地执行这些规定，确保进一步地提高动物产品的质量安全水平。

第四，要大力实施农产品品牌提升行动，大力扶持和发展优质品牌农产品。乡村振兴战略的总体规划中明确指出，品牌农产品是质量的重要引导和推动力。战略规划中提出，要实行四大品牌，即加快形成以区域公用品牌、企业品牌、大宗农产品品牌、特色农产品品牌为核心的农业品牌新格局。当然这里包括了地理标志农产品。

要推进区域农产品公用品牌建设，擦亮老品牌，塑造新品牌，引进现代要素，改造提升传统品牌。有专家提出应用互联网、大数据、区块链现代要素提升品牌的推介力、感召力和引导力。农产品的品牌要以消费者和市场的需求为导向。最近，中欧贸易协定谈判取得进展，双方确定 550 个农产品贸易，其中中方 275 个，欧方 275 个。这些农产品都是地理标志性的农产品，其中包括四川泡菜、五常大米，还有菜叶，都可以进入欧洲市场，而且欧方明确表示这些地理标志性农产品受到欧方的法律保护，可见地理标志性农产品的魅力和影响力。

当前农产品生产和消费已经进入了品牌时代，农产品买品牌、卖品牌、用品牌、吃品牌已经成为全球农产品营销的新趋势。农产品差异化、个性化、营养化、保健化的消费已经成为消费者的新理念、新业态。所以，只有大力加强农产品的品牌建设才能不断地生产出绿色优质的农产品，才能适应农产品消费的新趋势、新业态、新需求。

第五，要大力推进农业生产资料生产与营销转型升级。农业生产资料和农产品质量安全密切相关。用什么样的投入品，比如用什么样的化肥、什么样的饲料、什么样的农膜直接关系到农产品的质量安全水平。所以传统的农业生产资料和传统的投入品以及生产方式已经不适应现代农业。这些农业生产资料与舌尖上的健康密切相关，与舌尖上的味道密切相关。我们经常听到有人说，现在吃蔬菜肉类产品不像我们小时候吃的味道了，我们现在吃西瓜和香瓜不如小时候吃的清香。我觉得或与农业生产投入品有关系。有关专家说，植物性农产品的味道取决于肥料，动物性农产品的味道取决于饲料，我们可以在实践中品尝、鉴别和体味。因此要从提高农产品质量安全水平出发，深入推进农业生产资料供给侧的结构性改革，传统、落后的技术和生产资料产品已经不适应农业的绿色发展和高质量发展，该淘汰的要淘汰，该转型的要转型。要深入推进农业生产资料的供给侧改革，加快转型升级，坚决淘汰高污染的农业投入品，加快新型肥料和饲料等生产技术和应用技术创新，研发新型肥料、饲料，应用技术也要创新。要建立严格的生产资料和生产企业准入制度，不能谁都能生产饲料，要有严格的准入制度，严格管理生产资料的生产和经营。要加大执法力度，对化肥、农药、饲料添加剂等假冒伪劣产品和经营企业要严厉打击，加大处罚力度。

第六，加快建设现代农产品流通体系。这是确保农产品质量安全的必要条件。最近中央下发了文件，强调要建设现代流通体系。实践证明，现代农产品的流通体系是建设现代农业的重要组成部分。历来是流通效率决定农业生产效率。生产效率再高，流通效率上不去，生产效率也是浪费的。同时农产品的流通质量决定农产品的质量，农产品质量在生长环节控制得再好，但在流通中二次污染，或者是腐烂变质了，生产环节的质量得不到巩固。特别是农产品和工业品的最大区别是，农产品的生产具有季节性，农业经营的对象是生命活体，而且农产品鲜活易变质。工厂生产的一个杯子放几年都是一样的质量，农业生产的农产品放几天就变质了，这是最重要的区别。所以农产品的流通质量关系到农产品的质量问题。如果流通环节管控不好，不仅农产品的质量没有保证，而且会受到二次污染导致农产品及食品质量安全事件的发生。

目前，从进口某些水产品的包装物上几次检测出新冠病毒核酸阳性，这说明农产品的质量安全，生产环节是基础，流通环节是关键。特别是全球疫情日益严重的情况下，农产品特别是进口的农产品的质量管控必须进一步强化，必须加强进口农产品特别是海产品的卫生检验检疫和检测。要建立现代农产品批发市场体系、市场监测体系、现代的流通体系，加强现代化流通体系设施和装备的建设，同时要搞好批发市场、营销市场的基础设施以及营销平台业务环境的标准化、规范化建设，特别是要建设符合卫生、疫情防控要求的销售、批发设施和营销的网点。这些环节搞不好，就容易造成农产品及食品的二次污染。要应用互联网、大数据、云计算、区块链等现代信息技术建立数字质量管理体系和溯源体系。

第七，要进一步加大执法力度，贯彻落实农产品质量安全、食品质量安全的法律法规，依法加强监管。农产品的质量安全既是按标准生产出来的，也是依法管控出来的。要认真落实习近平总书记关于质量安全四个最严的指示，严格执法。对农产品来讲，《食品安全法》《农产品质量安全法》要贯穿于农产品生产与营销的全过程。加强部门分工合作以形成执法合力，严格执法责任，共同打击农产品生产和营销违法行为，特别是要认真执行刚刚修订的《野生动物保护法》，防止捕杀和食用野生动物。动物疫病有 2000 多种，重大动物疫病有 220 多种，这 220 种中有 80% 左右是人畜共患病，也就是说人类某些疾病是从动物传播而来的，捕杀和食用野生动物是传播疾病最重要的媒介，对人类健康危害极大，应进一步加强野生动物保护法的贯彻和实施，避免和防止食用野生动物而引发人的疫病的风险。

第八，要进一步加强农产品检测体系和认证体系的建设，提高监测体系和认证体系的现代化水平。我国现在的检测装备比较落后，应抓住国家"十四五"时期新基建的机遇，把实现农产品食品质量安全检测体系装备现代化纳入新基建之中，提高我国农产品食品质量治理现代化的水平。

——在 2020 第二届健康中国与食品安全高峰论坛上的发言

为全国食品安全贡献更多的浙江力量 [*]

  实施健康中国战略是以习近平同志为核心的党中央从长远发展和时代前沿出发做出的一项重要的战略决策，旨在全面提高人民健康水平，促进人民健康发展。在举国上下全面建成小康社会奋力实现第一个百年奋斗目标的关键时期，"2020 健康中国与食品安全高峰论坛"的召开，是助推健康中国战略高质量实施以及食品安全工作的有利举措，也是浙江学习新理念借鉴各地好经验的有利时机。

  农产品安全，尤其是食品安全是实施"健康中国"战略的重要话题。当前，农产品消费类型和行为发生了重大转变，国家的农业生产管理措施由数量向数量和质量并重，且主要向提质安全方面倾斜，农业出现的一系列问题，成为供给侧改革的迫切需求。

  杭州是中国古代文明的发祥地之一，是典型的江南山水、鱼米之乡，这里四季分明，光照较多，雨量充沛，空气湿润，出产许多特色农产品，耳熟能详的有西湖龙井、金华火腿、余姚杨梅等，因而浙江也是重要农产品的发源地。近年来，浙江贯彻党的十九大精神不断加

---

 * 陈小平，浙江省政协副主席。

强农产品质量安全管理，持续推进农业高质量发展。浙江通过加强食品安全、社会共治、全面实施食品安全战略，构建治理体系，建设食品安全建设网络，引导工作有序参与，提升了食品安全保障水平和公众的获得感和满意度。自 2015 年创建全国首个国家农产品安全示范省以来，以农产品安全示范县创建为载体，围绕习近平总书记提出的四个"最严"落实农产品质量安全，党政同责，全力提高绿色农产品的比例。

到 2018 年上半年，浙江全省推动了 22 种需要定点经营的限用农药，有力地保障了全省农产品质量安全。在农产品流通中，大力推进追溯体系建设，以倒逼绿色农业的发展。浙江全省已经有 80 个涉农县、市、区建成农产品质量安全追溯体系，占比达到 94%。4.2 万家规模主体纳入平台管理，1.9 万家规模主体实现主体追溯或过程追溯，270 万条检测信息上传到平台，全面推进一证一码标识管理。2020 年上半年，浙江全省农业部门出动检查人员 5 万多人次，移送司法机关案件 40 起，严厉打击了农产品质量违规行为。

此外，浙江全省还组织开展"质量新农主题日"，发放全产业链质量安全风险管控手册、农产品质量安全与新热点科学解读等科普书籍资料，营造良好的社会共治氛围，以社会监督推动农业生产向提质增效、高质量发展转变。近年来，浙江全省没有发生重大的农产品质量安全事件，农产品质量安全形势总体可控、稳定向好。农产品抽检合格率持续稳定在 98% 以上，农产品地理标志达到 104 个，绿色食品达到 1421 个，截至 2019 年底，浙江已经创建省级农产品质量安全放心县 83 个，基本实现全省涉农县的全覆盖。

接下来，浙江省将以制定"十四五"规划为契机，高质量推进农业发展为主题，坚持严格执法监督，以数字科技赋能推进"标准码"生产，全力保障全省农产品质量安全稳步提升。

真诚地期待各地领导、嘉宾给我们提供好的案例、好的做法，也衷心地期盼大家对浙江的食品安全工作提出宝贵意见，对我们一如既往地关心、帮助。我们要深入学习贯彻习近平总书记考察浙江时的重要指示精神，以"三地一窗口"的责任担当持续推动"健康中国战略"在浙江落地生根，为全国食品安全贡献更多的浙江力量。

——在 2020 第二届健康中国与食品安全高峰论坛上的发言
（根据录音整理）

确保健康　确保安全
推动食品产业高质量发展 *

　　健康和安全无疑是进入小康社会以后中国人民追求的非常重要的目标。党的十九大提出，人们对美好生活的追求、对美好生活的向往，这是我们社会的主流反应，虽然我们还不能够全面地充分地满足人们对美好生活的追求向往的要求，但是这是进入新时代的一个特征，当代特征是什么？过去人们对物质文化的追求不能满足，现在人们对美好生活的追求不能充分地完全地满足。那么安全和健康是人们对美好生活追求中应有的内容，同时又提出了更高要求。2020 年我们将全面实现小康社会的建设，小康社会建设目标实现之后，广大的人民群众更加追求解决健康和安全问题，我针对产业来提几点建议。

　　我的看法是，确保健康，确保安全，真正地满足人们对美好生活的追求，这是食品产业特别是加工业必须坚定不移地走的高质量发展道路。

　　前不久，习近平总书记在湖南调研时专门强调，当前和今后一个时期我国发展仍然处于重要的战略机遇期，但机遇和挑战都有新的发

---

　　* 蒲长城，国家质量监督检验检疫总局原副局长、党组成员。

展变化，要准确识别科学应变、主动求变，更加重视高质量发展的动力活力，更重视催生高质量发展的新功能新优势，要有序推进产业结构优化升级，加快发展优势产业，推动产业链现代化，注重扩大有序投资，繁荣居民消费，围绕产业链部署，围绕创新链布局产业链，完善成果转化和激励机制，提高自主创新能力，要坚持目标引领和问题导向，拿出更深的举措破除新层次体制机制的障碍，融入"一带一路"，为开放和对外贸易创新发展。

近年来，中央已经把高质量发展作为解决新时代社会主要矛盾的重要抓手，我有三点建议：

第一，不断创新。高质量发展的核心或者说动力或者说原动力是能够实现不断地创新。食品产业如何满足人们对食品的追求？现在加工、粗加工和精加工的食品占社会食品量比重很低，还是发展中国家的水平，达不到中等发达国家水平。创新的食品是什么食品？是满足人们需求、人们愿意使用的食品，这类食品品种上要创新。

另外，结构上要创新。现在粮食生产年年丰收，但关键的东西必须得进口，结构品种要调整，中国大米生产这么多，但还得进口。

同时供应、配送和服务也要创新。这类食品已经跨越了食品生产加工的环节，食品如何到消费者手里，消费者拿到之后方便地使用、幸福地享用，这是食品产业和食品加工业需要考虑的问题。按照质量管理体系的要求，满足消费者潜在的需求，食品做得很好，但没有设计如何送到消费者手里，包括餐馆加工，包装盒做不好，快递小哥拿过去就出问题了，所以要不断创新。

第二，夯实基础。基础就是生产加工，永远不能忘记质量第一，质量是生命，质量是一切的基础和一切的前提。严格地执行标准，建立完整的质量检测体系，包括质量在线检测的机制和体制，建立科学的质量管理体系和保障制度，这些虽然是老生常谈，但在高质量发展的时候，生产加工业永远不能忘了根本。

我去一些企业看过，关于质量企业领导会说，但在质量的基础方面，不一定会做，这个地方需要投这么多钱吗？这个地方需要设这样一个监督和管理质量的东西吗？其实产品质量的第一责任人这些都不做，后面的监管再大的力度也管不住质量的问题，所以企业要高度重视质量，因为这是命根子，质量不好，企业赶上一次可能就垮台。

第三，深化改革。深化改革也面临很多问题，一方面要完善标准体系，食品也罢，健康也罢，标准要随着人们生活水平不断地提高。深化改革是进一步地完善监督、管理、服务机制，社会部门也罢，政府部门也好，对食品监督管理就是监督，我们要探索做好服务工作。服务要面对生产企业、生产个体，不管农业、加工业还是餐饮业，包括零售配送，都要服务到消费者。我们要对广大人民群众进行服务，广大人民群众要享受更好的生活、追求更高的质量，我们就要对人民提高服务水平。

深化改革还有一点，如何真正做到消费者、生产单位、政府部门、监督部门，包括新闻媒体以及各个方面进入一个良性的互动。我认为在这方面，文化、舆论以及机制，都要下大力气。习近平总书记说要下大力气破除体制机制的问题，这方面也需要改革。所以深化改革包括方方面面，我的看法是持续创新，夯实基础，深化改革，走高质量发展的道路才能保证健康是真正的健康，才能保证安全是永远的安全。

——在 2020 第二届健康中国与食品安全高峰论坛上的发言

（根据录音整理）

树立大健康食品安全观
守护人民群众健康 *

食品安全关系人民健康，关系民族未来。长期以来，党和政府高度重视食品安全，高度重视公众健康。习近平总书记多次强调，"没有全民健康，就没有全面小康"。党的十九大报告指出，"实施食品安全战略，让人民吃得放心"。《"健康中国 2030"规划纲要》提出，"完善食品安全标准体系，加强食品安全风险监测评估"。这一系列战略部署，为保护食品安全、守护公众健康指明了方向，提供了保障。

今天，我们中国小康建设研究会在有关单位的支持下举办此次论坛，为健康中国和食品安全战略实施建言献策，具有重要的现实意义。此次论坛以"筑牢食品安全防线，打造生态健康中国"为主题，共同探讨我国实施健康中国战略方法路径，积极探索创新科技在食品安全领域的运用，加快建立基于大数据分析的食品安全信息平台，为实施食品安全智慧生产、监管、保障提供更加安全诚信的智能体系，实现人民群众吃得健康、吃得放心的目标。

大家知道，"食品安全无小事"。话说起来简单，真正抓起来难度

---

* 李彬选，中国小康建设研究会副会长兼秘书长。

很大。我国是食品生产大国，也是食品消费大国。一直以来，市场监管部门始终把食品安全作为首要职责，着眼人民美好生活需求，从源头抓起，重视立法立规，创新监管方式，完善监管机制，做到过程有控制，产品有追溯，风险有防范，责任有落实，推动全社会合力抓好食品安全，筑牢每一道食品安全防线。正因如此，当前，我国食品安全形势稳中向好，食品安全水平明显提高。食品行业为我国轻工业快速发展发挥了积极作用，为满足人民美好膳食需要做出了卓越贡献！

"民以食为天，加强食品安全工作，必须抓得紧而又紧。"目前，我国食品行业仍然存在部分从业人员食品安全责任意识薄弱的现象，出现了一些重大食品安全问题，影响了食品行业的整体形象。比如，今年"3·15"晚会曝光的山东即墨海参养殖中使用敌敌畏事件，一个池子里竟然使用三四箱敌敌畏，这样养出来的海参流向餐桌食用后，结果可想而知。这充分说明，一些利欲熏心的老板为了赚钱可以不择手段！所以我想，我们确实需要深刻认识到食品安全监管工作的必要性，从源头抓起，实现全过程监管，要让食品安全监管无死角、无漏洞；要进一步推广与应用绿色农业种植技术，最大限度减少化学农药的使用，提升农产品和食品的安全性；要用发展的眼光合理借鉴国际先进的科学技术、标准规范和管理经验，运用"互联网＋大数据"等现代化信息技术，建立和完善食品的可追溯体系，努力做到食品的来源可查、去向可追、风险可控、责任可究；要加强对食品安全事件的及时查处，用食品安全这一核心引领食品产业的健康发展，注重社会整体效益，使我国的食品质量越来越好，越来越安全。

"民惟邦本，本固邦宁。"民生是社会稳定之基，而食品安全则是民生之本。让问题食品无处藏身、不法制售者难逃法网，让消费者买得放心、吃得安全，这既是对人民群众普遍关注的积极回应，也是对捍卫"舌尖上的安全"做出的郑重承诺。严守食品安全没有"休止符"，唯有如此才能筑牢食品安全底线，守住人民群众的生命红线，构建生态健康中国。2020年，我们在北京成功举办了首届"健康中国与食品安全高峰论坛"，今年是第二届。稍后，领导、专家将发表主旨演讲，真诚期待各位领导、各位专家给我们分享新理念、新思路，衷心期盼与会嘉宾共同探讨，广泛沟通，深入交流，为保障食品安全，守护人民健康，贡献出更多科学观点和深刻思想。

推动食品安全健康，是人民美好生活的迫切需要，也是我们义不容辞的共同使命。中国小康建设研究会期待与大家一起，在决胜全面建成小康社会、建设社会主义现代化国家新征程中，以习近平新时代中国特色社会主义思想为指引，以坚定的决心和意志，不懈努力，为推动食品安全走进千家万户、遍及中华大地，作出新的更大贡献！

——在2020第二届健康中国与食品安全高峰论坛上的发言

科技创新守护"舌尖上的安全"*

当前新冠肺炎疫情已经成为全球共同挑战，包括中国在内的世界各国在疫情防控方面投入了巨大的资源。新冠肺炎疫情的防控涉及各行各业各领域的社会经济方方面面，食品行业也不例外。食品工业的应急保障功能及今后的战略储备功能凸显。疫情时代，食品产业该如何危中寻机、创新发展值得我们深思和研讨。

随着社会经济的发展和人们生活水平的提高，民众对于食品安全与清洁卫生的重视程度也在迅速提升。人们对食品的需求已经从基本的保障供给，向营养健康转变。根据世界卫生组织的报告，以及《柳叶刀》的研究，膳食是仅次于遗传的影响人类健康的第二大因素，约16.2%的疾病原因归为膳食，因此食品工业是实现战略目标坚实的保障。

当前新冠肺炎疫情仍在全球扩散，由于隔离和边境的关闭，市场供应链和贸易受到了一定的影响。封锁措施带来的经济影响使居民购买欲下降，居民获得充分的食物营养变得更加困难，食物安全不再是区域性的问题，而是需要共同应对的全球性问题。既要确保国内食物

---

* 陈信杰，中国小康建设研究会健康事业工作委员会主任。

供应链的正常运行，同时还应保障贸易开放，并利用和创新电子商务平台，保障食物的供应，保障全球粮食的安全。

为此，作为中国小康建设研究会健康事业工作委员会的一位工作者，值此研讨会提出以下建议：

第一，保持贸易的开放，避免一些人为的食物短缺、恐慌和肉食类食品价格的疯涨。

第二，注重发挥电子商务的作用，利用创新电子商务来保障食物供给。政府应该鼓励电子商务并发挥关键的物流保障作用，以确保食物的持续供应，保障消费者的需求，同时加强对电子商务送餐的食品安全管理采取必要的安全措施。

第三，关注弱势群体，加大投入，构建弱势群体的食物安全保障供应体系。

第四，加强医疗研究投入，新冠肺炎、急性严重呼吸综合症以及禽流感、猪流感等新发传染病大多源于动物，应加大投入力量集中研究解决新发传染病的根源问题。

当前，全国人民在党中央的领导下，万众一心众志成城，贯彻落实健康中国和食品战略，为全面建成小康社会、打赢脱贫攻坚战努力奋斗。在疫情暴发初期，在习近平总书记的指导下，中国小康建设研究会健康工作委员会联合医药集团，结合自己的生产实际经营重点做了以下工作：

第一，挖掘潜力，提高医疗防护用品的产能，满足市场的需求。

第二，重视新产品的研发，增强企业的创新能力。

第三，积极开展公益活动，承担相应的社会责任。我们有决心有信心在以习近平同志为核心的党中央领导下，弘扬企业精神，注重科技创新，激发企业活力，为健康中国建设贡献自己的力量。

——在 2020 第二届健康中国与食品安全高峰论坛上的发言

（根据录音整理）

打造食品安全溯源链[*]

提到食品安全的问题，我们企业区块生态有这样的责任和担当，同样愿为社会以及祖国贡献一份力量。未来我们企业也将在各级领导以及浙江省、杭州市政府大力支持下，为企业，包括老百姓餐桌上的食品安全提供溯源追踪服务。我希望通过不断努力，用区块链技术研发出来的系统，能让食品安全的溯源得到更进一步的提升，让大家吃到放心的产品、安心的产品，让我们的产品在进入餐桌之前大家能了解它的来龙去脉，从哪里来到哪里去，让安全健康得到进一步的提升，让老百姓拿到的产品更早更快地知道它的身份信息，让他们买得放心，拿得安心。

当今社会在高速发展的同时，人与人之间缺失了很多信任，通过区块链溯源技术，让商家和企业以及消费者之间建立更大信任，让未来商家与消费者能成为朋友，更亲密地接触，更早地建立一份信任，让未来的食品安全不只是嘴上讲。专家也好，技术人员也好，如何监管和查处，我相信还有漏洞。通过更先进更快速的追踪溯源系统，未

---

* 陈太仁，杭州华智微云科技有限公司董事长。

来可能为社会节省更多人力物力，让企业以及一些专家能少操心。最后感谢各级领导到这里为我们的企业指导把脉。

——在 2020 第二届健康中国与食品安全高峰论坛上的发言（根据录音整理）

第五部分
乡村振兴的"鄞州解法"

探索农业发展新业态
增强乡村振兴新活力 *

　　农村宅基地改革问题涉及农村"三块地"。一是农村集体经常性建设用地。农村土地在这次农村集体资产清产核资中已经明了。资源性资产，大体上土地是 65 亿亩，其中建设用地是 3 亿多亩。二是农用地，主要是承包地。三是农民宅基地。农村集体经营性建设用地和城镇用地一样，同地同价，平等入市竞争，已经写入了"国家的土地管理法"，可以说是非常明确，上市之后产生的议价如何分配，这是关键。因为农村土地非常有限，土地越来越少，社会经济建设整个的需求，占地是刚性的，所以集体经营性建设用地只能是越来越少。现在我们国家又搞生态宜居建设，搞环境整治，尽量还地于田、还地于林。

　　农民承包经营的土地，把农民承包土地的承包权和经营权分离，也就是农村集体土地的所有权和农民土地承包权以及经营权，实际上是把后两个分离，可以对承包地的经营权进行有效的流转，目的是要提升土地经营的规模化程度，进一步降低生产成本提高农民收入。现

＊　李春生，第十三届全国人大农业与农村委员会副主任。

在农村不断地老龄化、空心化，需要解决谁来种地的问题。也是基于这样一个现实，提出来完善农村基本经营制度，主要的内容就是"三权分置"。

另外，就是农民宅基地，实际上这一块相对于集体经营性建设用地和农民承包地，虽然有一些改革，但都在试点阶段。国家土地管理法有一条，农民宅基地只能一户申请一处宅基地。实际情况是，"一户多宅"的情况也比较普遍。从刚才介绍的建设情况我感觉到，你们起步比较早，也有一些探索和实践，可以在现有探索实践的基础上，搞些试点，归纳总结，提炼出可复制、可借鉴、带有规律性的经验。这是很有价值的。

发展种子基地问题。鄞州抓这件事很有前瞻性，很有眼光。目前，良种在农业生产上的科技贡献率接近60%，良种的贡献率比重是最大的。另外，现在良种的使用率在95%以上，但是实际上，进一步发展提升潜力还是很大的，特别是原创型的良种的研发技术，基本还都依赖国外，像生猪、白羽鸡、奶牛，对外依存度都很高，白羽鸡是100%，生猪大概是90%，奶牛大概是70%。所以鄞州研究的这个问题非常具有前瞻性，宁波处在改革开放的前沿，鄞州在宁波改革发展中又处在核心地位，良种的基础理论研究、实用技术，还有相关产业的配套，要求是很高的。鄞州具备条件，科研院所比较多，有人才、有基础、有条件。而且，还可以发挥大城市区位优势，把人才技术等相关资源要素集聚起来，形成一个平台发展农业良种基地。

前一段时间到江苏昆山，它的都市农业跟鄞州区很像，它的农业的70%在园区内发展，形成了一个聚集技术、人才等相关要素的平台，搞良种也是一样，可以把全国甚至世界的人才在这里集聚。如果鄞州有这样的雄心，有这个气魄的话，将来不仅可以争取区域的种源的发展基地和硅谷，从长远看，立足于全国，甚至是立足于世界，也是有基础、也是可能的。

——在鄞州区高质量发展座谈会上的发言

实现乡村振兴亟需解决的几个问题 *

进一步深化乡村综合改革非常重要。要向改革要出路，向改革要红利，向改革要发展机遇。宁波也好，鄞州也好，这几年发展快，变化大，转型升级，制造业规模化发展，成效显著，最根本的动力是改革。习近平总书记指出："改革是乡村振兴的重要法宝"。推进乡村振兴，一定要以改革为动力。宁波和鄞州的发展实践证明了这一点。下一步，特别是"十三五"结束，"十四五"开启，推进乡村振兴，还要进一步加大改革的力度。我非常赞同刚才几位提出的要深化改革解决三个问题的思路。

第一，要抓好种业的创新和改革。这是一项战略性的工程。按照习近平总书记关于要发展生态、高效、循环的现代农业，走中国特色现代农业发展之路的论述，首先要做好种子这篇文章。应该说我国的种子，这些年有很大的发展和进步，但是总体上育种技术进步和创新还相对滞后。所以，鄞州抓住种子创新和改革这件事，无论是对鄞州、宁波来说，还是全国来说，都有重要的意义。我国现在抓好粮食

---

* 尹成杰，原农业部常务副部长。

安全，很重要一条要把种子安全抓好。要把海南种业工程作为我国粮食安全的战略性基础工程来抓。从鄞州区资源禀赋看，有发展种业的基础和优势。鄞州区是著名的农业大区，在这里加快种业的创新和发展，很有条件。目前，我国对种子科技进步和种子产业发展高度重视，把种业当成一项战略性的基础工程。种子解决不好，就是要受制于人。要把饭碗端在自己手里，首先要把种子拿在自己手里。这是一个前提条件、基础条件。

刚才市里领导介绍，宁波有六个育种基地，有 100 多亿的总产值，而且有园区和基础设施，水稻还位列全国的十强。在这样的基础上打造种业的先行示范区具有坚实基础。这个顶层设计和发展蓝图还是很有意义的。建设现代的种业基地，很重要的是要加快种子的科技进步，引入和创新现代育种技术，培育有自己特色、效益高、市场竞争力强的优良品种。要从适应农业绿色发展、数量质量并重、抗御自然灾害需要出发，加快种子技术进步与创新，大力加强现代种业基地的建设。

第二，积极探索宅基地三权分置的有效实现形式。实施宅基地三权分置改革，中央和各地力度很大，大概是 20 多个县进行试点，各地还在深化。无论是农地制度改革还是宅基地制度改革，都要坚持所有权，坚持改革的正确方向。宅基地三权分置改革，在所有权、资格权、使用权上，要正确处理三权关系，能够使使用权进一步发挥效能，探索有效实现形式。进入"十四五"时期，土地的供给，特别是建设用地的供给，将是一个重要的制约瓶颈，这个制约越是在发达的地区越明显。因为发达地区发展快，供地的需求和保障遇到的问题也比较多。特别是现在要建立以国内大循环为主体、国际国内双循环相互促进的新的发展格局，要进一步推进长三角一体化高质量发展，要打造城市圈、城市群、中心城市。这些重大的战略实施都离不开土地的供给。需要研究一些政策和措施，既要深化改革，解决用地的矛盾，又要保障宅基地所有权者、资格权者、使用权者的切身利益，处理好这个关系。将来解决发展用地问题，关系到一个地区的发展速度和发展成本、发展质量问题。宅基地三权分置的改革，是一个非常重大的问题。鄞州在宅基地三权分置改革上也进行了一些探索，有很多具体的做法，效果也很好。只要我们按照国家宅基地改革试点的要求，不断深化和探索，能够释放出更大的效用。

第三，深化农村集体产权制度改革。农村集体产权制度改革的空间还是很大。在一些发达地区特别是特大城市周边的农村，村里的集体资产的数额有的也是很大的，但是还在沉睡着。这个问题的解决就需要靠集体产权制度的改革，让农民也能分享这个改革的红利。目前集体产权制度改革的目标、方向和任务都是明确的。要在这个框架下，因地制宜，结合实际，进行一些探索，发挥它的作用。通过政策把集体经济发展壮大起来，也能够使村集体经济组织成员得到改革的实惠。促进乡村振兴战略的实施，需要处理和研究农村集体产权制度改革问题。要建立健全农村集体产权的交易市场，要制定相应制度和办法，建立健全产权交易平台。比如有的地方建立了农村集体产权改革交易中心。现在一些地方集体产权制度改革推进了，产权也确权了、赋能了，但如果交易中心不建立起来，这个产权就不能流通，这个要素就不能实现资源市场化配置。今年以来农村集体产权制度改革已经在全国推开了，有的地方快一点，有的地方慢一点，这对于推动乡村振兴、促进集体经济发展、脱贫攻坚致富、全面建成小康社会，都将发挥很大作用。总之，鄞州区抓的这三个方面的改革，抓住了当前乡村综合改革的重点和难点，又在有些方面有创新和突破，取得积极进展，积累了宝贵经验。

——在鄞州区高质量发展座谈会上的发言

转型升级向高质量发展迈进 *

按照会议主题，我想讲讲高质量发展涉及的转型问题：

一、要深刻认识和把握现在发展阶段、
发展格局四个转变

第一个是发展阶段的转换，比方说人口，我国目前有 14 亿多人口，人均 GDP 已经超过 1 万美元，具体到鄞州有没有 15000 美元？可能都不止，因为你们连续 5 年是百强市。那 2 万美元是什么概念呢？一定是发达的区域了。我国在研究"十四五"、研究现代化，很多省、地方都提了一些新的说法，这个发展阶段要把握。

第二个是发展格局的转变。习近平总书记最近反复讲双循环，现在不能仅仅把它看成一个在国际贸易经济环境不好的时候为了扩大内需的权宜之计，这实际上是一个格局的问题，是一个格局的变

＊ 宋洪远，农业农村部乡村振兴专家咨询委员会副秘书长。

化。我们是一个开放性城市，内地可以不考虑，但是鄞州不一样，鄞州是一个开放的地方，我觉得这个大的变化，要考虑对今后会有什么影响。

第三个是发展战略的转型。全面小康的全面现代化，我们应该加快全面现代化。深圳提到特色社会主义样板，湖州在研究能不能打造农村的特色社会主义样板。这实际上是个战略塑造，不同地区就要有不同的战略塑造，所以在战略方面你们是不是要考虑考虑，从大的格局、大的视野去想一想。

第四个是体制的转轨。治理体系、治理能力，我三次来到鄞州，我觉得治理这方面做得已经很强了。接下来要关注我们这个产业变革到底怎么样，产业的活力，产业的新的动能、业态。中国到 2030 年，需要提升的第一个是创新，第二个就是活力，中国要发展，就要创新、活力，高质量发展。

作为连续 5 年百强县第四，宁波发展这么快，现在全国都在布局下一步应该怎么办，我觉得这四个转变要把握，简单来说就是发展阶段转换、发展格局转变、发展战略转型和发展体制转轨，要考虑未来 15 年，因为这一次国家的"十四五"规划里面，还有一个词叫"2035 年远景"，不仅仅关于"十四五"这个规划，还要考虑到 2035 年远景的问题。所以鄞州区要在发展战略上站在一个更高的位置来想问题。

二、在这个背景下和政策的对接，可能也要考虑一下

第一个从内容来看，科技现代化已经到了一定程度，但是物质层

面的现代化里的农业现代化还是短板，从三化程度到四化程度，已经多少年了，鄞州区农业是不是高质量发展了，这个要对接。

第二个是人力现代化，我看到很多解读，就解释了后一句话。国际上，人力现代化包括三个方面，一个是知识，人力资本素质，最早就是知识经济；一个是文化，文化是什么样的；再一个就是治理，三维体系，这要从更高水平现代化来讲是怎么样的。

第三，宁波是有两个大战略对接的。第一是习近平总书记提出的宁波在"一带一路"、长江经济发展带、长三角一体化发展等国家战略中具有重要作用。一体化是区域之间的连接问题，互联互通的问题，每个地方都要高质量发展。第二是习近平总书记提出的宁波要与杭州唱好"双城记"。现在有两个"双城记"，一个是重庆和成都，一个是杭州和宁波，杭州和宁波是一省内的两个城市，重庆和成都是两个省之间的两个城市，"双城记"的做法也是不一样的。

两个战略对鄞州来说，是机遇，更是压力。长三角一体化涉及很多的城市，连合肥的竞争力指数都比较靠前，进位很快。现在竞争很厉害，其实改革开放初期发展很快，就是地方竞争、区级竞争带来的活力。2020年发改委报告中，里面有一个专栏，就讲区域战略。习近平总书记提出了很多区域战略。要通过这个提升活力，要找出突破口，对接长三角一体化，就是为了高质量发展，唱好杭宁"双城记"，就是为了提高创新活力。

第四个对接就是"双循环"，以国内扩大内需为主，加快高水平对外开放。这两个是呼应的，如果开放做不到，内需也会萎缩，还要在提高高水平对外开放上做更多的文章，这可能也是我们的一个出口。要寻找突破口、提高创新能力、提高竞争力来促进发展，而不是简单地对传统产业进行改造升级，还要有新业态、新动能。

三、从农业农村的角度来看转变

第一个是经营主体，到底怎么创新经营主体和经营体系，这个变化有好多次。我们对 375 个村进行调研，对 1000 多个经营主体进行调查，受疫情影响也是很大的。比如说经营主体，有的农场就做不下去了，有的合作社就坚持不了了，有些搞民宿、搞旅游的，本来他们前几年是非常看好这个新业态，现在也不行了。接下来怎么办，也是值得思考的问题。

第二个是产业链供应链的问题，这次疫情对我们的种植业和养殖业的影响并不是很大。疫情对种植业的影响，当时就是三个产品，油菜、早稻、小麦，小麦是去年种的，早稻是就那几个省份，油菜也是，所以种植业的影响不是那么大。

第三个问题，这几年供给侧改革讲了很多，这不是一个短的政策，习近平总书记讲了，这是一个主线，核心就是巩固、增强、提升，巩固就是成果，增强就是助力活力，提升就是产业链水平，其实后边还有很多是需要深化的，土地就是一个要素问题。

第四个问题，农村的老龄化问题，这个问题其实很严重，农村人口老龄化不仅是经济中的劳动力的影响，还有社会问题、治理问题，治理要现代化。

——在鄞州区高质量发展座谈会上的发言

（根据录音整理）

鄞州要着力打造现代种业发展强区 *

今天下午，我到鄞州区看了两个企业，感受很深，确实做得非常好，尽管企业不大，但是机制很灵活。

我最近一段时间研究"卡脖子"的问题。从整个种业的核心来讲是种源，解决种源依赖发达国家的问题，我国现在100%的种源依靠国外进口。每年进口量很大，而且都有协议，最根本的难点就是种源，材料来的都是商业配套系。白羽肉鸡最初的价格是25美元一套，2019年底提高到45美元一套，而且都是次品，质量都不行，这对我们的挑战非常大。

再有，对国外依赖度比较大的是集约化、工厂化生产的番茄和甜椒，50%都依赖进口。玉米、大豆的种源虽然没有这种依赖，但实际上是竞争力的问题，从根本上讲也是"卡脖子"的问题，竞争力上不来，在国际市场上就没有办法跟人竞争，产业优势就体现不出来。我国最有优势的就是水稻和小麦，在国际上也是领先的。

习近平总书记提出，要下决心把民族种业搞上去，抓紧培育具有

---

* 孙好勤，农业农村部种业管理司副司长。

自主知识产权的新品种，从源头上保障国家粮食安全。中国人的饭碗要端自己的粮食，粮食必须用自己的品种，中国粮要用中国种，这是最核心的。

前一段时间，我认真研究了 2020 年 8 月 24 日习近平总书记在经济社会领域专家座谈会上的讲话，第三条说，要以科技创新催生新发展动能，要大力提升自主创新能力，尽快突破关键核心技术，这是形成国内大循环为主体的关键。国内大循环和国际双循环的问题，突出国内大循环，就是要自主创新能力，尽快突破关键核心技术。

依托我国大规模市场和完善的产业体系，创造有利于新技术快速大规模应用和迭代升级的独特优势，加速科技成果向现实生产力转化。现在不抓自主创新、不抓自主品种，技术不升级换代，我们参与国际竞争就受到威胁。

还有要发挥企业在技术创新中的主体作用，使企业成为创新要素集成、科技成果转化的生力军，打造科教紧密融合的创新体系。现在不管是哪个地方还是哪个企业都要创新，我国种业企业现在有 5300 多家。鄞州区要打造现代种业强区，这是一个县级机构提出来要打造现代种业强区的目标。所以我很振奋，也很受教育，很受启发，我感觉到，鄞州区具有良好的创新基础和产业基础，有更加开放的思想、更加超前的理念和更加灵活的机制。

我一直在想，科研单位跟企业怎么能有机融合。长期以来我国没有从根本上解决这个问题，科研单位的目标是选上院士、拿国家奖、发论文。资源、技术、各方面的优势资源都在科研单位，企业的发育比较晚，创新能力又上不来，这两个怎么融合，怎么结合呢？

国家层面想了很多的办法，也出台了一系列的政策。现在科研单位的创新条件越来越优越，更不愿意跟企业结合了，所谓的科技合作，只有形没有魂。怎么有魂，我在鄞州找到了，在宁波市种业公司里面，将原来的宁波市农科院一部分科研人员以委派形式派到企业，让他安心做企业，我认为这个机制很好，下一步公关的问题都能解决。有些东西是保密的，我们最近在研究"卡脖子"的问题，就有种源，最核心的问题就是研究机制的问题，怎么能推进，机制有了，成果产出是分分钟的事，这个东西我觉得是核心。

关于下一步的工作，要打造现代种业发展的先行区也罢，示范区也罢，还要进一步思考研究，结合国家的形势，如何定位种业示范区建设的问题。目前国家层面，从政策上有两种，繁育基地建设，国家政策上有支持，对基础设施建设尤其是粮种繁育基地，在我国现代农业产业示范区里面要拿出一部分来打造现代种业示范区，这里面有政策，但是更主要是思路问题。

鄞州区的现代种业示范区的建设，是要打造大而强的种业先行区，还是专而精的种业先行区，这一点需要深入研究。现在我国进入世界前十强的企业只有两家，但是相对来讲，发展水平差距还是比较大的，这是定位方面。

在目标方面，我建议要有几个方面的目标：一是产品目标一定要创新，或者是一批新品种，高产、优质、高效、多抗的新品种、新品系。要出好产品，继而要出好企业，产学研用深度融合的创新型企业。鄞州的两个企业，在相应的作物领域都排名前十，但是从大的种业竞争力角度、创新能力角度来说，差距还是比较大的，如何提高企业的自主创新能力，带动整个特色产业发展，这是一个最核心的问题。种业强才能产业强，种业是农业芯片，种子集中了所有高新技术，含量最集中的就是在种子上，种子水平的高与低、好与坏，取决于科技含量，科技含量不是说技术进去就完了，而是关键要形成体系，形成自主创新的能力，这是最关键的。二是总目标要有好机制，要进一步去考虑构建充满活力的创新机制。

从思路方面来讲，我的想法是要聚焦五大链条：

第一个是创新链组织，必须要从创新链的思路去组织。一是资源，我国现在玉米培育的新品种里面，50%到60%基本上都是国外的资源。我们资源掌握得越少，选择的空间越小，遗传基础狭窄。二是现有资源要做精准鉴定，资源里面特征、特性，有哪些可利用的基因挖掘出来，进行组合，形成新的品系。然后是关键基因发展，实现由品种、由资源再到基因、再到作物的转变，这是一个创新链组织。

第二个问题是产业链思考。做种业，最核心的一点是瞄准产品的中端和高端的消费者的需求，过去只考虑产量目标，现在供给侧结构性改革的过程中，优质的、高精的、强精的、弱精的，相对来说都比较缺乏。虽然说这几年我国的水平还是有很大提高，但是跟加拿大、法国这些国家的差距还是有的。我国的整体水平在国际上还是领先的，但是在结构上还是有问题的。要考虑到产业链，育种的时候一定要瞄准终端消费，老百姓希望的是高产品种，但是从消费者的终端来说是希望优质的、符合需求结构的品种。

第三个是产品链集成，从有品种到品质、到品位、再到品牌，形成一系列的产品，每个产品可以满足市场消费者的群体和需求是不一样的。

第四个是价值链分享。创新链的每个环节都有创新的过程，商业化的过程，每个关键环节都有多道合理的价值分享和利益分享，这就是机制。

第五个是信息链的融合，现在的信息技术，大数据、网络技术、区块链，这些技术都能够有效融入品种创新，融入种业产业链的育、繁、测、推每一个环节。有好品种不行，还要扩繁，而且必须大规模地去做，规模化地去品种测试。国外测一个品种，好几万个里面选一个，我国是几千个、几百个里面选一个，那选择的精准性肯定不如人家。

最后是知识产权保护的问题、品种权保护的问题。鄞州两大企业里面这两年应该做得不错，像微萌，从 2012 年开始，24 个品种获得植物新品种保护权，下一步植物新品种保护权再修订。将来知识产权分阶段都要去分享，建议这一块进一步加大力度。

我的想法是，从这两个企业来讲，微萌重点是围绕专而精去做，水稻这一块还是围绕大而强方向去做。水稻的杂交品种很有优势，2005 年率先搞出了籼粳杂交的系列组合，这是最大的创新，具有自主知识产权的东西，在保护好的基础上，把资本要素整合起来，科研单位的力量整合起来，往大而强的方向做。

这个过程中，从目前打造现代种业先行区来说，还有两个因素要考虑，就是要素集聚的问题，现在的两个企业不足以支撑示范区建设，还要引进一些龙头企业，借助区位优势、政策优势、开放优势、机制优势，发展地区和开放地区的差距首先就是理念的差距和机制的差距，鄞州是走在前列的，而且很有典型代表意义。

最后一个是推进技术升级。现在跟传统的育种最大的差别是，有些科研单位的新技术跟国外没有太大的差距，但是在应用上差距很大。习近平总书记提出，快速大规模的应用包括迭代升级。现在优势没有发挥出来，还要集聚一些创新的力量，经过几年的努力。现在目标也很明确，要达到目标，就要加强体制机制的创新，加大改革的力度，改革才能提供动力，创新才有活力。

——在鄞州区高质量发展座谈会上的发言

（根据录音整理）

农业高质量发展的几点思考建议 *

　　我就农业高质量发展的一些具体问题跟大家交流。

　　鄞州区农业块头并不大，一个是因为工业发达，另外土地也有限，浙江的水稻种植也有 7000 年历史了，不过核心区不在鄞州区。我觉得该区要实现高质量发展，特别是在农业或者农产品这一块，要在做精做强上下工夫，如果在规模上做大还是有一些难度的。特别是刚才说的种业，咱们国家的种业经过多年的发展，已经形成了一些优势区，像河西走廊的玉米制种、四川湖南的水稻制种等已经形成了规模。刚刚听完汇报，了解到该区将在投资种苗、水稻这些方面发力。我想提几点建议：

　　第一个要加强种质资源的收集和整理。因为种质资源是育种的基础，你要培育出一个好品种，没有种质资源，基本上是创造不出来的。但是种质资源鄞州区数量是非常有限的，可能更多的在区外找资源，这就要通过联合各方面优势单位做文章，这是一个基础，如果种源抓不到手，其他的就谈不上。

<hr>

　*　寇建平，农业农村部农产品质量安全中心副主任。

第二个要高投入。要把自己想做的一些东西列入国家的计划里面。种业发展到现在，其实已经变成一个高投入高产出的产业，就是拼投入。像跨国公司，每年的研发经费投入很高，甚至一个企业的研发投入都比咱们全国的高。现在跨国公司进行高通量育种，在实验室对实验材料进行 24 小时无人的不间断自动观察，从过去人到地里的田间观察，过渡到现在的在实验室首先进行分子分析，基因研究和编辑，就是我们熟悉的生物育种，转基因育种，这样就可以创造一些特别优质的或者跨物种转移了基因的新品种，要做到这一点，首先就是一个高投入。

第三个是要重视知识产权。刚才在汇报的过程中说到对新品种权的获得和保护，也制定了一些目标，我觉得这方面还要继续加大，因为种业这一块要做大做强，要良性循环，就是要通过知识产权保护把它牢牢掌握在自己手里。不管是杂交育种，还是常规育种，还有一些育种方法，如三系、两系、一系杂交育种，生物育种，发展比较快的基因编辑技术等，这些育种方法都可以产生知识产权，申请专利，因此只一个品种权还是不够的，还要有整个知识产权保护这一块的设计和谋划。

再一个是要用好区位的自然优势。刚才说到种质资源，还有整个种业的产业链，包括基地的创建，将来可能建在另一个地区，因此，必须统筹用好区域内和区域外的资源，都得抓到手，形成有机整体，只有这样才能为将来种业的发展创造好的条件。

现在我国已经从数量农业向质量农业转变，从解决总量问题到实现农业的高质量发展转变。如果我们现在发展种业还停留在发展普通大陆货领域，就不会有什么市场。现在我国的农产品供需基本是平衡的，其他的农产品要占领市场，要么靠扩大销售，要么靠开拓新的市场，或者把自己的市场份额做大，难度是可想而知的。

　　农业高质量发展我觉得要解决这么几个突出问题：第一个是要加大名特优新品牌农产品的开发。我们拼规模、拼数量不行，但是要做一些品牌农产品，靠品牌农产品占领市场、拓展市场。第二个是要抓全程质量控制。因为现在的农产品的链条越来越长，从田间到餐桌，任何一个环节出了问题，或者是没有做到，那将来生产出来的就不是农产品了，而是有机垃圾。农业农村部一方面要抓农民增收，农产品要卖得出去；另一方面要抓消费者食用安全，要对消费者负责，所以要抓好全程质量控制。第三个是要抓好标准化生产，因为现在土地流转比较快，规模化也比较快，现在最重要的一个就是标准化生产，如果没有标准化，将来农产品质量、竞争力都谈不上。第四个是要重视包装标识这一块，因为农产品价格不上去，卖不出好价钱，这和后期的收获、分级、包装、储藏、加工、销售都有关系，这些环节对农业高质量发展、实现优质优价特别重要。最后还是要重视农产品质量安全，质量安全是底线，如果质量安全不能保障的话，高质量发展就谈不上，特别是鄞州区，相当于是第一线了，质量安全这一块，特别是标准检测要抓好、最后一公里的安全要抓好，这样才能高质量发展，守好底线，不触红线。

——在鄞州区高质量发展座谈会上的发言

宅基地"三权分置"是"三农"领域的一项重大改革 *

宅基地"三权分置"是"三农"领域的一项重大改革，有利于产业融合、有利于农民增收、有利于壮大集体经济、有利于改善村庄面貌。鄞州区已经向农业农村部提出申请列入全国农村宅基地"三权分置"改革试点，根据会议安排，我简要作一个汇报。

一、我们申报全国试点的一些工作基础

鄞州区申报宅基地"三权分置"改革全国试点有众多的优势，主要有四方面：

一是组织有保障。鄞州区委区政府历届领导一直都高度重视"三农"工作，特别是近年来我们投入了 250 多亿，拆旧 700 多万方，建新 1200 多万方，开展旧村改造新村建设，鄞州区也荣获了浙江省新农村建设九连冠，美丽镇村建设成为省市样板，成为全国农村创新创

---

* 沃勇特，宁波市鄞州区委常委、常务副区长。

业典型区、全国首批乡村治理体系建设试点。对于宅基地"三权分置"工作，市委主要领导亲自点题部署推进，区委区政府几次研究落实。

二是产业有基础。去年鄞州区的 GDP 达到 2211 亿元，一二三产均衡发展，特别是村级集体经济较为发达，99% 行政村集体经济总收入达 100 万元以上，农村人均可支配收入近 4 万元，所以在宅基地"三权分置"、产业导入方面优势非常明显。我们认为这个产业的想象空间非常大。

三是发展有空间。鄞州现有村级集体厂房 300 多万平方米，委托流转土地超 13 万亩，我们统计，每年有 6 万的农村居民变成城镇人口，因此存在不少低效的村级厂房、闲置的农业用地和农村住宅，激活利用的空间非常大。今年以来我们也开展了高质量体制机制改革创新的试点，这项改革中一个重要的内容是推动村级工业下山出村进园区，这样可以盘活很多的村级集体资产。

四是试点有成效。目前鄞州已完成了宅基地不动产权籍调查，正在稳步推进农房农地一体不动产登记发证工作，2019 年完成了全区闲置农房现状调查，全区已利用闲置农房 1.5 万余间、占地约 53 万平方米，建筑面积约 80 万平方米，盘活农地面积约 75 万平方米。我们还在横溪镇开展了市级试点，该镇通过整体迁建，盘活梅岭山区闲置农房资源约 9 万平方米，先后引进了总投资 8000 余万元的民宿综合体，现在这个镇的民宿产业投资已经超过亿元，年营业额 1000 万元。

二、下一步的工作打算

下一步我们将在学习借鉴先试地区成熟经验基础上，进一步做好方案顶层设计，加快改革先行先试，力争改出鄞州特色、打造全国样板。重点围绕三个方面的工作：

一是以确权为基础，明确产权归属，确保分得"安心"。加快推进农房确权登记等基础性工作，开展宅基地"三权分置"不动产权的颁证工作。通过"三权分置"，明确村集体、农户和经营者三方权利。落实所有权，集中清理处置宅基地"一户多宅"、违法违规建设等历史遗留问题，稳步推进农村宅基地自愿有偿退出，所得存量建设用地和历史文化建筑等一律登记到村集体，由村集体统一规划使用。保障资格权，对退出宅基地资格权并符合条件的，探索"以权换房"形式申请城镇保障性住房。放活使用权，探索社会资本投资者通过流转获得使用经营权，开发投资者凭借宅基地使用经营权证申请抵押贷款。

二是以活权为目标，提升经济效益，确保分得"舒心"。突出资源要素市场化配置，建立规范高效的"三权"运行机制，促进城乡之间资源要素有效对接、双向流动。拓宽使用途径，适度放开使用权政策空间，加快城乡工商资本和城市资源导入，健全交易机制，探索集体经营型土地入市的路径。支持社会资本参与闲置农房经营，研究农房抵质押贷款办法，积极创新金融服务模式。优化服务保障，串联项目策划、招商、审批、建设、投产等"一件事"，建立乡村产业项目全流程服务机制，对登记、流转、利用等环节，推行"一窗制""一站式"服务。注重产业导入，结合国土空间总规划和"十四五"规划，科学布局农村产业，完善农村闲置宅基地数据库和项目储备库，探索闲置农房的统一收储、规划、招商、委托交易模式，以更好地形成规模效应。

三是以维权为保障，兼顾各方权利，确保分得"放心"。首先要维护国家权益，特别是保障生态安全、粮食安全和国土安全。其次要保障集体权益，支持村集体采取集体开发、协作经营、有偿服务等方式，拓宽村集体经济增收渠道。保护农户权益，强化农户资格权，加强合作约定和履行，支持农户采取租赁、入股、合作等方式，推行"租金＋分红"模式，使农户从中获得更大收益。保障投资人权益，搭建闲置宅基地交易对接平台，建立合同备案跟踪监管机制，引入农村宅基地使用权流转三方合同，通过三方协议、一方鉴证，强化履约增信，使投资人放心参与。

——在鄞州区高质量发展座谈会上的发言

（根据录音整理）

鄞州着力打造现代种业强区 *

我简要汇报一下鄞州打造现代种业强区的相关工作的情况。主要是汇报三个方面：

一、鄞州打造现代种业强区的优势和特色

鄞州既是宁波都市核心区，又是传统农业大区，推进现代种业发展具有很好的基础。主要体现在四个方面：第一是创新链强。鄞州位列全国科技创新百强区第一位，去年还获评全国农村创新创业典型区，区内集聚了市农业科学研究院、浙江万里学院、市海洋与渔业研究院等具有一定知名度的种业研发机构和研发团队，拥有宁波市种业股份公司、微萌等一批市场创新主体。第二是产业链全。全区耕地面积 26.5 万亩，拥有林地面积 42 万亩，海域面积 44.3 平方千米，水稻、蔬果、畜禽、水产、林特花卉等种业研发和产业体系完整。第三

---

* 谢功益，宁波市鄞州区副区长。

是资本链长。区内民营企业众多，部分企业家具有土地情怀和反哺的情结，具有投资农业、发展农业的强烈意愿。第四是政策链优，区里一直把种业的发展作为推进乡村振兴的重中之重来抓。

二、我们推进种业强区的一些做法

目前我区已初步集中了全市主要的蔬果、粮食、水产、畜牧等方面的种业龙头企业和科研单位，形成了在全市乃至全省处于领先地位的产业集群，多个领域在全省甚至全国领先，两家企业进入全国行业领域前十强。

我们的具体做法，一个是布局上重点打造三大基地。我们制定出台《关于推进现代种业发展，着力打造种业强区实施意见》，根据全区自西北向东南的地形，将全区种业产业布局为蔬果粮食种业集聚区、林特种业集聚区和滨海水产养殖种业集聚区，形成"一轴三区"的总体框架。一是强化领导促发展。成立了由区政府领导任组长、相关单位负责人为成员的种业强区工作领导小组。二是土地流转促集聚，我们的土地承包经营权流转率达85%，整村流转达到了41%，流转期限在长期以上的达到了73%。三是园区建设促提升。现有各级现代农业园区62个，建设总规模近5万亩，建成微萌蔬菜种子种苗精品园、咸祥丹艳青蟹育苗精品园、椿霖水产精品园等一批现代种业精品园区，累计投入资金近4亿元。

措施上，我们重点实施三大战略。一是科研院所带动。我们与浙江大学共建"蔬菜精准育种中心"，创建"蔬菜育种省级重点农业企业研究院"，宁波市农科院的专家团队育成了"甬优"系列杂交水稻，爱卡畜牧科技有限公司建立的院士工作站成为全省首家猪的人工授精中心。二是招商引资拉动。去年积极引进宁波种业有限公司的总部落户我们区里，去年一年，该公司共育成并通过省级坚定"甬优"系列杂交水道组合58个，其中国审品种11个、超级稻品种7个，年经营推广面积已突破550万亩。我们引进的宁波芳华农业科技有限公司种植菊花鲜切花在日本市场广受欢迎。目前我们正在着力推动计划投资1.9亿元的鄞州海洋水产种质工程中心建设项目落地。三是本土种企驱动。比如说微萌种业，目前已取得农业农村部植物新品种授权15个，国家非主要农作物登记品种21个，公司名列中国蔬菜种业信用骨干企业第四位，成为浙江省最大的瓜菜种业企业。

保障上，重点完善三大机制。一是政策扶持机制。我们每年从财政支农专项中安排资金，采取"以奖代补""先建后补"等形式，支持全区现代种业发展。二是人才保障机制。进入种业企业从事育种工作或种质资源保护的高校毕业生，享受农业生产领域就业创业扶持政策且不受扶持人数限制。微萌种业的育种专家成功入选第四批国家"万人计划"，4个团队入选"泛3315计划"，6个项目入选区"泛创业鄞州"现代农业领域人才项目，累计培育高素质新型农民620人，发放补贴资金2000多万元。三是要素倾斜机制，对重大育种项目采取"一事一议"政策，优先解决土地相关的一些需求。

三、下一步发展的思路

我们的目标是到2025年，全区现代种业发展取得突破性进展，种业综合实力位居全省全国前列。下一步重点要实施好五大行动：

第一个是种业创新能力提升行动。推进体制机制创新，增强企业的核心竞争力，要鼓励高校和科研院所在我区建设种业科研实验基地，鼓励种业企业开展国内外科技交流合作。组建股份制研发机构，鼓励种业企业引进海内外高层次人才和创新团队，鼓励科技人员联合种业企业开展商业育种，加大对选育具有自主知识产权并通过国家级审定的新品种的奖励。目标是到2025年，力争育成具有重大应用前景和自主知识产权的主要农作物国审新品种1—2个，取得国家非主要农作物登记品种50个以上，获得国家植物新品种保护权的品种50个以上。

第二个是现代种业企业培育行动。支持种业企业建立健全现代企业制度，支持优势种业企业创建育种科研机构，鼓励引进区外优势种业企业落户或参股区内种业企业。鼓励种业企业开拓国内外种业市场，实施种业品牌战略，目标是到2025年力争培育年销售收入超2亿元的种业企业2家以上，培育种业上市企业1—2家，进入全国50强种业企业2—3家，打造在全国具有影响力的种业品牌2个以上。

第三个是种业生产基地建设行动。我们要进一步加大对种业企业建设生产基础设施、附属设施以及采购设备仪器等的扶持，重点推进瓜菜育种基地、杂交水稻育种基地、种畜禽基地、水产苗种基地、林特花卉基地"五大基地"建设，到2025年，力争现代种业总产值达到10亿元以上，创造农业总产值500亿元以上。

第四个是种业服务水平提升行动。提升种业监管和服务水平，规范种业市场准入，强化种业市场监管，加强种业知识产权保护。

第五个是要实施种质资源保护利用行动，我们要积极开展对鄞州雪菜、北沙牛、鄞红葡萄、姜山草籽种等地方优质种质资源保护工作，建立鄞州地方特色种质资源圃，加快种质资源保护基础设施建设。

这是我要汇报的三块。最后是几点恳请与希望。

一是恳请农业农村部在我区开展"全国现代种业发展示范先行区"

的建设试点。鄞州区将发展现代种业、打造种业强区作为实施乡村振兴战略重要内容，并且已经取得初步效果。我们也恳请农业农村部在我区开展"全国现代种业发展示范区"建设试点，通过召开现场会、研讨会、论坛等多种形式，为鄞州加快建设现代种业强区作出一些指导和推动。

二是恳请加大对鄞州种业强区建设的政策、项目和人才支持。现代种业发展急需政策、项目、人才等支持，恳请农业农村部在我区推进现代种业发展、打造现代种业强区行动中，在种子种苗的基地建设布局、种质资源保护、育种创新能力建设等现代种业提升工程项目方面给予倾斜，在种业服务能力建设、农业重点实验室申报、种业科研人才支撑、种业产业链的培育等方面给予支持。

——在鄞州区高质量发展座谈会上的发言

（根据录音整理）

第六部分
乡村振兴大讲堂与乡村产业振兴

解读乡村振兴战略要点
扎实推进"三农"工作[*]

很高兴来到美丽的海滨城市宁波，参加这次鄞州区乡村振兴大讲堂。

宁波，特别是鄞州区，是我国改革开放的开拓者，也是新时期深化改革、开拓创新、加快发展的先行者。特别是在近几年全面推进乡村振兴战略的实施过程当中，鄞州区牢记17年前习近平同志考察湾底村时的嘱托，无论是在农村产业发展、美丽乡村建设、生态宜居，还是在文化振兴、乡村文明程度的提升，以及在乡村全域治理、努力增加农民收入、使农民尽快富裕起来等方面都取得了重要的经验，走在了全省、全国的前列。

鄞州区近些年开展的"千村万乡"美丽乡村建设，经验也是非常丰富的，连续九年在全省获得第一，也成为全国乡村建设的示范县，也获得了联合国地球卫士奖，可以说在全国起到很好的引领示范作用，也为进一步推动乡村全面振兴奠定了一个好的基础。

今年我国扶贫攻坚任务要全面收官，"十四五"国民经济社会发

---

* 李春生，第十三届全国人大农业与农村委员会副主任。

展规划也开局在即。对"三农"来讲，农业农村工作重心将全面转入推进乡村振兴战略的全面实施，建立健全有效的体制机制并发挥保障作用至关重要。而有效的体制机制需要相关的法律、政策、规范来保驾护航，这也是乡村振兴战略实施得以沿着正确轨道向前推进的一个重要原因。

鉴于此，我借大讲堂的机会，就乡村振兴战略实施以来，国家已经出台的相关政策、规划、条例，以及人大正在审议的《乡村振兴促进法》，谈些学习的体会和认识，与大家进行交流。

乡村振兴战略是 2017 年党的十九大正式提出来的，2018 年中央 1 号文件对乡村振兴战略的实施作出了全面的部署，文件共写了 12 项内容，涵盖了重大意义、总体要求、乡村振兴等 5 个方面，扶贫攻坚、体制机制创新、制度供给、人才支撑、开拓投融资渠道、加强党的领导等 12 个方面，搭建起了实施乡村振兴战略政策体系的四梁八柱。

同年 9 月，中央下发了《乡村振兴战略规划》，规划是 2018 年到 2022 年，规划共 11 篇 37 章，涵盖了重大意义、总体要求、构建乡村格局、加快发展农业现代化步伐、乡村振兴共 5 个方面，完善城乡融合发展政策体系、规划实施等 11 项内容，就乡村振兴战略实施 4 年工作任务作出了具体部署，绘就了乡村振兴宏伟蓝图。

2019 年 9 月，中共中央下发了《党的农村工作条例》，条例共分 7 章 36 条，涵盖了实现乡村全面振兴的 5 个方面，以及强调加强党对农业农村工作的全面领导，并从组织领导、队伍建设、保证措施、考核监督等方面提出了明确的要求，予以全方位的保障。

2020 年 6 月，全国人大常委会审议《乡村振兴促进法》，法律草案一共 11 章 71 条，涵盖了促进乡村振兴坚持的 5 项基本原则、实施乡村振兴战略的 5 个方面，以及城乡融合发展等，并就人才支撑、扶持措施、监督检查、法律责任等作出明确规定，将党中央关于乡村振兴重大部署，国家有关乡村振兴政策、规划、目标任务等转化为法律规范，依法推动乡村的全面振兴。

可见，无论是中央的 2018 年 1 号文件，同年的《乡村振兴战略规划》，还是 2019 年的《党的农村工作条例》，以及正在审议的《乡村振兴促进法》草案等，虽然相互独立、各自成文，但又相互衔接、互为促进，形成了新时期实现乡村全面振兴、推进农业农村各项事业发展的一个完整的政策、制度、法律体系，是保证乡村振兴顺利实施，实现农业农村各项事业稳定和发展的可靠保证，也是新时期"三农"工作的根本遵循。

一、全力推进乡村全面振兴

乡村振兴战略的实施，是新时期"三农"工作的总抓手，也是"三农"工作上上下下、方方面面竭力抓好的头等大事。乡村振兴关系到五个方面：

第一，产业振兴。产业兴旺是解决当前以及今后一个时期农业农村问题的前提和基础，没有产业的兴旺与发展，农业农村的发展就没有源头和活水，拿农民自己的话说，产业兴、百姓富，人民对党更拥护。谈到产业发展，20 世纪 80 年代末、90 年代初，在我国东部地区，浙江、江苏、山东一些农村就提出，农工商、贸工农、产加销一体化经营。产业化发展到现在，它的内涵、外延都得到了前所未有的发展，它的规模和质量都上了一个新的台阶和水平。比如说，现在的产业经营主体、产业发展的组织载体、产业融合发展的载体快速发展，目前，产业发展的经营主体全国已达数百万家，成规模的龙头企业近

10 万家，省级龙头企业近 2 万家，国家级的龙头企业也近 2000 家。产业发展的组织载体最有代表性的农民合作社，全国也有 220 多万家。还有产业融合的载体，比如近些年涌现出来的创建农业现代产业园区、农产品加工园区、产业融合的示范区、先导区等，还有农业产业发展的特色小镇等，发展非常迅速。产业的业态形成多元化的发展趋势，比如说农业＋林木渔，形成了综合种养业；农业生产＋加工＋流通，形成了复合性农业。农业＋文化＋康养＋旅游，形成了创意性农业；农业＋信息产业、大数据、智能化，形成了智慧农业等等。产业模式多样，品牌战略的有效带动，形成了良好的产业发展势头。

农业第一产业粮食生产，多年年产量稳定在 1.2 万亿斤，连续五年超过了 1.3 万亿斤。农产品加工的主营业务达到了 22 万亿元，乡村休闲营业收入也超过了 8500 亿元，农林牧副渔辅助性活动的产值为 6500 亿元，其中农村生产性服务业的收入也超过了 2500 亿元，农村电商也有近 2 万亿元的收入，产业发展势头很好。但是我们的产业发展也面临着一些挑战和问题，比如说产业链条比较短、产业门类还不多，产业发展同一个县域、临近的乡镇，同质化现象比较严重，发展的质量与效益还需要进一步提升等。

站在新的起点上，产业如何发展？2019 年 6 月，国务院专门下发了《关于促进乡村产业振兴的指导意见》，2020 年 7 月，农业农村部又编制下发了 2020 年到 2025 年五年的《乡村产业的发展规划》，国务院有关部门，也先后下发了文件，进一步明确了产业发展的方向，提出了相应的举措，明晰了农业产业发展的目的、任务与路径。目的是：在现有的基础上，不断提升产业发展的质量和效率，不断做强做大优势产业。任务是：突出优势特色，发挥各自的比较优势，因地制宜地做优做强现代种养业、做精乡土的特色产业、提升农产品的加工流通业、优化乡村的休闲旅游业、培育乡村的服务业、发展乡村信息产业六项。实施路径主要有四条：

一是因地制宜。抓住优势产业，集中资源要素，进行合理配置。二是坚持科技驱动、创新发展，比如积极推动互联网、物联网、区块链、5G、大数据、生物科学等新技术、新产品、新装备的应用。三是聚焦产业融合发展，延伸产业链条，提升价值链，拓展产业发展功能。四是通过产业融合载体建设，推进产业集聚、人才集聚、技术集成的发展。财政部和农业农村部 2017 年开始在全国建设国家级的农业现代产业园区，现在已经认定了 4 批，达到了 114 家。各省也建设了一千多家的省级的产业园区，县域也建设了几千家的产业园区。产业园区作为产出发展平台，使相关的产业集聚在这个平台上发展，相关的技术，包括前沿的技术、适用的技术，也集成在这个平台上，各方面的人才等相关要素也集聚在这个平台，最大限度地降低农业产业发展的成本，提高了农业产业发展的效益和效率。

第二，生态振兴、美丽乡村建设。生态宜居是乡村振兴的内在要求，由于我国历史欠账太多，历史上多年来追求农业的产出的量，对资源和环境过度开发利用，现在要弥补这个欠账，任务也确实非常艰巨。要牢固树立习近平总书记讲的"绿水青山就是金山银山"的理念，坚持绿色发展，质量兴农，要保护好农村生态环境，有序开展乡村环境治理。这方面很重要的一点是要搞好乡村建设规划，这个规划不是一劳永逸的，制定好之后，要根据实践的发展，随时间的推移，适时进行调整，要充分发挥好规划在美丽乡村建设、在生态宜居建设方面的引领和指挥棒的作用。

这方面鄞州区也积累了经验，特别是鄞州连续九年在美丽乡村建设方面获得了全省的冠军。昨天我参观了城杨村，城杨村是在全区相对落后的一个村庄，但这个村庄有一个很大的优势，生态环境、生态资源条件比较好，背靠青山，面朝绿水。但村落的建设整个还比较落后。这个村仅用几个月的时间，面貌就发生了很大的变化，得益于人民大学的教授带了一个团队在这里搞课题。每一家一户的院落、围墙、古建筑都有个性化的设计。老的建筑如何修旧，村民出义工，建筑材料好多都是因地制宜，就地取材瓶瓶罐罐，而且建起来很漂亮，留得住乡愁和记忆。据介绍，一般的村集体经济收入能达到 100 万，这个村是十分之一。这么落后的村面貌能改变到这个程度，是非常不容易的。这就是鄞州速度、宁波速度，确实不简单。

目前，宁波通过县乡村的三级联动，统筹规划，协调推进，10 个区县市已经有近 1200 个村开展了美丽乡村庭院的创建活动，垃圾进行分类，污水集中处理，水生态环境的整治等等。而且要三年实现新时代美丽乡村的标准，要在全市全覆盖。

今年上半年我到江苏，也看了当地的美丽乡村建设，其实江苏，在苏南、苏北的经验是学习浙江的。江苏省委省政府已经下发《三年人居环境整治行动方案》，方案提出三个要实现：农村生活垃圾要集中处理；户外厕所要无害化改造；行政村的生活污水处理的设施要实现。对苏南地区，三年要实现这三个要求，苏中、苏北要基本达到这个要求，因为苏中苏北的经济相比苏南要落后些。我也去了苏北地区的盐城，参观了一个新型的农村社区建设，建设得确实漂亮，跟富阳、杭州周边的绍兴以及宁波的乡村比，不相上下。2018 年以来当地建设了近 200 个新兴社区，接近 6 万户农户受益，省里每一户补贴 6 万到 7 万块钱，我了解到建成这样一栋房子需要 20 万。剩下的是市、县、区、乡各出一块，农民花 2 万到 3 万块钱，就可以得到改造后的新型的社区住房，房屋前后还有个几百平方米空地可以种点菜，把水系都引入村庄，依水而建，确实留得住乡愁和记忆，古色古香，非常漂亮。

说心里话，在我们国家，无论是江苏还是浙江，现在的水准，我国中西部的大部分地区到了 2035 年，乡村振兴第一个阶段结束的时候，可能也达不到这个水平。所以在新的起点上，如何进一步把乡村振兴特别是生态宜居搞好，确实应该再下工夫，需要我们继续努力。

第三，文化振兴。乡村文明是乡村振兴的一个重要根基，任务也非常繁重。我国农村地域广阔，文化底蕴深厚，自然资源禀赋、生产生活方式、民族文化习俗、历史机缘不同，决定了"百里不同风，十里不同俗"，各地特色千差万别。文化振兴，很重要的是做好乡村传统文化（乡土文化）保护、传承和发展。包容差异性，掌握其规律性，发展其合理性。去年，宁波市在这方面的做法给我们留下很深的印象，通过开展农村文化礼堂建设，利用一些古村落、古文化的设施，打造出比如古文化礼堂、红色文化礼堂、生态文化礼堂、科普礼堂等特色礼堂，在传承优秀的乡土文化、丰富提升乡村文明方面发挥了重要作用。

乡村是人情社会、熟人社会，而人情与道德、习俗紧密相连。其实不仅是农村，城镇也是这样，这是我们国家民俗文化传统的重要特点。昨天现场调研路过韩岭村，建设得很漂亮，沿着东钱湖。据介绍，这个村有一个电子企业，老总姓王，他投了 10 个亿，对乡村进行整体开发和改造，起点是非常高的。当地百姓按照习俗称这位王总为乡贤，乡贤文化在浙江是很有名的，乡贤们利用他们的才学、品行，主动在乡村起到了凝聚族群的作用。浙江还是一个侨乡，乡贤无论走到哪里，赚到了钱，学到了本领，都会利用他的学识、本领、资本来反哺乡里，所以韩岭村的发展就是一个例证，靠一个乡贤，投资了 10 个亿，把整个乡村建设成为一个现代化乡村。另外文化是道德的修养、习俗形成的重要根基，通过乡村的优秀传统文化的传承，摒弃陈规陋习，杜绝不良习俗，培育文明乡风、良好家风、纯朴民风，努力提升乡村精神文明建设的水平。

实现乡村文化振兴还需要把文化产业发展起来。鄞州区在乡村振兴战略实施中注重发展一些特色文化产业的项目，这些项目包括文旅结合，文旅和康养结合，文旅和采摘结合，形成一个多元化的文化产业业态，文化产业已经成为鄞州区调整文化产业结构、推动产业振兴的一个重要支撑，希望进一步创造这方面的经验，为全国的农村文化振兴提供可借鉴、学习的经验。

第四，组织振兴。乡村治理是乡村振兴的重要保障，任务艰巨。要建立健全党委领导、政府负责、社会协调、公众参与、法制保障的乡村治理体系，坚持自治、法制、德治相结合，确保乡村社会充满活力、和谐有序。五句话，20个字。实现这样一个目标是党中央着眼于现阶段和未来发展提出来的，我个人体会，绝不是一日之功，不是几年就能实现的，可以说是一个具有前瞻性的要求，乡村治理是一个系统工程，关系到农村的方方面面。鄞州区去年到北京专门做了经验介绍。这些年一直努力探索实践乡村的全域治理，着重建设好富有坚强战斗力的党支部，这是前提和基础，必须有人，关键在人。坚持理念、方式、模式的创新，鄞州区形成了"五共"模式，即共商、共治、共管、共建、共享的乡村全域治理模式。我们到乡村去，不论是经济发展相对落后的还是比较富裕的湾底村，都可以看到乡村邻里和睦，乡风纯朴向上，经济发展也很好，广大人民群众成为真正的受益者，得到充分的获得感和幸福感。

第五，人才振兴。人才队伍建设是乡村振兴战略实施的重要支撑，任务紧迫。我国下一步全面推进乡村振兴战略的实施，对人才的需求提出更高的要求，目前整个人才的总量、知识结构、素质结构与实际需求还不适应。比如，劳动者的文化素质，职业农民的数量还远远不足。培养造就一支规模庞大、素质优良、结构合理、一懂两爱（"懂农业、爱农村、爱农民"）、"三农"人才队伍日益紧迫。这方面国家还是非常重视，党中央国务院对于新时期人才工作也做了全面的部署，近几年农业农村部、教育部等相关部门也加大了培养培训力度，农业农村部每年都有人才工作推进的工作要点。

2019年6月，教育部和农业农村部专门下发了文件，5年内要培养100万接受不同学历教育、具备市场开拓意识、带领农民致富的高素质农民队伍，要达到100所乡村振兴人才培养的优质学校。可以说，对于人才振兴，有要求、有规划目标和任务举措，现在关键是如何抓落实：

一是首先要注重不同形式的职业培训，这是比较快的一条途径，农民需求什么，产业发展需求什么，就培训什么，通过各种途径，充分调动社会力量加快培训，改变目前农民培训资源不足的问题。

二是要注重高等院校、职业院校对人才的培养。宁波是吸引人才的地方，大专院校比较多。有些较好的条件，应统筹配置好相关资源加大对"三农"需要的中高端人才培养。

三是要建立切实有效的激励机制，使在农业农村工作的人员有正向的激励，使大家的劳动付出和得到的回报成正比。正如习近平总书记去年在全国创新大会上讲的，让作出贡献的人有成就感、获得感。从事"三农"更应该这样，真正激励有识之士、有才华的人才到基层、到农村来创业、创新、建功立业，激励长期在农村工作的人员稳定下来，不仅老同志稳定下来，还要把新的血液吸引进来。关键是这么几点。

前面介绍了乡村振兴的五个方面，可以看到，乡村振兴战略实施已有一个良好的开局，农业强、农村美、农民富的目标和任务进一步向前推进。

二、努力推进城乡统筹发展

城乡统筹发展，在相关的意见、规划、条例，在法律草案当中也是一个重要的内容，用的笔墨也很多。这是依据城乡发展的现状决定的，这也是乡村振兴战略实施的本质要求。要真正使乡村振兴战略实施好，实现乡村全面振兴，城乡必须要统筹推进，融合发展。脱开城乡的统筹发展，乡村很难实现全面振兴。因为现阶段，基本的资源要素，比如人、地、钱等，仍然主要是单向的或者主要的从农业农村流向城镇。就像人往高处走，水往低处流，资源要素总是追求利益最大化，这是现实决定的。农村失血的状况还没有从根本上改善。

所以有一句话，社会经济发展的不平衡、不充分是我国现在经济社会、经济发展的一个重要特点，所谓不平衡主要表现在城乡发展的差距上，不充分在乡村表现最为突出，发展最大的短板仍然在"三农"。我举一个数字，城乡居民收入，1978 年到 2019 年，41 年期间，农民的人均收入从 134 元增长到去年的 16021 元，同期，城镇居民收入从 343 元增长到了 42359 元，二者差距从 209 元扩大到 26338 元，从 2.61∶1 扩大到了 2.64∶1，这个数字令人忧心。我们的邻国韩国、日本，人均 GDP 在 20 世纪 70 年代中期和 80 年代末期达到 4000—5000 美元的时候，它的城乡居民收入差距就缩小到了 1∶0.8，城乡发展基本趋于平衡，我国现在的人均 GDP 已经上万美元了，但是我们的城乡差距在扩大，2.64∶1，全球是 1.5∶1。宁波是 1.8∶1，鄞州是 1.75∶1，比宁波全市要好一些，当然比全国好多了。

另外，农村的基础设施公共服务与城市相比还相当薄弱和滞后，40% 左右的村庄还使用旱厕，50% 左右的村庄生活用水还没有得到净化处理，近 80% 左右的村庄生活污水还没有得到集中处理，城市和乡村仍然是两个天地。因此，城乡统筹、融合发展势在必行。

如何推进城乡统筹融合发展，这里简单讲两点：

一是促进资源要素更多地流向农业农村，推动农业农村的社会进步和经济发展。谈到资源要素，首先想到的是人、地、钱。农村土地是乡村发展最为关键的要素之一，因为农村现在整个农用地的土地65亿亩，包括草场、森林、耕地等。从发展的角度来看，农村土地的资源分配方式将左右城乡融合发展的进程。大家都知道，改革开放40多年来，我国高速的城镇化的建设和发展是靠农村土地大量的低价供应，高价出让，形成的剪刀差支撑着。目前地方一般预算财政性收入一半以上靠土地出让金来维持。令人欣慰的是，目前，农村的集体建设用地可以同城镇的土地一样，平等上市，同价竞争，这个已经写入了国家土地管理法。下一步，关键是如何落实到位，落实到位的关键点是，农村集体土地上市之后形成的议价如何分配，这是关键。

另外，还要千方百计地增加农民的收入。去年农民收入16021元，是怎么构成的呢，工资性收入占到40%，经营性收入，种粮、养殖、经济作物占到35%，财产性收入占2.3%，16021元总收入中，只有377元是财产性收入带来的。工资性收入占很大的比例，务工收入决定了整体收入的大小。全国现在有近3亿农民工，2.91亿，本地农民工1.17亿，外地农民工1.74亿，今年受疫情的影响，相当多的农民工没有就业。人社部有一个统计，每年的春节前后，在外务工的90%会返程探亲，1.74亿，90%回到乡里，受疫情影响，春节后回不去了。当然你们浙江搞得好，到农村把农民工请到这里来就业。还有一点，目前城里企业不是100%的企业都复产了，即便复产了，有的也没有达产，有的农民工又二次返乡。所以现在还有相当多的农民工处于失业状态。造成农民就业不充分，工资性收入没有了，经营性收入又受到疫情的影响，财产性收入又很低，所以今年上半年农民的可支配收入的增长是负数，农民收入上不来，直接影响城乡融合发展，这方面要千方百计增加农民收入。

二是逐步破除城乡协调发展的壁垒，包括城乡发展规划、基础设施建设、社会保障、公共服务等应努力统筹布局、均衡发展。还要有步骤地推进农村人口走向城市，按照去年的统计，我们的城镇化率达到 60%，实际我们按照户籍的统计肯定要低 10 到 15 个百分点，即便按照这个 60% 的城镇化率，还有 5.6 亿的人生活在农村。我们去年 GDP 99 万亿，第一产业农业 7 万亿多一点，约占 7%，经过若干年，经过努力把农村产业翻一番，这么庞大的农村人口，平均下来也是很低的。所以说，采取切实可行举措破除城乡融合发展壁垒，有序地把农村劳力转移出来，是推动城乡统筹发展、实现乡村全面振兴的重要出路。

三、夯实农业生产力的基础，保证粮食等主要农产品的种粮安全

粮食生产是一件大事。党的十八大以来，我国确定了以稳为主、立足国内、确保产能、适度进口、科技支撑的国家粮食发展战略，这一战略充分体现了党中央提出的要把中国的饭碗牢牢地端在自己的手中的要求。前一段时间大家在媒体、在网络上注意到了，议论纷纷，就是怕粮食饥荒，特别是前一段习近平总书记做了批示，节约粮食，大家可能有一些误解，认为粮食不够吃了，议论纷纷。主要的焦点是河南，河南的小麦今年没有完成国家的收购任务，少收了 850 万吨，小麦价格一直在上涨。

2019 年年中，我到河南调研，看到小麦长势非常好，河南是全

国的小麦主要产区，小麦的产量占了全国总产量的四分之一，700亿斤左右，今年可以达到740亿斤的产量。周口是小麦主产区，亩产达到1300斤，最高的可以达到1600斤。因为农民惜售，原来农民基本不存粮，有了口粮够了就行了，今年农民存粮了，把小麦存起来了。

从我国的粮食产量来说，口粮自给是没有问题的，粮食年产量稳定在6.5亿吨左右，消费7.3亿吨左右，进口1亿吨左右，谷物自给率超过95%，口粮自给率100%，人均占有粮食475公斤，超过390公斤世界平均水平。联合国粮食及农业组织数据显示，我国总体粮食安全指数世界排名40名之后，属于粮食保障不稳定国家。到了未来十年，我们的粮食消费将增加到7.5亿吨，新增的粮食60%是饲料，大豆是做油料的，但也是饲料的主要来源，大豆每年年产量1800万吨，需求1.1亿吨，进口1亿吨的大豆，主要是大豆，还有玉米，其他主要是品种调剂。可见我国的粮食生产总体是平稳的。

保证国家的粮食安全战略顺利实施，要落实好藏粮于地、藏粮于技的战略，同时，充分利用好国际市场，做好必要的补充调剂。藏粮于地一是要确保耕地的稳定，现在我们耕地是18.6亿亩，其中的15亿亩左右是基本农田，9亿亩是粮食生产功能区。目前耕地占用是刚性的，每年经济建设占用耕地1000万亩左右。现阶段地方财政一般预算收入一半以上靠土地出让金，因此，土地一定要严格规范利用，集约使用，尽可能把土地还地于田、还地于林，一定要落实到位。

另外，这里还有土地的使用效率问题。目前，农业的种植结构还不合理，造成了一些农作物种出来没有市场需求，土地无效使用，比如说稻谷，连续7年稻谷增产300亿斤，浙江是稻谷的主产省，加上各种渠道低价进口稻谷，冲击国内市场。供大于需求，造成了稻谷卖不动，长期的超期储存。今年稻谷又丰收了，增产了26亿斤，早稻连续7年减产，今年是增产了20亿斤。四年前，2016年超期储存稻谷610万吨，到今年年初达到了5000多万吨。这些超期储存稻谷，有相当一部分品质在下降，超期储存，卖不动，品质下降，做不了口粮了；做饲料、搞深加工又不划算，放在库里又造成很大的库存压力。这种耕地无效使用，费力没效果，而且还要花大力气去填窟窿的发展是不可持续的。因此，要合理调整种植业结构，要增加玉米，增加优质小麦的种植，增加油料、短缺的大豆种植，减少稻谷种植，使我们的生产总量既符合粮食的安全战略，又与市场的需求相匹配、相适应，这是耕地效应。

另外耕地质量，现在总体还不是很高，国家正在有计划、大规模开展高标准农田建设，今年要达到8亿亩，要做到多半农田实现旱能灌、涝能排。藏粮于技是推进科技的发展，应用新技术、新品种、新装备来提高农业的生产效率，这方面的潜力空间还是比较大的。比如说种子，种子核心技术还受制于人，要想办法加大科技创新，技术研发，解决并掌握种子的核心技术。要取得突破，切实提升科学技术对农业发展的贡献率。

四、坚持体制机制创新，完善提升农村基本经营制度

大家知道，我国农村改革开放确立的农村的基本经营制度已经实施了将近40年，即以家庭承包经营为基础，统分结合的双重经营体制。现在提出来要进一步完善提升，主要的内容是把农村土地的集体所有权、农民土地承包权和经营权"三权分置"，让承包权和经

营权分离，这种做法也是针对农村实际提出来的。目前农村青年人大部分进城务工，农村的空心化、老龄化日益严重，农村出现了谁来种地、地怎么种的问题。比如城杨村，这个村330户人家，918人，43%是60岁以上，真正的老龄村，说明村里条件差，年轻人留不住。

农村基本经营制度完善，主要的目的是，解决农民的土地分散问题，提高经营规模，使土地能够有效地流转，流转给有能力的经营主体来种。这是一个重大的制度理论创新，这一要求也写入了国家土地承包法，这一创新最大限度地保护了农民的承包经营土地的权益，提高了农民收入。目前，我国农村农户承包地流转占到16.2亿亩承包地的30%。

我个人体会，尽管流转的速度比较快，比例也正在逐步增加，但是，我国土地经营分散，人多地少的这种农情不会发生根本的转变。所以土地规模的经营应该是适度的。目前农村集体产权确权登记，16.2亿亩的承包地涉及10亿个地块，很分散，一块地平均仅1亩多一点。如何应对这个问题？两年前，习近平总书记在中央政治局集体学习乡村振兴战略时强调，我们国家这样的资源禀赋决定了我们不可能都像欧美那样搞大规模的农业、大机械化作业，多数地区要通过健全农业社会化服务体系，实现小规模的农户和现代农业发展的有机衔接。当前今后一个时期抓好农民合作社、家庭农场，两类农业经营主体的发展，赋予双重经营体制的新的内涵。党中央充分肯定了农民合作社和家庭农场的作用。实际上农村经营主体还有很多。全国农民合作社超过了220万家，合作社组织具有制度上、体制上的优势，能够代表广大农民群众的利益，能够跟市场形成有效的对接，通过各种形式的合作和联合，切实提升了农民组织化程度和经营水平。

另外，正在进行的农村集体产权制度改革，对完善农村基本经营制度发挥着重要的作用。主要是两个步骤，第一阶段是通过农村的集体资产清查，摸清家底，现在家底已经摸清了。现在账面上的农村总资产有 6.5 万亿，其中经营性资产 3.1 万亿，平均下来，8 亿农村人口，每人不到 4000 块钱。还有一个特点，分配非常不均衡，主要集中在东部、中部部分省，像中部部分省份和西部地区，相当部分村庄是空壳村，甚至负债，没有资产。另外非经营性资产是 3.4 万亿，集体资源性资产主要是土地，65 亿亩，其中农用地是 59 亿亩，建设用地 3.8 亿亩，这是第一阶段。第二阶段，确定集体成员的身份，集体资产特别是经营性资产要折股量化，确权，确保农民的财产权益，有效增加农民的财产收入。当然也要靠集体经济发展。这方面鄞州区的农村集体经济发展很快，特别是习近平总书记 14 年前考察过的湾底村，多年来一直走以工促农的路子，并且树立了一个理念，叫"人民第一，创业万岁"。现在湾底村真正致富了，农业强、农村美、农民富已经初步实现，这方面发展很好。

无论农村基层体制机制如何创新，农村的基本经营制度如何完善和提升，有三点应该要把握好，第一是要坚持农村土地农民集体所有这个核心，这是基础，不能动摇，土地属于集体所有。第二是坚持家庭经营的基础地位，体现农民家庭式承包集体土地的法定主体。农民承包土地，可以农民自己经营，也可以农民自主流转给其他的经营主体经营，但是最终农村集体土地的承包权属于农民家庭，这个不能变。第三是要保持现有的农村土地承包关系长久稳定不变，党的十九大正式提出来，第二个承包期（2025—2028 年）到期之后，再延长 30 年。初衷和目的就是坚持保障农村基本经营制度长期稳定，保证农民的土地承包的权益，并稳定提升农民的收益。

五、坚持农业农村工作优先发展

农业农村优先发展重点体现在四个优先：干部配备上优先考虑、要素配置上优先满足、资金投入上优先保障、公共服务上优先安排。这是党在新时期全面加强农村工作的总方针。其实这些年我们"三农"工作，无论是政策层面还是实践领域，这一方面都比较好地得到了体现。

这些年，我们国家对"三农"的投入，总体上增量的平均水平超过了社会整个投入的平均增量水平。大家知道 2020 年以来疫情的影响，从地方财政也好、中央财政也好，是减收的，减收的幅度大概 10% 以上。但是对"三农"的投入仍然是增加的。这里有一个数，2017 年国家对农业投入 1.91 万亿元，2018 年 2.08 万亿元，2019 年 2.24 万亿元，今年投入总量将超过 2.36 万亿，比去年增加了 1200 亿，增长超过 5%。同时对推动城乡居民教育、养老、医疗等公共服务的均等化，推动城乡基础设施等统筹发展，也增加了很大的投入。

另外，乡村振兴方面的一些配套的意见、规划、方案、相关举措等，国家投入增加也带动了社会民营资本的投入，比如说各种基金的建立，中国农业产业发展基金，现代种业发展基金，贫困地区产业发展基金，国家中小企业发展基金等，促进了人、地、钱的资源要素向"三农"流动配置。我们可以看到一种发展态势，随着乡村的政策体系体制机制的建立和完善，国民经济收入的分配格局将进一步向农业农村调整，资源分配的格局和公共服务也进一步向农业农村领域倾斜，这与党中央坚持农业农村优先发展作为乡村振兴战略实施总方针是高度一致的。

坦诚地说，从"三农"发展的实际要求来看，还是有诸多的不足，比如城乡要素平等的交换，限制仍然比较多。农业农村基础设施公共服务的欠账、短板还不少，乡村振兴人、地、钱关键要素制约仍然存在，等等。所以应着眼于这些矛盾和问题深化改革，关键要建立起农业农村优先发展的体制机制，这是根本，只有体制机制建起来，才能保证农业农村优先发展真正落到实处，收到实效。

六、坚持党对农业农村工作全面领导

办好农村的事情，关键在党。坚持党对"三农"工作的全面领导，是我国的政治优势，也是制度优势。党的农村工作条例规定，健全党委统一领导，政府负责，党委农村工作部门统筹协调工作体制，党政一把手是第一责任人，五级书记抓乡村振兴的工作，确保党在农村工作中始终要统揽全局、协调各方。这方面我们有一些成功的经验可以借鉴，比如说扶贫攻坚，今年要全面收官了。2015 年，党中央、国务院下发了"打赢扶贫攻坚战"，实际上，从 2012 年党的十八大之后就开始了。这项工作，是党委统一领导，政府组织发动，自上而下，而且效果非常明显，大大缩短了进程，效果可以说是立竿见影。有一个数字，2012 年到 2019 年不到 8 年的时间，我国的贫困人口从近 1亿人减少到了去年的 300 万左右，贫困发生率从 10.7% 降到了 1.7%，降了 9 个百分点。贫困县从 832 个降到了 50 多个，这个速度和效果是显而易见的，也是令人惊叹的，这就是我们的政治优势。如果"三农"发展、乡村振兴能同样充分发挥这样的政治优势，没有什么事情解决不了的。

建立起党管农村工作完善的组织体系、制度体系和工作机制，加强党委农村工作领导小组和农村工作部门的建设。党的农村工作条例规定，县以上党的农村工作部门由副书记来兼任组长，县域包括县域以下一把手负全责，是第一责任人。县域经济要把主要精力放在农业农村工作上，形成中央统筹、省里总负责、县里抓落实的工作发展格局。所以坚持党对农业农村工作的全面领导，各级党委书记要扛起第一责任。一把手要工业农业一手抓，城市农村一起抓，把农业农村优先发展真正落在实处，把各项保障措施落到实处。

——在中国乡村振兴大讲堂（鄞州）论坛上的发言

供给侧结构性改革及创新实践应用 *

首先我就为什么要从供给侧结构性改革这个视角，来讨论农业产业发展中的政府与市场关系，讲两点：第一，农业供给侧结构性改革仍然是新时代"三农"工作的主线，非常重要；第二，我在长期的调研工作，尤其是近几年的调研工作中，发现很多地方并没有真正理解供给侧结构性改革的要求，没有正确地处理好政府与市场之间的关系。下面我谈一下我个人的一些想法，主要交流三个方面的内容：

一、供给侧结构性改革的
内涵与主攻方向

为什么要进行农业供给侧结构性改革，背景就是在实行供给侧结构性改革之前，从宏观政策上，我国实行的是叫需求侧管理办法，这是一种宏观政策、宏观思路、思维方式。在长期实行需求侧管理的背

---

* 朱守银，农业农村部管理干部学院副院长、党校副校长。

景下，积累了诸多问题，再继续用需求侧管理思维解决不了这些问题，需要转变思维方式，用供给侧结构性改革的思维来解决原来需求侧管理所带来的问题。

什么叫农业供给侧结构性改革，四个词：农业、供给侧、结构性、改革，这里面最重要的一个词是"改革"，因为往常提到的就是"结构调整"，这里叫"供给侧结构性改革"，"改革"这两个字是最重要的。什么叫供给侧结构性改革？就是用改革的办法来完善政策，创新制度，理顺体制，从而优化农口部门说的三大体系：产业链体系、经营体系、生产体系，有的也可以包括社会化服务体系。优化这些体系以后，来引导市场主体，调整结构，按照市场需求调整结构，来提高农业供给的质量与效益，引导市场主体调整结构，提高农业供给的质量与效益。

实现农业的供给侧结构性改革，就是供给侧结构性改革。这个思维方式，这个宏观政策要求，与原来的需求侧管理的要求有本质上的差异。到底有什么差异，它的内涵有什么不同？四个方面：第一个是从目标上是不一致，原来的办法更加追求总量、数量的目标，但是在供给侧结构性改革的条件下，更加强调的是质量和结构性目标，包括我国的粮食安全，这是一个差异。第二个是实施手段上是有差异的，在过去的思维方式下，更加强调要素的规模，包括农业上过度重视的是土地的规模、投资的规模、生产的农产品的规模，包括劳动力的规模上做文章，当然人口与劳动力上是减少农业人口，减少劳动力。但是在供给侧结构性改革条件下，它更重要的是要注重劳动力、土地、资金的质量、效率，更加注重技术的进步，不断提高土地、资金、劳动力要素的配置结构。第三个方面是在政策上、措施上不一样。过去往往更加强调一些短期的政策措施，什么是短期的？比如价格政策，财政补贴政策，利息政策，甚至是包括一些行政手段。在供给侧结构性改革条件下，更加注重的是具有宏观上的长期性的一些政策措施，包括技术进步的政策措施、人才培养的政策措施，制度建设方面的，包括生态治理方面的这些政策措施。还有第四个是主体作用发挥上，供给侧结构性改革更加强调市场主体、市场机制配置资源的作用，这是关于内涵不太一样的方面。

　　下面重点谈一下主攻方向，农业供给侧结构性改革的主攻方向，无论是从供给侧结构性改革的理论逻辑要求，还是从供给侧结构性改革政策的逻辑要求，它的主攻方向，要求都要提高农业供给体系的质量与效率，要通过改革优化体系，引导市场主体调整结构，市场主体提高农业供给的质量与效益。但是供给侧结构性改革的主攻方向是提高农业供给体系的质量与效率。什么是供给体系？农业供给体系的概念用一句话来概括：凡是影响农业供给的一系列体系的集合。提高农业供给体系的质量与效率，也就是提高那些影响农业供给的质量与效率的体系的集合，而不是农业供给本身的质量与效益，它是供给体系的质量与效率。这里面有一个差异，质量是农业供给体系的质量，而不是农业供给的质量，改革的主攻方向是提高农业供给体系的质量，而不是农业供给质量本身。效率是提高农业供给体系的质量与效率，而不是农业供给效益。效率来自过程，过程来自改革，通过改革的办法来提高效率，至于说农业供给的质量与效益，那是个结果。

　　但是在调研过程中发现，有些地方在落实供给侧结构性改革宣传和推动这项改革的过程中，发生了一个偏差。很多地方把农业供给侧结构性改革的主攻方向用政策要求来提高供给体系的质量与效率反而落到了提高农业供给的质量与效益身上。很多地方并不是通过改革的办法来提高供给体系的质量与效率，而是为了直接提高农业供给的质量与效益，就直接推动结构调整。结构调整应该是市场主体的行为，是引导结果的。农业供给侧结构性改革过程当中，结构调整政府一定是要起引导作用的，但是有时候往往会出现用行政手段定指标下任务，用搞考核排名次的办法，强行推动，短时间就调整结构到位，这样的做法是有一系列后果的。

在供给侧结构性改革条件下，政府的作用应该主要基于体现在三个着力上：第一要着力公共事业；第二要着力长远发展；第三要着力补齐短板。所谓着力公共事业，主要是建设好公共设施，提供好公共产品，开展好公共服务。所谓着力长远发展，也就是围绕保持农业产业长远健康可持续发展目标，要制定具有长期性、稳定性、连续性的制度和政策，包括基础设施，它的制度、政策、科技制度与政策、人才的制度与政策、生态环境的制度和政策等，要尽可能少地利用短期性的、临时性的、多变性的制度与政策，价格政策（包括农产品的价格调节政策），农业生产性财政补贴制度政策等一些行政手段。当然，短期政策不是不可以用，但是使用短期政策，要尽可能地符合长期目标。关于补齐短板，前几年我承担部里的一项任务，叫农业补短板问题研究，调研的结果发现，我国农业发展有几大短板，包括基础设施建设落后，高标准农田建设滞后，农业农村人才匮乏，水土污染问题，以及新型经营主体这个群体发展不够健康，等等。

这里有一个问题，谈到农业短板问题，究竟什么是农业短板，如何认识农业短板的问题。所有的短板就是那些能够补齐却没有做好，通过努力本来能够做好却没有做好的，通过加大投资、努力工作可以弥补的那些短处，就是短板。如何加大投资、努力工作都不能弥补的短处，那些先天性的不足，不是短板。比如有些人认为我国人多地少是短板，农户数量多、农地规模小是短板，我不认为这是个短板，那是一个客观存在的东西，补不齐的。人多地少，是补不齐的。从全国来说，从政府来说，是补不齐的。当然通过市场主体的办法，市场主体愿意规模大一点，那是可以的。但是从总体上说，我国不具备大规模实施农地经营的条件，所以这不是个短板。

刚才说的三个着力，其实都是应该政府来做，通过努力也能够做好的事情。党是领导一线，强调的是领导一线，而不是强调做一线，领导一线就是围绕人民的根本利益，要掌握好大局，执行好路线，把握好方向，能够集中力量办大事。

二、政府不宜做的三点内容

第一，不宜通过强制诱导的办法行政性地推动土地流转，实现规模经营。强制性的、诱导性的，尤其是拿补贴进行推动土地流转的做法，是不可行的。土地是一个最重要的生产要素，最需要发挥的是市场配置资源的决定性作用，这也是供给侧结构性改革一个非常重要的要求。我国和美国这个国家相比较，我国就是人多地少，美国就是人少地多，美国只要是自己的土地，天然的就是规模化，美国没有说三五亩就干个农场的，它有 33 亿亩耕地，只有 200 多万的农场，这个规模化是天然的。所以美国农场生产的农产品里面，土地成本是个长期成本。但是在我国，尽管农地的规模经营是个发展的方向，尤其是适度规模经营。但是要实现规模经营比美国多了一个环节，就是土地流转。我国实行土地流转，通过土地流转的办法实现规模经营，多出来几个环节带来一个后果是土地流转租金。规模经营者租别人的地，种一季得给一季的钱，种一年付一年的钱。我国土地流转过程当中实现的规模经营，那个土地成本，一季一季的都算。所以我国的成本是短期成本，它直接影响农产品生产的成本，直接影响农业的效益。

我国的土地流转过程当中，往往存在两个土地流转市场，两个土地流转市场的租金水平是不一样的。一个是自发的土地流转市场，就是市场主体和农户之间、农户与农户之间的谈判，出现的地租水平是低的，自发的土地流转，例如老张跟老李说，我这几亩地不种了，你帮我种吧。这是土地流转转出者需要求着转入者，转出者的市场地位是低的，所以说价格是低的。但是集中大规模整建制的土地流转不一样，中国很多都是再好的事都有人不同意，不同意流转，这就不能叫整建制。

农业劳动力雇工的工资水平不是由农业劳动力市场决定的，是整个国民经济劳动力市场决定的。这两个成本加在一起，成本一再往上抬。现在规模经营者的第一第二大成本就是两个，过去的农产品成本上是物化投入，现在不是了，我调研了一下，用工成本、用地成本，它的生产成本要占到60%。地板往上抬，价格天花板往下压，这两个板的距离越近，说明农业的效益越差。强行推动规模经营的结果，最终使农业效益大幅度下降，竞争力下降，是捡了芝麻，却丢了西瓜，竞争力不行了。

第二，不宜通过定指标、下任务、给补贴、搞考核和排名次的办法，行政性推动农业种养结构的调整。结构调整应该是市场主体的行为，政府可以引导。但是我们的体制除了集中力量办大事以外，还有一个压力性体制、急性的体制。结构调整，不能着急，不能强迫，不能"一刀切"，不能来回调、反复调。2015年我去东北一个地级市调研，当地预计用三年的时间，新建30万栋大棚。这可是一个地级市啊！我说你有什么办法做到？地方领导说第一给各县市区、乡镇下指标定任务，第二每个大棚补贴2000块钱，就是要拿6亿来补贴30万栋大棚的建设。2018年我又去了，我又问现在的领导，原来说的30

万栋大棚建好了吗？运行情况如何？他告诉我一句，现在 30 万栋大棚 70% 都已经死掉了。

第三，不宜直接拿财政资金过度补贴个别产品、个别产业、个别主体，过度扶大、扶优、扶强，不要直接拿财政资金，但可以适当给补贴，不要直接给钱。因为财政资金的性质，要求必须坚持两个原则，第一要公平，第二要围绕公共目标。财政的钱应该公平使用，应当用于公共目标：公共设施、公共服务、公共产品，如果过度地直接拿钱给个别主体、个别产业、个别产品补贴，会出问题。

2009 年财政部出台一个政策，叫种粮大户补贴政策。但是财政部没有明确什么是种粮大户，因为全国情况不一样。众所周知山东是产粮大省，2012 年给了一大笔资金，当地就加了一条标准，2012 年每亩补贴 230 块钱。我在一个县调研过程当中发现，当地就看哪家最大，然后补下去，1 万亩的补完，然后几千亩的，以此类推。结果补到最后，1000 亩以上的补完了，剩下 800 亩、300 亩、100 亩的，钱就没有了。这就存在不公平。所以 2013 年这个县就出问题了，一下子新增了种粮大户 65 个，其中有 45 家是城市居民和工商业者。但是土地流转过程当中，农户说了，政府有 230 元补贴，要求涨价。这就是补贴转化成地租，推动地租价格上涨。所以当年全县的土地流转地租涨了 150 元，但是全县的经营水平规模大幅度下降，虽然一下子涨了那么多，但是 800 亩、500 亩、100 亩的种粮户大规模退出，因为地租涨了 150 元，自己又没有补贴，成本提高了，干不下去了。

所以，应该对新兴经营主体群体给予支持，但是不宜直接给钱，尤其是财政资金。那怎么支持新兴经营主体的发展，我个人认为，基础设施建设、技术的进步、利息的补贴、保费的补贴，帮新兴主体解决自己解决不了的难题，比如农业设施用地问题、建设用地问题。

三、供给侧结构性改革下的市场主体

农业产业主体是市场，在供给侧结构性改革条件下，到底应该怎么做？

第一，要围绕农产品的质量与效益目标，结合市场需求和自身的优势，来确定投资方向、发展规模，农业不能任性。

第二，要以绿色发展来确定未来发展的主要方向。要追求绿色发展，高质量发展，产品质量要按照绿色发展的要求，进一步追求高效益，减少化肥农药的投入，实现有机肥、生物肥的替代，等等，甚至说，围绕绿色发展还可以开发一些新的绿色产业，包括废弃秸秆的资源化利用产业，这是有潜力的产业，尤其是在北方。还有休闲旅游产业、观光产业、绿色文化产业，中央要求绿色发展引领乡村振兴。再一个要通过提高土壤的质量、劳动力的素质、农业机械化的水平，要突出一些新产品、新技术、新工艺的利用，来提高自己的生产体系的质量与效率，要通过带动农民提升组织化、标准化、集约化水平，社会化服务水平，来提高自己所在地方的农业经营体系的质量与效率，要通过不断拓展农业的功能，延长产业链、提升价值链，来提升农业产业体系的质量与效率。在此基础上，再提高农产品的质量与效益，不得盲目追求规模的扩张。

当然，粮食问题是我们国家的一个政治问题，是一个战略问题，保障粮食安全是必需的。如果一个地方是粮食主产区的话，一个县级单位，国家给你20亿斤的粮食任务，要长期连续多少年只干10亿斤，那这个领导就不好干了。如果我是这个县的主要领导，我会考虑，既要完成这个20亿斤的任务，又要尽可能地发展，调整结构、发展高效农业，因为对粮食，尤其是数量，贡献的有两大指标，第一面积，第二亩产。我会努力提高粮食亩产贡献率，相对降低面积贡献率，节约一部分耕地发展高效农业。那么怎么提高粮食亩产？影响粮食亩产的因素非常多，种子，包括其他的物化投入，高标准农田，机械化等一系列的影响。还有一个影响亩产的，即规模，规模的大小也影响亩产。现在的小农户，一家一户，亩产也不高，不像20世纪80年代精耕细作。考虑规模的因素，提高亩产就要扩大规模，这是必然的。大一点的规模亩产可以高一点，但是规模过大，亩产会下降。所以中央提出来，要适度规模经营，尤其是粮食经营，适度规模经营的时候亩产最高，像江苏一些地方，泰州，一块一块地划，300亩，一家只能干这么多，我非常赞同给予这样适度规模的种粮的家庭农场给予大力支持。

中央连续提一个政策叫"发展多种形式的适度规模经营"，市场主体不追求适度规模，不追求亩产，但是追求总收益最大化，它既要规模扩大，有利于总收入提高，就有扩大规模的动力。不是说就种10亩地，每亩地挣5000块钱，那10亩地才挣50000块钱。种10000亩地，每亩地挣100块钱，就挣100万。所以说市场主体一定是有钱了就追求规模化。我不支持给越大规模的种粮农户以补贴，因为规模越大，资源利用率下降，亩产下降，把钱都补贴给他了，他就总追求收益最大化，结果粮食亩产下降，粮食其实没有保住。尤其是粮食问题上，要大力支持适度规模的种粮家庭，而且也不只是给钱，可以帮着解决问题。可以种养结合，也可以多种经营，因为农业有淡旺季。要追求农业的生态循环、产业融合的发展。对市场主体来讲，要坚持质量兴农、品牌强农。当然，还需要追求尽可能地建立一种市场体系，使优质农产品实现优价，这是农业未来绿色发展、高质量发展的根本动力。现在有不少新兴经营主体在绿色发展上追求有机绿色，也找到了一些能够实现优质优价的自己的路子。

——在中国乡村振兴大讲堂（鄞州）论坛上的发言

探索城乡融合新模式
助力乡村振兴新发展 *

实施乡村振兴战略、建立健全城乡融合发展体制机制和政策体系，是党的十九大做出的重要战略部署，是全面建设社会主义现代化国家的重大历史任务，是新时代"三农"工作的总抓手，需要全社会协同推进。河北正定，是习近平总书记"三农"思想的发源地。1982—1985 年，时任正定县委副书记、县委书记的习近平同志在正定县塔元庄村蹲点帮扶。离开正定后，习近平总书记曾两次回到塔元庄村考察，看望乡亲们，称这里是自己的第二故乡。2020 年 8 月 18日，在中国城乡融合发展联盟成立一周年之际，联盟组织有关专家、企业家相聚在塔元庄村，学习习近平总书记的爱民为民情怀，共同研讨城乡融合发展的塔元庄同福模式，助力乡村全面振兴。

一、城乡融合发展是乡村振兴的必由之路

党的十九大提出乡村振兴战略，并写入党章，强调要建立健全城

---

* 祁春学，中国城乡融合发展联盟主席。

乡融合发展体制机制和政策体系，加快推进农业农村现代化。《乡村振兴战略规划（2018—2022年)》首次提出了城镇化与乡村振兴"双轮驱动"。2019年5月，习近平总书记在江西视察时提出"城镇化和乡村振兴互促共生"的重要判断，深刻回答了城镇化与乡村振兴的关系。

国内外实践表明，乡村和城市发展互促共生，当城乡关系处于缓和阶段时，乡村的发展往往突飞猛进；而当城乡关系割裂对立时，乡村发展往往陷入困境，并最终导致城市发展难以持续。当前，乡村振兴面临的最大困难就是人才、资金、产业等要素匮乏、流通不畅，仅靠乡村自身发展不可持续，更不能实现全面振兴。党中央提出城乡融合发展就是要畅通资源配置渠道，做好乡村振兴这篇大文章。

近日，正在全国人大常委会审议的《中华人民共和国乡村振兴促进法（草案）》将"城乡融合"作为单独一章，提出"国家建立健全城乡融合发展的体制机制和政策体系，推动城乡要素有序流动、平等交换和公共资源均衡配置"。城乡融合作为推进乡村振兴战略和新型城镇化战略的制度保障，正从理念上升为法律。重塑城乡关系，走城乡融合发展之路，成为实现乡村全面振兴的必然选择。

二、城乡融合发展是最大的"内循环"

当前，我们正处在"百年未有之大变局"，国内外形势严峻复杂。以习近平同志为核心的党中央根据我国发展阶段、环境、条件变化作出的"国内循环为主体、国内国际双循环相互促进"重大战略决策，是事关全局的系统性深层次变革。畅通国内大循环离不开广阔的农村市场为依托，城乡融合发展作为解决"三农"问题的根本途径，将成为最大的"内循环"。

城乡融合发展加快推进人的"内循环"。2019年我国城镇化率达到60.6%，但户籍城镇化率只有44.4%。无论与中高等收入国家平均66.2%的城镇化率，还是从城乡人均可支配收入仍有2.64倍的显著差距看，乡村人口进城的大趋势没有根本性变化。与此同时，得益于乡村振兴战略的实施，乡村优美的自然环境、恬静舒适的"慢生活"、不断完善的基础设施，也越来越吸引城市人群向往乡村生活。城市人才下乡，不仅带来了资金和先进理念，还有利于实现城乡人才的互动交流，畅通智力、技术、管理、文化的城乡融合通道。

城乡融合发展加快推进产业"内循环"。乡村振兴，产业兴旺是重点。长期以来，受"城市优先发展"政策和观念影响，乡村地区经济结构单一、产业基础薄弱。多数情况下，农村产业结构调整还主要集中在种植业层面，单一产业结构易受市场波动影响，农民收入来源单一且不稳定。通过城乡融合发展，引导企业下乡、产业入乡，发挥比较优势，大力开发农业多种功能，发展现代农业、生态旅游、特色服务等，构建乡村一二三产业融合发展结构。通过探索股份合作、保底分红等多种形式的利益分享机制，让农民形成稳定收入，既有利于乡村振兴的可持续发展，也有利于扩大内需，实现工农互促、城乡互补、协同发展、共同繁荣的新型工农城乡关系。

城乡融合发展加快推进资本"内循环"。实施乡村振兴战略，必须解决钱从哪里来的问题。长期以来，"资本不下乡"，究其原因，一方面是乡村投资结构单一、周期长、收效慢；另一方面也在于乡村在土地、产权等方面的改革进展缓慢，社会资本顾虑大。2019年，全国固定资产投资551478亿元，第一产业投资12633亿元，仅占总固定资产投资的2.3%，迫切需要加快推进资金入乡。通过城乡融合发展，有利于引导社会资本投资适合产业化、规模化、集约化的农业领域，形成社会积极参与乡村振兴的多元格局。

三、城乡融合发展需要形成联动机制

城乡融合发展是一项跨界的事业，涉及人才、资本、产业、科技等多个领域，需要全社会协同参与。为此，2019 年 8 月 18 日，由国务院各部委所属社团、地方政府、行业企业和高校媒体等多方参与的中国城乡融合发展联盟在北京成立，成为社会力量参与社会治理，推进乡村振兴战略的新模式。联盟发现和总结了塔元庄同福乡村振兴新模式，为新时代乡村振兴提供一个可参与、可复制、可持续的样本。

塔元庄同福模式实现了品牌强强联合。2013 年 7 月 11 日，习近平总书记到塔元庄村考察，寄语塔元庄村"把农业做成产业化，养老做成市场化，旅游做成规范化，在全国率先建成小康村"，为塔元庄指明了前进的方向。近年来，塔元庄村按照习近平总书记指引的方向，逐步实现集体经济、民营经济、家庭经济齐头并进，承包、入股、引进项目资金多种模式共同发展，成为全国文明村、国家环境卫生示范村。同福集团作为一家集现代农业产业、健康食品产业、连锁餐饮产业、文旅康养产业四大产业为一体的现代化企业集团，具有市场优势、产业优势、资本优势和技术优势。塔元庄村与同福集团实现了社会品牌与市场品牌强强联合、优势互补、互利共赢。

塔元庄同福模式抓住了产业振兴支撑点。城乡融合必须以产业融合为着力点，乡村振兴必须以产业振兴为支撑点。塔元庄村与同福集团联合打造六位一体的"塔元庄同福乡村振兴示范园"，专注于现代农业、旅游及健康产业。项目将以标准化管理、品牌化运营和平台化建设将一二三产业深度融合，具备可复制的基础。

　　塔元庄同福模式具备了可持续发展基础。塔元庄同福模式将百姓增收致富作为出发点，吸纳大量当地村民就业，得到了大家的积极拥护和参与。项目以大健康产业为基础，集现代农业、康养、旅游等为一体，是深入落实"农业产业化、养老市场化、旅游规范化"的具体举措，代表着未来农业的发展方向。

　　2020年4月，习近平总书记在陕西考察调研时指出，要做好乡村振兴这篇大文章，推动乡村产业、人才、文化、生态、组织等全面振兴。习近平总书记的重要指示，指明了推进乡村振兴的深刻内涵和发展方向，激励着广大干部群众在新生活、新奋斗的起点上继续努力拼搏。以中国城乡融合发展联盟为代表的各界力量，凝心聚力，团结协作，共同为实现乡村全面振兴作出新的更大的贡献！

——在2020首届中国乡村振兴高峰论坛暨乡村振兴
塔元庄同福模式研讨会上的发言

着力人才培育　促进农业农村发展 *

　　乡村振兴，人才先行。习近平总书记多次强调："乡村振兴，人才是关键。要积极培养本土人才，鼓励外出能人返乡创业，鼓励大学生村官扎根基层，为乡村振兴提供人才保障"。实施乡村人才振兴战略，建立完善新型职业教育制度，大力培育乡村人才，培养造就一支懂农业、爱农村、爱农民的"三农"工作队伍，对于打赢脱贫攻坚战、全面建成小康社会、推进乡村振兴、实现中国特色社会主义现代化，意义重大。下面谈几点意见和大家交流。

一、强化人才支撑是实施乡村振兴战略的必然要求

　　推动乡村人才振兴是实施乡村振兴战略的重要内容。改革开放以来，特别是党的十八大以来，农村的人才队伍建设取得明显成效，但

---

　*　李彬选，中国小康建设研究会副会长兼秘书长。

是仍然和乡村振兴人才需求有着相当大的差距。随着全面建成小康社会建设进程的收官，乡村振兴战略的进一步实施，对人才的培养需求提出了新的更高的要求。人才是兴国之本、富民之基、发展之源。大到农村的经济发展、社会建设，小到企业进一步做优做强，都离不开合格的劳动者和高素质的人才。培养造就一支规模庞大，素质优良，结构合理，能适应经济和社会发展、乡村全面振兴的复合型人才尤为迫切。

现阶段农业农村人才短缺的问题还没有很好解决，农村各项事业的发展都面临人才短缺问题。一方面农业人才总量偏少。专门从事农业生产的农民日益减少，同时务农的人群中老化现象严重，文化程度不高，缺乏创新意识是影响农业转型发展的短板，严重影响了农村新技术、新产品的开发和推广，制约了现代农业的发展。另一方面农村人才流失严重。新生代农村劳动力"轻农、去农、离农"现象较为严重，造成农村空心化、老龄化问题越发突出。从农村走出去的大中专学生，毕业后不愿意回到农村或从事农业，同时受区域条件限制，农业对人才吸引力不强，在外创业成功的优秀人才"返巢"回流不多。乡村既缺少与市场经济发展要求相适应的经营管理、营销、电商、金融等人才，也缺少与乡村产业发展相契合的本土实用技能人才。

从乡村振兴战略的实施和农业农村现代化建设的需求来看，目前的状况还很不适应，必须抓紧构建乡村人才振兴培训体系和各方面的政策保障体系，让创新引才、用才、育才、留才体制机制更加完善，加大优秀农村实用人才培育力度，把农村人才队伍这个短板补齐补好，打造一支强大的乡村振兴人才队伍，为决胜全面小康社会奠定坚实基础。

二、重视教育扶贫是推进乡村人才振兴的重要举措

人才兴则百业兴。有了人才，乡村的产业发展、文化建设、生态建设、组织建设才能有序展开，农村的各项改革才能有效推进，乡村全面振兴的目标才有可能实现。没有人、人才、人气，乡村振兴只能是一句空话。而人才的培养离不开教育，必须充分发挥教育在脱贫攻坚中的基础性、先导性作用。提高教育精准扶贫能力，让贫困地区的孩子们接受良好的教育，是扶贫开发的重要任务，也是阻断贫困代际传递的重要途径。

努力使孩子们不因家庭经济困难、就学困难而失学辍学，让贫困家庭的孩子们掌握知识、改变命运、造福家庭，是最有效、最直接的精准扶贫。"教育扶贫"直接抓住了导致贫穷落后的根源，牵住了贫困地区脱贫致富的"牛鼻子"，也为国家发展培养了后起之秀、栋梁之才。弥补教育"短板"，就得解决城乡、东西部教育资源分配不均的现状。首先要在观念和政策上向贫困地区倾斜，加强东西部教育资源交流。其次要加大对贫困地区的教育投入，吸引高端人才投身贫困地区教育事业。利用互联网为贫困地区的孩子提供平等、开放的远程教育平台，从而缩小城乡、东西部的教育资源差距。我们有信心看到，贫困地区将享受到公平、高质量的教育资源，贫困家庭的孩子可以用自己的双手去创造未来、根除贫困。

三、创新开展职业教育　助力乡村人才振兴

职业教育是我国现代国民教育体系的重要组成部分，在实施科教

兴国战略、人才强国战略中具有特殊的重要地位，也是解决"三农"问题的重要途径。积极发展职业教育，培养一大批适应时代要求的乡村人才，提升农民职业技术含量和农产品技术含量，推动农业新技术的推广应用，有助于改造传统农业、发展现代农业，提高农业综合效益和竞争力，有助于更好地激发广大农民群众的创造力、创新力，挖掘乡村振兴发展的潜力。

一要注重高等院校和职业学校的教育，加大培养乡村振兴需求的高中端和应用型人才。这里的高中端人才主要是指农业科教人员、农业行政管理人员、农业企业经营管理人员、农业新兴的产业发展的领军人物，等等。同时，我们的高校科研机构、科研院所，还要通过产学研、产学企的融合发展来助推乡村振兴。2019年10月，国家发改委、教育部、工信部、人力资源部、财政部等六个部门联合下发了关于国家产教融合试点发展通知，致力于通过深化产教融合，促进教育链、人才链与产业链相互贯通、相互协同、互为促进，通过校企共建，融合科技园区、众创空间，等等，实现产学研、产学企有效的融合发展。无论对于我们高校的教育机构、科研院所，还是我们的企业，包括农业企业，都是一个利好的政策。

二要注重开展不同形式的职业培训教育，培养造就乡村振兴需求的人才和新型高素质农民。这方面中央有关部门和各地人民政府都制定了发展规划，提出了实施方案，增加了投入，2019年财政对农业培训这一项投入接近50亿元。2019年6月，农业农村部、教育部又下发了关于高等职业院校扩招、培养高质量农民的通知，要求用5年时间培养100万接受各种不同学历教育、具备市场开拓能力、推进农业农村发展、带动农民致富的高素质农民队伍，打造100所培养乡村高素质人才的学校。我们一定要紧紧抓住这个难得的发展机遇期，以服务农业农村现代化为己任，以造就高素质新型农业经营主体为目标，以服务现代农业产业发展和促进农业从业者职业化为导向，以提高科技素质、职业技能、经营能力为核心，大力培育一批扎根乡村、服务农民、服务农业农村现代化，实现乡村振兴的人才队伍，助力乡村全面振兴。

破解"三农"难题，职业教育大有可为。我相信未来会有更多有社会责任、有教育情怀的优秀人士投身职业教育事业中。中国小康建设研究会期待与大家一起，在建设社会主义现代化国家新征程中，齐心协力、攻坚克难，致力于乡村人才建设、致力于农业农村发展，为决胜全面建成小康社会、助推乡村全面振兴作出贡献！

——在 2020 内蒙古创新教育扶贫助力乡村振兴
人才培养研讨会上的致辞

下好产业振兴先手棋
打好乡村振兴主动仗 [*]

　　实施乡村振兴战略，事关决胜全面建成小康社会和全面建设社会主义现代化强国的全局。产业兴旺是乡村振兴战略的首要任务，是解决农村一切问题的前提。要推动乡村产业振兴，就要紧紧围绕发展现代农业，促进一二三产业融合发展，构建乡村产业体系，为乡村产业、特色农产品提供宣传展示的平台，推动乡村经济快速发展。只有乡村产业兴旺，才能增强乡村吸引力，带动资金、人才等生产要素向乡村汇聚，才能让农民看到农业强、农村美、农民富的希望，为农村经济社会发展奠定坚实的物质基础。

　　2020 年，受新冠肺炎疫情影响，粮食问题引起海内外关注。越是面对风险挑战，越要稳住农业，越要把中国人的饭碗牢牢端在自己手中。任凭风浪起，我有压舱石。手中有粮、心中不慌在任何时候都是真理，保障粮食安全是一个永恒的主题，任何时候都不能放松。水稻是我国重要的农业生产作物，只有确保水稻品质与产量，才能为人们提供品质达标的粮食。在科技水平不断提高的今天，水稻栽培技术

——————
＊　李彬选，中国小康建设研究会副会长兼秘书长。

不断创新，产量明显提高。这些都与袁隆平院士研发的杂交水稻密不可分。

近年来，不仅是粮食备受瞩目，不少乡村涌现出的新产业新业态也受到了大家的关注，比如乡村旅游、农业休闲和农村电商。这些新兴产业的出现和成长，不仅提升了乡村产业的附加值，给农村经济发展注入了新动能，为农民收入开辟了新路径，夯实了农村集体经济基础，而且促进了产村融合，提升了乡村现代化水平。其发展态势表明，转换农业发展新动能，以乡村产业融合带动乡村振兴的时代已经来临，也意味着农村产业融合发展的潜力巨大。

前不久，全国各地都举办了丰收节活动，联结国庆节、中秋节等假日市场，结合"互联网+"农产品出村进城工程、品牌强农战略、消费扶贫，深化了节庆内容。结合线上线下多种形式，共同打造丰收节金秋消费季，培育丰收农事节庆品牌，为农村经济社会发展增添活力。我们希望能延续丰收节的良好氛围，以此次博览会为契机，围绕乡村发展实际，打造优质农产品、旅游产品平台，增强乡村产业间的交流互动，促进乡村产业跨界融合、跨区域联合、跨产业结合，与同期举办的国际稻作发展论坛共同促进粮食安全发展、农业农村商贸流通，让乡村产业在融合发展中走向现代化。一方面，加强农业相关产业之间的沟通交流，把好的方法、项目"引进来"，加快产业融合发展体系。鼓励支持新型农业产业模式，既靠传统农业提质增效，又借势发展培育乡村旅游、休闲农业、文化体验、养生养老等新产业新业态新模式。延长产业链、提升价值链、完善利益链，把资源优势转变为产业优势、经济优势，让农民合理分享全产业链增值收益，实现乡村产业可持续发展。另一方面，推动更多"养在深闺人未识"的特色产业、旅游业走出去，扩大各地农产品的销售市场，开发各地休闲旅游线路，不断促进农产品品牌化、市场化、规模化发展，让农产品不愁丰收、不愁销路、不愁收益。让农业和旅游业相互促进、相互发展，增强致富增收的市场，提振发展产业的激情。

实施乡村振兴战略任重而道远，我们要牢固树立新发展理念，落实高质量发展要求，聚焦重点产业，聚集资源要素，凝神聚力促进乡村产业振兴行稳致远。中国小康建设研究会将一如既往地发挥平台优势，为乡村振兴战略实施贡献力量。

——在 2020 长沙乡村产业博览会暨 2020 中国（长沙）国际稻作发展论坛上的致辞

履职尽责献良策　凝心聚力惠民生 *

今年是脱贫攻坚、全面建成小康社会的收官之年，本来就有许多硬骨头要啃，新冠肺炎疫情又带来新的复杂严峻挑战。在以习近平同志为核心的党中央领导下，全国各族人民众志成城、迎难而上，疫情防控阻击战取得重大成果，经济社会秩序加快恢复，书写下可歌可泣的时代篇章。

当前，国外疫情暴发增长态势仍在持续，我们应该做好较长时间应对外部环境变化的思想准备，切实增强紧迫感、责任感、使命感，勇于担当、善于作为，牢牢把握发展主动权，攻克脱贫攻坚的最后堡垒，补上实现全面小康社会短板。

小康不小康，关键看老乡。脱贫攻坚质量怎么样、小康成色如何，很大程度上要看"三农"工作成效。近年来，我国"三农"发展持续向好，农业生产基础不断巩固，科技水平明显提高，乡村治理水平不断提升，农民生活水平有所改善。这为我们抗击疫情、稳定经济社会大局，全面建成小康社会奠定了坚实基础。但是我们仍然应该看

---

* 李彬选，中国小康建设研究会副会长兼秘书长。

到，我国在教育、医疗、托幼、养老等基本公共服务方面还存在着供给不足、质量不高、发展不均衡等不少问题。"看病难，看病贵"的问题依然存在，这就需要各级政府，下大力气解决问题，让老百姓更多感受到幸福感、获得感、安全感，让全面建成小康社会的成色更加浓厚。

当前，我们看到一些地方还存在"一刀切"的现象，政策变换不定，让老百姓吃不上"定心丸"。比如养殖业的发展，有的地方竞争"无猪县"，导致猪肉涨价，给老百姓的生活带来了负担。这就要求各级党委、政府，真正以人民为中心，真正把习近平总书记为民情怀抓到实处、落到实地，让党的惠农政策落地生根，让老百姓也能幸福地感受到、享受到国家繁荣富强的景象，不要让地方的一些政策和举措给党的形象抹黑。发展中不要盲目地搞"一刀切"模式，什么事情都要从探讨实践中总结经验，不要让理论占据主导地位，而是要让事实说话、让实践说话、让经验说话，让老百姓发自内心地感谢党，感谢国家。多听取一些发展中存在的不同建议与意见，辩论中出真理，让改革开放的成果，让老百姓的利益经得起历史的检验，让全面建成小康社会的根基更稳，党的执政地位更加牢固，人民的生活更加美好。

从一定意义上说，这次疫情是对全面建成小康社会质量和成色的一次检验，我们要总结经验教训、举一反三，继续加大民生领域工作推进，解决好百姓面临的各种现实问题。

决胜全面小康要树立人民至上的根本理念。习近平总书记反复强调，"人民对美好生活的向往就是我们的奋斗目标"，我们必须把人民至上的理念内化于心，把全面建成小康社会的目标外化于行。当前，要集中力量打好脱贫攻坚战，不折不扣完成剩余脱贫任务，切实提高脱贫质量，建立巩固脱贫成效长效机制。要把乡村振兴作为工作重中之重，认真落实 20 字方针，坚持农业农村优先发展。全面推进乡村振兴战略的冲锋号已经吹响，发展农业新主体，培育农村新动能，完善扶贫新体系，补齐"三农"领域的突出短板，确保亿万农民与全国人民一道迈入小康。

决胜全面小康要形成万众一心的强大合力。这次抗疫斗争充分彰显了我国国家制度和国家治理体系的优越性，体现了中国共产党人的责任担当和风骨。正是因为有党的领导、有全国各族人民对党的拥护和支持，才能从容应对各种复杂局面和风险挑战。全面建成小康社会必须毫不动摇坚持和加强党的领导，充分发挥中国特色社会主义制度调动各方面积极性、集中力量办大事的优势，形成万众一心的强大合力，高质量打好全面建成小康社会的收官之战。

决胜全面小康要保持攻坚克难的坚定决心。面对疫情，各条战线的抗疫勇士们挺身而出，展现了战胜一切困难不被任何困难压倒的顽强意志。我们要将舍生忘死的坚定决心和不屈不挠的顽强意志，转化为锲而不舍、久久为功决战决胜全面小康的韧劲。脱贫攻坚战不是轻轻松松就能打赢的，决不能松劲懈怠，越到最后越是难啃的硬骨头，都是"贫中之贫，困中之困"。我们要以更大的决心、更强的力度推进脱贫攻坚，以"咬定青山不放松"的执着定力，迎难而上，实干不息，做到"善始善终，善作善成"，圆满交出决胜全面小康的"脱贫答卷"，确保脱贫成果经得起历史和实践检验。

决胜全面小康要遵循精准施策的科学规律。当前我们正在进行的精准扶贫正是一条尊重科学、符合国情的中国特色扶贫开发道路。我们要继续发扬求真务实的实践品格，不断创新扶贫模式，借助产业扶贫、教育扶贫、电商扶贫、金融扶贫、消费扶贫等多种方式，帮助贫困地区改善生态环境，助力贫困户致富增收，完善贫困地区基本公共服务，提高贫困地区群众的获得感和幸福感。从现在到 2050 年实现乡村全面振兴，是一个长期的奋斗过程，更需要我们秉持科学发展的态度，在乡村振兴战略推进过程中，因地制宜、循序渐进，不断深化改革，提高资源配置的有效性，最终实现农业强、农村美、农民富的目标。

——在第三十三届中华大地之光征文总结表彰大会上的发言

发展特色产业　做好民生工程 [*]

　　党的十九大报告提出实施乡村振兴战略，并把产业兴旺放在乡村振兴总要求的首位。发展特色农业是产业兴旺的重要内容。中央一号文件也多次提出要推进特色农产品优势区创建，建设现代农业产业园、农业科技园。为此，农业农村部、发改委、财政部等各部门出台一系列政策文件，鼓励各个地方发展优势特色农业。其中特色小镇建设以特色农业产业为核心，是现代农业发展的新平台，通过实现产业转型和升级，提高产业发展水平和竞争力，对于带动农村和农业发展具有重要意义。特色小镇的发展源于地区特色和得天独厚的优势资源，要把特色小镇做得长久可持续，需要立足当地的地域资源和特色农业优势。下面谈几点意见和大家交流。

　　第一，特色小镇建设是乡村振兴的重要途径。我国幅员辽阔，农业历史非常悠久，各地区自然禀赋、发展水平和文化传统千差万别。不同的生产、生活方式形成各具特色的传统村落，这些差异恰恰是当地村落的特点之所在，要彰显本地特色，培育传统村落独特的文化标

　　* 李彬选，中国小康建设研究会副会长兼秘书长。

识，把传统产业工艺、文化等各种资源调动起来，做到宜农则农，宜工则工，宜游则游。建设特色小镇是我国城市化发展的重要节点，是推进农业供给侧结构性改革，实现乡村振兴的有效途径。近年来，我国多点布局，功能各异的特色小镇蓬勃发展，为地方经济注入了活力，为创新产业提供了空间。

发展特色小镇，要实事求是，立足长远，并且要防止千镇一面，片面追求规模化、数量化。近几年，国家相关部门联合各大银行出台了一系列金融支持政策，鼓励和引导各地区特色小镇的创建，各地政府也实施了财政返还、优惠税收、保障土地供给等多方面的支持。据统计，截至 2018 年 2 月，全国两批特色小镇试点 403 个，加上各地方创建的省级特色小镇，数量超过 2000 多个。但是，部分特色小镇建设出现概念不清、质量不高、特色不显等问题。甚至有的特色小镇出现"房地产化"的倾向，很大程度被房地产商"绑架"，打着各种产业旗号，到城市周边的小镇拿地搞开发，结果房子搞了一大片，产业却引不来，反而加大了房地产库存。还有个别特色小镇破坏生态环境和山水田园，触碰生态保护红线，现已淘汰出创建名单，并退回财政部门此前补助的启动资金。对于这些"问题小镇"应及时纠偏纠错，并实行整改或淘汰的具体措施。建设特色小镇是统筹城乡发展的重大举措，也是推动生态文明建设和实现绿色发展的试验田、丰收田。要坚守政府主导和发挥市场作用相结合，把生态文明理念全面融入特色小镇建设的全过程和各领域，走出一条绿色、集约、智能、低碳建设之路。

特色小镇是融合产业、文化、旅游等功能的创新、创业的平台。它把工业和农村、城市和乡村在要素配置、产业发展、生态保护等方面有机地联系起来，为城乡融合发展提供了广阔的思路。在实施乡村振兴战略、实现城乡融合的过程中，特色小镇是重要的着力点和支撑点，对于农村一二三产业的融合发展具有重要意义。特色小镇的发展模式决定了其在促进城乡产业融合、培育融合主体、建立稳固的利益连接机制、提供产业融合服务等方面，具有明显的优势。

第二，培育特色产业是特色小镇建设的核心。特色小镇贵在"特"，重在培育特色产业，产业是特色小镇建设的核心。2020年7月份农业农村部印发的《全国乡村产业发展规划（2020—2025年)》中提出，用3—5年时间培育一批产值超百亿元、千亿元优势特色产业集群，建设一批产值超十亿元农业产业镇（乡），创响一批"乡字号""土字号"乡土品牌。要突出产业特色，以特制胜，坚持一镇一业，一镇一风格，着力培育各地具有核心竞争力的产业和产业群。

一是要加强特色产业培育开发，着力发展特色农业产业化。要从实际出发，弄清特色是什么、适宜搞什么，真正发现自身的资源优势和产业优势，以特色兴产业、赢市场、增活力，以特色形成竞争优势，打造发展优势。二是要优化特色产业发展模式，着力建设特色农产品基地。在生态环保的前提下，实施品牌培育和商标战略行动，引进有实力的农产品龙头企业，突出基地示范带动作用，解决生产规模小、销售渠道窄、经济效益差的问题，探索特色产业发展最优路径。三是要加强特色农业研发队伍建设，着力培养特色产业专业人才。推进特色产业人才队伍建设，必须坚持两条腿走路。统筹推进本土人才培育和各类人才下乡。要激发内生动力，定期开展培训教育，提升技能。对相关龙头企业引进的特色农业专业技术人才给予补贴，解决好人才的工资待遇、社保衔接以及发展空间等问题。

第三，发展特色农业是解决民生问题的具体举措。发展特色农业，扎实推进民生工程，是全面建成小康社会的硬任务，是实施乡村振兴战略的硬仗，也是人民群众对美好生活追求的需要，对改善农村面貌、增加农民收入、提升农民生活质量、加快农村发展有着重要意义。

人民对美好生活的向往，就是我们的奋斗目标。让人民有更多获得感、幸福感、安全感是一切工作的基础。归根到底产业的发展主体是人民，要始终把人民的利益摆在第一位，坚持以人民为中心的情怀，让人民真正享受到发展带来的实惠，不能只停留在口头上、止步于思想环节，而要体现在乡村发展各个环节。如果发展不能满足人民的期盼，不能给老百姓带来实实在在的利益，这样的发展就失去意义，也不可能持续。

我国是一个农业大国，农业人口众多，农民的根本问题得不到解决，就无法去谈发展农业改变农村。我国每年出台的一号文件都是针对"三农"问题，每年都要投入大量资金来保障民生，为农民办培训班，培养科学养殖新技术；为农民改造旧房，让农民居住得更加舒适；为农民修路，让农民出行更加方便，等等。一系列的民生工程，目的就是让农民生活更加幸福，让农民有更多的精力投入到农业中。现在农村的生活越来越好了，但从城乡融合发展的要求来看，农村教育、医疗、养老等社会保障方面仍然存在较大差距。

乡村教育方面，近些年来随着城镇化的加快推进，大量农村人才外流，以及撤村并镇，导致一些地方农村优质教育资源向城市转移；乡村医疗方面，中央和地方持续加大农村医疗保障支持力度，新农合基本全覆盖，特别是针对贫困人群给予更大的支持，但是从城乡居民医疗保障标准看，广大农村居民医疗保障条件、保险报销额度还有进一步提高的需求。从农村养老来看，农村居民老龄化速度明显快于城市，"未富先老"的问题比较突出，特别是乡村里"空巢老人""留守老人"的现象非常普遍。

兴一个产业，活一片经济，富一方群众。从一定意义上讲，发展特色农业是解决民生问题的发动机。让农业成为有奔头的产业、让农民成为有吸引力的职业、让农村成为安居乐业的美丽家园，不仅是美好的蓝图与目标，更是老百姓的殷切期盼。今年是脱贫攻坚、全面建成小康社会的收官之年，人民生活水平不断提高，不仅对物质文化生活提出了更高要求，而且在民主、法治、公平、正义、安全、环境等方面的要求日益增长。当前，我们仍然有许多政策有待完善，需要加大力度，立足整体、全局和长远，切实把老百姓关心的问题解决好。我们要把习近平总书记的为民情怀放在心上，落到工作当中，多谋民生之利、多解民生之忧，以高质量的发展促进百姓增收，补齐民生问题中突出的短板，让农村美、农民富、农业强在乡村早日实现。

推进乡村振兴，解决发展不平衡不充分的问题，事关民生民利民心，事关党执政的初心和使命。实施乡村振兴战略也是一项综合性、长期性的系统工程。既需要苦干实干、久久为功，也需要我们密切关注和及时捕捉实施乡村振兴战略过程中的新情况、新问题，综合分析研判，抓住主要矛盾，有针对性地解决突出问题，推动乡村振兴战略有力、有序、有效地实施，从根本上缓解城乡发展不平衡、农村发展不充分的矛盾。

——在 2020 中国食用菌产业高峰报告会上的发言

深耕稻作文化　确保粮食安全[*]

很高兴参加这次首届万年稻作论坛活动。借此机会我就农耕文化和粮食安全两个问题谈点认识和体会。

实施乡村振兴战略的发展路径是必须传承发展提升农耕文明，走乡村文化兴盛之路。习近平总书记指出，农耕文化是我国农业的宝贵财富，是中华文化的重要组成部分，不仅不能丢，而且要不断发扬光大。

"稻"是民生之本。万年县被誉为世界稻作文化发源地、中国贡米之乡、中国优质淡水珍珠之乡，稻作文化与农耕文明源远流长。近年来，万年县通过对稻作文化深度挖掘与开发，使稻作文化焕发出了勃勃生机，以稻为媒、借稻扬名、仗稻兴县，着力把稻作文化品牌优势转化成为经济社会发展的动力，推动万年经济社会大发展大繁荣。万年也是全球重要农业文化遗产地、中国重要农业文化遗产地、国家级现代农业示范园。这是万年稻作文化系统一张张靓丽的"名片"。今天，我们将"中国稻都"的牌子授予万年，这是对万年多年来取得

---

* 李彬选，中国小康建设研究会副会长兼秘书长。

－275－

的成就最好的证明，这成绩的背后，流淌着万年县上上下下、方方面面持续助推的汗水。

众所周知，粮食是国之根本、民之命脉，是关系经济发展和社会稳定的全局性重要战略物资。水稻是世界上食用人口最多、历史最悠久的农作物，中国是水稻的起源地之一，也是世界上最大的稻米生产国和消费国，产量占世界稻米总产量的1/3。当前，在乡村振兴战略背景下，稻作产业大有可为，各级政府都坚定把做优做强稻米产业作为实施乡村振兴战略、发展富民兴村产业的主攻方向之一，坚持提质导向，大力推动稻米产业高质量发展。

70年来，中国基本实现了谷物基本自给、口粮绝对安全，依靠自己的力量养活了14亿多人口，取得了了不起的成就。日前，农业农村部宣布，2020年粮食丰收已成定局，有望连续5年产量在1.3万亿斤以上。中国谷物自给率已经在95%以上，口粮产需有余，城乡居民粮食可获得性、可及性大大改善，不仅显著提升了14亿多人的生活质量和营养水平，也为全球的粮食安全作出重大贡献。

在肯定成绩的同时，大家还要清醒地看到，当前中国粮食安全也面临新的挑战。尽管中国的粮食供求基本平衡，粮食储备远远高于粮食安全警戒线，但随着工业化、城市化进程加快，粮食生产将面临资源约束和需求上升而带来的新挑战。对粮食安全，我们不能掉以轻心，必须对粮食安全的长期性保持清醒的认识。

我国作为一个有14亿多人口的大国，解决好吃饭问题始终是治国安邦的头等大事。从党中央、国务院到各省、市、县都高度重视粮食安全，每年中央一号文件和重大会议都把粮食安全工作摆上重要的位置。同时，"把住红线""保住底线"，"米袋子""菜篮子"工程都被列为各级政府一把手重要履职考核指标，由此可见，做好粮食安全工作非常重要，也非常必要。做好粮食工作关系到国家稳定，关系到各级政府履职到位，对此要有充分的认识。

多年来，我国粮食连续丰收，粮食储备较为充足，但粮食供求偏紧的局面并没有彻底改变，具体表现在：粮食生产成本增加、自然灾害频发、农田逐步减少、单产增速放缓、资源性约束增强、激励效应不明显、种粮效益比更低等方面，影响了农民种粮的积极性。特别是近年来，随着经济高度发展，城镇人口增速过快，粮食和土地刚性需求增大，种粮人口急剧下降，这都大大增加了粮食增产和价格稳定的难度。加之这几年，特别是今年，对农业来说，今年确实是个多灾之年，粮食生产可以说是一波三折，先后经历了多个关口，春耕备耕时过"新冠肺炎疫情关"，南方水稻双抢时过"洪涝关"，东北秋收前过"台风关"，在灾害多发重发频发的情况下，粮食和农业夺得丰收，来之不易。我们必须把粮食安全这根弦绷得更紧一些，加大工作力度，全力保障粮食安全。

2020年，是全面建成小康社会和"十三五"规划收官之年，对于实现第一个百年奋斗目标、谋划好"十四五"发展具有举足轻重的意义。让全国人民吃得饱，还得吃得好、吃得营养健康，这样的小康才有基础、有底气。刚刚举行了中国小康建设研究会乡村振兴（上饶）实践基地授牌仪式，实践基地的建立将以"智力助推乡村全面振兴"为宗旨，通过"调研＋咨询＋规划＋培训＋宣传＋产业"六位一体的联动模式，充分发挥乡村振兴探索实践的积极性，有效挖掘创新潜力，积极支持和帮助万年县政府推动乡村振兴战略更好地落实落地。

——在首届万年稻作论坛上的发言

发展农村电商　助力乡村振兴 *

　　2020 年是全面建成小康社会目标实现之年，也是打赢全面脱贫攻坚战收官之年。不久前，党的十九届五中全会审议通过了关于制定第十四个五年规划的建议，提出全面建成小康社会奋斗目标将如期实现，明年我国将开启全面建设社会主义现代化国家新征程。在此背景下，如何确保老百姓的腰包鼓、收入足，安全感、幸福感更强，让社会发展成果普惠于大众，让党的执政基础和地位更加牢固，这就需要我们认真思考，如何培育能够带动一方可持续发展，有效益、有成果、有利于地方经济发展的新产业、新业态，使经济社会更加繁荣昌盛，老百姓安居乐业。

　　2020 年中央一号文件提出，扩大电子商务进农村覆盖面，支持供销合作社、邮政快递企业等延伸乡村物流服务网络，加强村级电商服务站点建设，推动农产品进城、工业品下乡双向流通。今年 5 月，农业农村部会同国家发改委、财政部、商务部印发了《关于实施"互联网＋"农产品出村进城工程的指导意见》，并指出要发挥"互联网＋"

---

　　* 李彬选，中国小康建设研究会副会长兼秘书长。

在推进农产品生产、加工、储运、销售各环节高效协同和产业化运营中的作用，优先选择包括贫困地区、特色农产品优势区在内的100个县开展试点。广袤的农村迎来了一场科技与商业的变革，农村丰富的人力和自然资源重新焕发新动能，农村电商正从多方面重塑农村经济社会的发展面貌。

农村电商发展迅速，对乡村振兴有着重要的助力作用。一是促进农民收入提高，推动农民返乡创业就业。农村电商在中国农村经济变革之势中应运而生，打破了资金和地域的限制，增加百姓增收致富的门路，降低了创业门槛，促使更多农民返乡创业。二是促进生产结构优化，全面构建现代农业体系。农村电商平台不仅实现了生产者的聚集，还同样集中了消费者的零散需求，形成规模经济，实现了供需双端资源整合，与城市社区亿万客户群体连通，真正走出了"工业品下乡、农产品进城"的发展路子，更好地构建了现代农业产业体系。三是促进农村乡村治理，带动农村社会化建设。农村电商在为农民带来新创收途径的同时，也将互联网知识、现代经营理念和服务模式带进了农村，并渗透到乡村基层治理、村镇政务运转等各个方面，为乡村治理带来了新的变革和发展。

近年来，"直播＋电商"等网购新方式风生水起，越来越多消费者通过观看网络直播下单购物。这种新业态也已经在乡村出现，在一些地方，手机已成为新农具，直播已成为新农活。电商给脱贫攻坚和乡村振兴赋能，既方便消费者，又促进农副产品"走出去"，实现了多赢。据统计，2019年，我国行政村通光纤和4G的比例均超过98%，基本实现了城乡"同网同速"。2016—2019年，我国农村网民规模从1.91亿上升到2.5亿，农村网络零售额由0.89万亿增长到1.7万亿，总体规模扩大了近1倍，2019年全国农产品网络零售额3975亿元，同比增长27%。

农村电商在助农方面的重要性，在新冠肺炎疫情期间显得尤为突出。受疫情影响，很多农村地区的特色农副产品遭遇"卖难"的情况，甚至造成了部分地区有返贫风险。然而，电商、直播带货等为村民们解了燃眉之急。不少地方的市长、县长、乡长通过直播为本地土特产代言，起到了积极成效。疫情期间的电商助农实践证明，电商新业态在乡村振兴中大有可为。一方面，我国贫困地区、乡村大多处于山高路遥的地方，自身发展受客观地理环境限制，普遍面临"马好也怕路遥"的发展窘境。以网络为载体的电商，超越了物理空间障碍，可以让优质农副产品直接面向全国甚至全球市场，为农民致富、农村发展拓展了新可能。另一方面，电商作为新兴业态，在提供自由灵活就业岗位、吸引年轻人返乡创业，助力乡村脱贫、振兴内生动力方面，也有优势。电商与农业产业的有效结合，有助于优化农村产业结构，提升产能。用这种新业态激活农村自身的发展潜力，比传统的"输血式扶贫"更能走得长远。

当然我们也要看到，电商新业态属于社会新生事物，在发展的过程中还存在不少问题。要让电商为脱贫攻坚和乡村振兴赋能，就必须解决好这些现实问题。比如一些乡村地处高山大川，存在网络、物流"最后一公里"难题；一些地方农产品质量不高、同质化严重，难以融入电商链条；一些地方缺乏有效监管，缺乏人才，存在发展质量不高的问题，等等。物流是电商的"腿"，但这条腿在大部分农村成本很高，让本身价格就不高的农产品更是无利润可言，物流难题成为农副产品电商平台上的重要障碍。还有一些地方，符合 ISO 标准化生产的企业凤毛麟角，大部分停留在初级农产品阶段，这样的产品售价无法提升，利润也不高，最终造成了有资源没标准化产品的困难局面，很多人在初级农副产品打转转，得不到长足发展。所以现阶段，农村电商发展逐步标准化、品牌化、规模化也变得极为重要。

　　打造一县一特的农产品品牌建设，是发展农村电商平台的重要途径。当前，乡村建设正是发展精细农业、推进农业现代化的关键环节，要守住绿色、安全底线，推进产业融合发展，培育壮大一批高水平发展的新型农业经营主体，合理布局区域性仓储冷链物流设施，加大"一县一特"品牌宣传力度，灵活开展产销对接，建立完善品牌建设体系。品牌是质量和信誉的凝结，是实力和形象的体现。推动农村电商健康、高质量发展，既要补足基础设施建设等各方面的短板，还要从农产品品质提升、品牌价值增值等方面下大功夫、大力气。一是要坚持品牌引领，优化产业结构。坚持以市场为导向，推进农业供给侧结构性改革往深里做、往细里做，调整优化农业生产结构和产品结构，推进品种品质细分，做强做大品牌农产品。做足"特"字文章，大力发展一县一特，支持特色农产品优势区因地制宜建设一批特色化品牌，让品牌成为优质农产品和区域特色产业的代表性符号。二是要强化品牌驱动，做优产品品质。坚持以品牌建设促进农产品品质提升，推进农业绿色发展，加大质量安全管控力度，加强冷链物流基础设施建设，提升农产品分拣分级、预冷保鲜、仓储物流等处理能力，增加绿色优质、营养健康农产品供应链。三是要弘扬品牌文化，提升综合效益。我们将传承中华农耕文化，运用传统工艺、创意设计、农事体验等多种方式，促进农业产业与重要文化遗产、民间技艺、乡风民俗等融合发展，提升农产品的文化价值。四是要突出品牌效应，建设数字乡村。落实好"互联网＋"农产品出村进城工程，发展农村电商，更多运用信息化手段，用品牌将企业、新型经营主体和农产品种植者连在一起，线上线下融合发展，让更多的"小而美""小而特"的品牌农产品行销全国、走向世界。

　　本次博览会为各地特色农产品搭建了寻求投资合作、拓展产品市场的大平台，为企业领导、行业精英、专家学者和各地农业部门创造了交流认识、切磋思想、共谋发展的大舞台。希望各位嘉宾、参展客商以及广大朋友们，抓住机遇，广泛交流、洽谈合作、品尝选购，满怀期待而来，满载收获而归。

——在 2020 中国农村电商供应链博览会上的致辞

附录：
中国小康建设研究会
2020 年工作实录

贯彻落实十九届五中全会精神
践行"三新四以"要求 *

面对诸多的不确定性，党中央"十四五"规划建议，给予了确定性的指向，可以说使我们进一步加深了对"三新四以"的理解。"三新"是进入新阶段、贯彻新理念、构建"双循环"发展新格局。"四以"是以高质量为主题、以供给侧改革为主线、以改革开放为根本动力，以满足人民日益增长美好生活的需要为根本目的。60 多条的鸿篇巨作，我就三点跟大家做深度的探讨。

第一，构建双循环新发展，新在哪儿？改革开放以来，特别是进入新世纪，加入 WTO 加快了在外的国际化的生产流通循环，所以我们有了中国工厂、世界工厂这样的称谓。进入新世纪，也面临前所未有的挑战和压力，内部有产业升级消费需求的内生增长动力，所以作为战略选择，以国内为主体的全球化，实现国际国内双循环，它是一种新的战略选择，既针对复杂多变的国际形势，又是根据中国人均GDP 超过一万美元以后，内生动力的需要。

---

* 杨志明，国务院参事室特约研究员，中国劳动学会会长，人力资源和社会保障部原党组副书记、副部长。

简单地说，中国在双循环发展中，新就新在要把中国制造变为中国市场，把世界工厂变为世界重要的市场预期。这样的话我们才能有更多的国际话语权，才能更好地融合到经济全球化。面对重大的内部、外部变化，科学合理的、创新性的应对，是我们这一次经验总结。

第二，以城带乡，以工哺农。新型城乡关系新在哪儿？从农民工来看，农民工外出打工的收入和务农的收入相差很远。为什么许多乡村都产生了大量的留守老人、留守妇女、留守儿童？城市工业化的兴起，使大量的农村剩余劳动力涌入到城市。以我们的研究结果来看，进入新世纪，如果再往前推，从农民工发展来看，经过了 20 世纪 80 年代离土不离家、就地进工厂的第一次大发展，经历了 1992 年以后在市场经济中进厂又进城的第二次大发展。进入新世纪，经历了走出深山老林、跨过大江南北，到沿海打工、跨省转移的第三次大发展。2002—2012 年经济增长 10% 以上，农民工从一亿人上升到两亿人，这叫第一次交汇。"十四五"将进入高级的人才引领的时代。第四次是 2012 年以后，加快技能提升、加快户籍制度改革，到 2020 年年底，一亿农业转移人口在城市中，开启了农民工市民化的进程，加快农业转移人口市民化。

农民工返乡创业像热带雨林一样，和 20 世纪 80 年代乡镇企业一样。1000 多万人回乡创业，如果说我们把海外改革开放以来回国发展的人叫"海归"，那么经过城市打工，有点技术、有点资金、有点营销渠道、有点办厂想法的农民工返乡创业我们叫"城归"。像热带雨林一样，哪个地方环境好，哪个地方先发展。"城归"给我们展示了乡村振兴的新亮点，正在解决着我们长期以来的三大经济难题：

一是解决长期留不住劳动力的问题，"城归"平均一个人带动 6—7 个人就业，由过去打工一人一户的趋势迅速向"城归"户转变。

二是创新了在中西部地区，长期以来招商引资的路径，促使小微企业起步、迅速做大，成为区域经济新的增长点。发展上有所增快，机制上有所突破，收入上有所增多，就业上有所增长。

三是促进了中国东部地区向中西部地区劳动密集产能转移。在末梢神经上发力，打通内循环的堵点之一。当年坐着火车外出打工，现在开着汽车回乡创业，"城归"蕴藏深刻的经济体制变革因素，拥抱"城归"，商机无限。

第三，中国特色的乡村振兴道路，它新在哪里？特在哪里？需要中国小康建设研究会深度研讨。这里面包含了中国特色的农民工发展道路，农民工是改革开放的产物，由于农村改革生产效率迅速提高，大量的劳动力富裕，乡镇企业异军突起。当年放下锄头拿起榔头搞制造，现在主张奔驰宝马投资，主张华为、苹果手机的现代产业文明的主体，农民工也将达到 2.9 亿，相当于或者超过欧洲劳动力总和，规模之大、流动之大、动线之大，世界上前所未有。那么农民工发展在乡村振兴中，将取得新型城乡关系中促进的作用。美国著名作家专访我，我跟他讲，第一"特"在我们是旧一代的人，有序引导农民工外出就业，鼓励农民工就近就业，扶持农民工返乡创业，所以"十一五"是 4000 万人，"十二五"是 4500 万人，"十三五"现在是 2000 多万人。第二"特"就特在保留地权，因为在两三百年的欧洲劳动力转移过程中，都是卖了土地，卖了农庄进城，发展得好进入中产阶级，只有中国在城市里打工，可以享受城市基本公共服务，包括买房、买车、小孩上学等。但我国仍然保留了两个办法，在农村土地承包金的集成上，还有一部分集体经济的服务权，所以进得了城，回得了村，进退有据，逐步地向农民工适龄化推进。第三"特"是借力落户，在大城市农民工落户是工业化的，在中小城市落户是现实，借力落户是现在实际出发的需要，新型城镇化规划里，农业转移人口事业化。新型城镇化是以人为指标。

当时的调查测算，农民工市民化，一个人成本是十万块钱，这是2010年的时候调查的。现在过了十年，农民工市民化的成本，一个人平均15—17万，这就说明了农民工市民化在中国是个渐进的过程。但是谁也没想到，进入到"十三五"中后期，许多农民工不愿意在中小城市落户。农民工不在城市扎根，成为城市的过客。农民工掌握的技能，面临困难。

现在看，购买服务正在追赶着购买商品，机器取代人，但取代不了人的柔性、人的能动性、人的创造性。2020年新增的25个新职业，加上2019年的3个新职业，近百个新职业，正在分批调整。因此开发新职业、学习新技术、掌握新技能，正在成为一种潮流。让年轻人感到学技术好就业，学好技术多挣钱，掌握技术还可以过出彩人生。所以"十四五"到2035年农民工将实现：第一竞争力工作，第二上岗有技能，第三收入有增长，第四参保有办法，第五生态农业安全，第六维权有渠道，第七住宿有改善，第八子女有教育，第九生活有文化。大批的农民工将成为技师，甚至成为国家技能大师，大批的农民工从普遍的城市基本公共服务到享受城市全部的服务。疫情来袭，农民工下岗以后谁来兜底？农民工没有参加社会保险，但农民工的企业，和农民工在一起，交的税收是为城市发展实实在在的贡献，所以建议把在非常时期对农民工的保障的应对之策，上升为"十四五"以后，制度性的安排和制度创新。

上海的空置房商品房改造。一测算每年有400万套的小户型住房，连续"十二五""十三五"，做了十年保障性住房，城市里的住房困难户，大部分解决了。现在需要切换到农民工角度，但每年拉动企业投资2万亿，五年"十四五"拉动10万亿。为什么在今年2月农民工返程一票难求？尤其在疫情错峰返城，正月十五以后，制造业先复工，因为有厂房、有宿舍。建筑业二月二以后复工，因为北方气候冷，服务业随着市场恢复，症状消失以后才进行复工复产。防疫的两轮复工：第一，加班加点地生产制造防护服；第二，增加重点工程项目；第三，列入大街小巷的快递外卖骑手；第四，蔬菜交易市场为城市支撑日常生活；第五，大宗物资供应物流。以这样生动的案例，得到的结果，是随着疫情缓和加快项目复工。农民工以平凡的劳动，在不平凡的年份创出了历史铭记的业绩。所以每当我们调查到这的时候，都深深向农民工致敬。

党的十九届五中全会提到，在起步之年的布局已经展开，对我们非常重要的是前段时间小康胜利在望，我们开启建设中国特色乡村振兴道路正在落实，希望小康道路会越来越好！

——在中国小康建设研究会 2020 年年会上的发言
（根据录音整理）

认真学习贯彻十九届五中全会精神
奋力开创小康建设研究会新局面 *

党的十九届五中全会通过《中共中央关于制定国民经济和社会发展第十四个五年规划和二〇三五年远景目标的建议》（以下简称《建议》），这是我国发展进程中具有里程碑意义的大事，为全党全军全国更深层次改革、更高要求发展，奋力创造令世界刮目相看的新奇迹、全面展现建设社会主义现代化国家的新气象，提供了根本遵循和行动指南。学习贯彻落实五中全会精神是全党全军全国当前和今后一个时期的重要任务，如何学习贯彻，我感觉要把握"六个新"。

一、把握新形势

正确认识形势是我们开展各项工作的重要前提，学习贯彻五中全会精神，首先我们要深入思考我们党和国家面临的时代背景和复杂的内外环境。有两句话寓意是非常深刻的，一个是当今世界正经历百年

＊ 张利民。

未有之大变局；第二句话，善于在危机中育先机，在变局中开先局。这是习近平总书记立足我国发展新的历史方位，纵观世界发展大形势作出的重要论断，科学指出了世界发展变化的动因、趋势和规律，对于我们准确把握中华民族伟大复兴所处国际环境、在应对国际形势风云变幻中推进社会主义现代化强国建设，具有重大指导意义。当前和今后一个时期，新冠肺炎疫情全球大流行使世界大变局加速变化，国际经济、科技、文化、安全、政治、军事等格局都在发生深刻调整，我国发展的内外部环境将面临更加深刻复杂的变化。从外部环境看：

（一）世界多极化加速发展，国际关系分化组合发生新变化。全球疫情呈现长期化态势，对各国的深层次影响持续发酵，国际格局面临深刻调整，力量对比向更加均衡方向发展。各国加紧谋划在疫后世界格局中的角色地位，大国关系经历新一轮调整互动，国际秩序变革加速推进。同时，我国在全球范围内率先控制住疫情，率先实现全面复工复产，各方对中国期待与借重上升。我国坚持世界多极化主张，倡导国际关系民主化，维护国际公平正义，受到国际社会普遍欢迎和积极评价。

（二）世界经济遭受重创，发展动力发生新变化。疫情对国际贸易、投资、消费等经济活动造成巨大影响，世界经济陷入深度衰退，各国复苏前景不一。全球金融和经济危机风险升高，能源安全、粮食安全挑战增多。经济全球化遭遇逆流，一些国家保护主义抬头，全球产业链供应链面临冲击，国际宏观经济政策协调难度增大。同时，新技术新产业加速发展，将为新一轮经济增长提供重要驱动力。我国发展的外部经济环境不确定性上升，但我国仍将是实际经济复苏的主要动力源。

（三）国际体系面临新挑战，国际社会合作需求发生新变化。疫情肆虐挑战全球治理，单边主义严重冲击国际机制，全球治理体系需要更好适应新形势新要求。国际上要求变革全球治理体系呼声高涨，多边主义与单边主义博弈更加复杂激烈。同时，我国坚定维护以联合国为核心的国际体系，践行人类命运共同体理念，在抗疫国际合作中发挥引领作用，大力倡导构建人类卫生健康共同体，进一步树立负责任大国形象。

（四）国际安全风险点增多，各国政治社会发生新变化。疫情给国际和地区热点问题增添新的复杂因素。生物安全、极端气候、网络攻击、恐怖主义等非传统安全威胁上升，与军控等传统安全热点问题交织叠加，成为影响国际和平与安全的突出因素。部分国家内部治理困境凸显，经济社会脆弱性升高，出现政治和社会动荡可能性加大。同时，各方均不愿国际安全局势动荡失控，总体稳定局面有望保持。我国致力于推动践行共同、综合、合作、可持续的新安全观，维护世界和平稳定作用更加彰显。

（五）国际思潮激荡碰撞，意识形态冲突发生新变化。疫情加剧有关国家社会撕裂、种族冲突和政治对立，保守主义，民粹主义思潮上升。一些国家为转移国内矛盾，大肆"甩锅"、推责，竭力渲染意识形态对立，借口人权、宗教等问题打击异己。同时，社会信息化、文化多样化进一步发展，加强文明对话与包容互鉴更为迫切。中国特色社会主义制度更加完善，国家治理体系和治理能力现代化持续推进，我国国际影响力感召力不断提升。

（六）国际斗争日益激烈，对美国军事斗争态势发生新变化。美国出于维护其霸权的需要，出于其根深蒂固的意识形态偏见，不遗余力、不择手段、不计后果对我国进行全方位遏制打压，中美战略博弈加剧，发生直接冲突甚至局部战争可能性上升。不论美国哪个政党上台执政，他们打压、遏制我国的战略图谋都不会改变，对此我们绝不能抱有幻想。今后一个时期，我国将面临更多逆风逆水的外部环境，国际安全压力呈上升趋势，军事斗争任务会越来越重。

从内部环境看，我国已转向高质量发展阶段，制度优势显著，治理效能提升，经济长期向好，物质基础雄厚，人力资源丰富，市场空间广阔，发展韧性强劲，社会大局稳定，继续发展具有多方面优势和条件。同时，我国发展不平衡不充分问题仍然突出，重点领域关键环节改革任务仍然艰巨，创新能力不适应高质量发展要求，农业基础还不稳固，城乡区域发展和收入分配差距较大，生态环保任重道远，民生保障存在短板，社会治理还有弱项。

"世异则事异，事异则备变。"深刻复杂变化中的国内外环境，既有错综复杂的国际带来一系列新矛盾新挑战，也有我国社会主要矛盾发展带来一系列新特征新要求，党中央统筹国际国内大局，科学谋划布局，把握机遇、应对挑战，奋力把我国社会主义事业推向前进。

二、开启新征程

《建议》向党内外、国内外宣告，"十四五"时期将"开启全面建设社会主义现代化国家新征程"。这个新征程之所以引起国内外的广泛关注，一是党领导全面发展迈入了新的发展阶段，二是全国各条战线的发展进入一个高质量的发展阶段，三是经济社会事业将进入现代化建设的新阶段。对于小康建设研究会来说，也将迈入现代化建设发展的新阶段。起始于 2012 年的这个"新征程"，其核心要义表现在三个方面：首先是在"两个一百年"奋斗目标历史交替、持续推进意义上的新征程；其次是在"十四五"开局起步伊始，我国发展的"重要战略机遇期"，遭遇逆风逆浪引发的"世界进入动荡变革期"这个意义上的新征程；而从中华民族迎来从站起来到富起来到强起来的伟大飞跃视角看，这是个新征程；最后是向着我们党制定的在社会主义初级阶段"三步走"战略部署中发起冲锋，通过"十四五"和2035年、2049年这三个步骤，胜利实现中华民族几代人梦寐以求的"中国梦"的新征程。

三、擘画新蓝图

五中全会精神擘画的是二〇三五年远景目标和"十四五"规划的蓝图，《建议》对开启新征程的顶层设计，充分体现了既要有足够历史耐心的长远谋划，又要有只争朝夕紧迫感的干在当下。《建议》擘画的到2035年基本实现社会主义现代化远景目标之精髓要义，就是"一个进入"，即进入创新型国家前列；"三个基本实现"即基本实现新型工业化、信息化、城镇化、农业现代化，基本实现国家治理体系和治理能力现代化，美丽中国建设目标基本实现；"两个建成""一个基本建成"，即建成现代化经济体系，建成文化强国、教育强国、人才强国、体育强国、健康中国，基本建成法治国家、法治政府、法治社会；"两个中等"，即人均国内生产总值达到中等发达国家水平、中等收入群体显著扩大；"两个达到"，即平安中国建设达到更高水平，国民素质和社会文明程度达到新高度；"两个增强"，即参与国际经济合作和竞争新优势明显增强，国家文化软实力显著增强；"一个实质性进展"，即人民生活更加美好，人的全面发展、全体人民共同富裕取得更为明显的实质性进展。

锚定二〇三五年远景目标，综合考虑国内外发展趋势和我国发展条件，坚持目标导向和问题导向相结合，坚持守正和创新相统一，今后五年经济社会发展要努力实现以下主要目标：

（一）经济发展取得新成效。发展是解决我国一切问题的基础和关键，发展必须坚持新发展理念，在质量效益明显提升的基础上实现经济持续健康发展，增长潜力充分发挥，国内市场更加强大，经济结构更加优化，创新能力显著提升，产业基础高级化、产业链现代化水平明显提高，农业基础更加稳固，城乡区域发展协调性明显增强，现代化经济体系建设取得重大进展。

（二）改革开放迈出新步伐。社会主义市场经济体制更加完善，高标准市场体系基本建成，市场主体更加充满活力，产权制度改革和要素市场化配置改革取得重大进展，公平竞争制度更加健全，更高水平开放型经济新体制基本形成。

（三）社会文明程度得到新提高。社会主义核心价值观深入人心，人民思想道德素质、科学文化素质和身心健康素质明显提高，公共文化服务体系和文化产业体系更加健全，人民精神文化生活日益丰富，中华文化影响力进一步提升，中华民族凝聚力进一步增强。

（四）生态文明建设实现新进步。国土空间开发保护格局得到优化，生产生活方式绿色转型成效显著，能源资源配置更加合理、利用效率大幅提高，主要污染物排放总量持续减少，生态环境持续改善，生态安全屏障更加牢固，城乡人居环境明显改善。

（五）民生福祉达到新水平。实现更加充分更高质量就业，居民收入增长和经济增长基本同步，分配结构明显改善，基本公共服务均等化水平明显提高，全民受教育程度不断提升，多层次社会保障体系更加健全，卫生健康体系更加完善，脱贫攻坚成果巩固拓展，乡村振兴战略全面推进。

（六）国家治理效能得到新提升。社会主义民主法治更加健全，社会公平正义进一步彰显，国家行政体系更加完善，政府作用更好发挥，行政效率和公信力显著提升，社会治理特别是基层治理水平明显提高，防范化解重大风险体制机制不断健全，突发公共事件应急能力显著增强，自然灾害防御水平明显提升，发展安全保障更加有力，国防和军队现代化迈出重大步伐。

五中全会紧紧围绕"六个新"的目标要求，从 12 个方面对"十四五"时期经济社会发展的重点任务作出了部署，这就是：坚持创新驱动发展，全面塑造发展新优势；加快发展现代产业体系，推动经济体系优化升级；形成强大国内市场，构建新发展格局；全面深化改革，构建高水平社会主义市场经济体制；优先发展农业农村，全面推进乡村振兴；优化国土空间布局，推进区域协调发展和新型城镇化；繁荣发展文化事业和文化产业，提高国家文化软实力；推动绿色发展，促进人与自然和谐共生；实行高水平对外开放，开拓合作共赢新局面；改善人民生活品质，提高社会建设水平；统筹发展和安全，建设更高水平的平安中国；加快国防和军队现代化，实现富国和强军相统一。落实好这些目标任务，必将为实现第二个百年奋斗目标、实现中华民族复兴的中国梦奠定坚实基础、创造良好条件。围绕党和国家擘画的宏伟蓝图，对于小康建设研究会谋划布局、创新发展具有重要的理论和现实意义。

四、贯彻新理念

目标蓝图清晰明确，如何实施，如何把正方向，如何求实效呢？全会提出要完善发展理念，牢固树立创新、协调、绿色、开放、共享的发展理念。五大发展理念不是五句话，更不是五句口号，而是指导思想、指导原则和方法途径。其核心思想就是要把以习近平同志为核心的党中央在十八大以来成功驾驭我国经济发展实践中形成的、包括新发展理念在内的习近平新时代中国特色社会主义思想，全面贯彻落

实到新发展阶段、新发展格局的全过程和各领域。习近平总书记指
出：理念源于实践，又用来指导实践。改革开放以来，我们党及时总
结新的生动实践，不断推进理论创新，在发展理念、所有制、分配体
制、政府职能、市场机制、宏观调控、产业结构、企业治理结构、民
生保障、社会治理等重大问题上提出了许多重要论断。这些"体现时
代性、把握规律性、富于创造性"的理论成果，不仅有力指导了我
国新时代经济发展实践，而且开拓了马克思主义政治经济学新境界。
习近平总书记还强调：我们要运用马克思主义政治经济学的方法论，
深化对我国经济发展规律的认识，提高领导我国经济发展能力和水
平。由习近平总书记亲自主持起草的《建议》，就是在这个意义上全
面体现了在"十三五"时期成功得到检验的这些新要求、新境界和对
社会主义现代化建设规律性的新认识、新概括、新飞跃。

　　比如，《建议》强调，在"十四五"时期经济社会发展中坚持党
的全面领导，既要坚持和完善党领导经济社会发展的体制机制，坚持
和完善中国特色社会主义制度，又要不断提高贯彻新发展理念、构
建新发展格局的能力和水平，为实现高质量发展提供根本保证。在
"十四五"时期，我国面临的形势更为复杂严峻、改革发展稳定任务
更为艰巨繁重，始终加强党的全面领导尤为重要。这就是对马克思主
义执政党同推动实现社会主义现代化关系规律性的认识和把握。比
如，《建议》强调，坚持以人民为中心，坚持人民主体地位，坚持共
同富裕方向，始终做到发展为了人民、发展依靠人民、发展成果由人
民共享，维护人民根本利益，激发全体人民积极性、主动性、创造
性，促进社会公平，增进民生福祉，不断实现人民对美好生活的向
往，这就是对我们党推进社会主义现代化建设要始终做到党性同人民
性统一的规律性认识。比如，《建议》强调，坚定不移推进改革，坚
定不移扩大开放，加强国家治理体系和治理能力现代化建设，破除制

约高质量发展、高品质生活体制机制屏障，强化有利于提高资源配置效率、有利于调动全社会积极性的重大改革开放举措，持续增强发展动力和活力，以深化改革激发新发展活力、以高水平对外开放打造国际合作和竞争新优势，这就是对继续深化改革开放同推动实现社会主义现代化关系的规律性认识。此外，《建议》强调的坚持系统观念，统筹国内国际两个大局，办好发展安全两件大事，坚持全国一盘棋，更好发挥中央、地方和各方面积极性，着力固根基、扬优势、补短板、强弱项，注重防范化解重大风险挑战，实现发展质量、结构、规模、速度、效率、安全相统一；以及坚持目标导向、问题导向相结合，坚持统筹发展和安全、防范和化解影响我国现代化进程的各种风险，筑牢国家安全屏障，也都是以习近平同志为核心的党中央在十八大以来新的历史起点上，对成功驾驭加快推进我国社会主义现代化规律性认识的生动体现。

五、构建新格局

《建议》强调，着力构建新发展格局，党内外、国内外最为关注，方方面面议论最为集中的是新发展格局这个重大理论概念和发展模式的提出。为什么引起关注？我理解，构建新发展格局其核心要义就是新的发展思路、模式和新的谋篇布局。对于小康建设研究会而言，以北京为中心，从西向东、从北到南办会办展就是谋篇布局。

习近平总书记明确指出："这个新发展格局是我国发展阶段、环境、条件变化提出来的，是重塑我国国际合作和竞争新优势的战略抉择。"把构建新发展格局提到"战略抉择"之高度，足见这同党的十一届三中全会作出的改革开放这一战略抉择，同20世纪80年代我们党作出的市场、资源两头在外、大进大出的"世界工厂"发展模式之战略抉择一样，是事关全局的系统性深层次变革，对于为全面建设社会主义现代化国家新征程开好局、起好步来说，是具有全局覆盖性、长远指导性的。

在座各位都应该深有体会，美国对中国发起多维战，对我国冲击是深刻的，也是长远的。特别是今年新冠肺炎疫情以来，世界经济低迷、全球市场萎缩，市场和资源"两头在外"的国际大循环动能明显减弱。而自 2008 年金融危机以来，我国内需潜力不断释放，国内大循环活力日益增强。习近平总书记指出，自那时以来，我国经济就已经在向以国内大循环为主体转变。这方面的一个最具代表性、最有说服力的例证是：国内需求对经济增长的贡献率有 7 个年份超过 100%。"十四五"和未来一个时期，国内市场主导国民经济循环特征会更加明显，经济增长的内需潜力会不断释放。这表明，新发展格局是由我国经济发展内生演化的自身逻辑决定的，是我国发展阶段和发展水平变化、社会主要矛盾变化等综合因素决定的，而不是被中美贸易战逼出来的无奈之举、权宜之计，也不是要退回到闭关锁国的老路上去，这是事关新时代、新发展阶段我国发展全局的系统性深层次变革。我们党着眼于全面防范风险挑战，扭住扩大内需这个战略基点，充分发挥国内超大规模市场优势，加快建设现代化经济体系，加快构建以国内大循环为主体、国内国际双循环相互促进的新发展格局，将使生产、分配、流通、消费更多依托国内市场，同时又着力培育外贸新动能、优化贸易发展环境，深入推进贸易便利化，以国内国际双循环，形成参与国际竞争和合作新优势。这是我们党和国家顺乎发展规律，顺应发展阶段、环境、条件变化的与时俱进之举，是准确识变、科学应变、主动求变的战略性重大创新。

《建议》还创造性地提出了构建以国内大循环为主体、国内国际双循环相互促进的新发展格局的具体路径。比如，以扩大内需作为发展战略基点，以做大做强做优实体经济作为发展经济着力点；比如，坚持创新在我国现代化建设全局中的核心地位，加快发展现代产业体系，注重提升产业链、供应链现代化水平；比如，以坚定不移推进改革和扩大开放为动力，推进京津冀协同发展、长江经济带发展、粤港澳大湾区建设、长三角一体化发展，把构建新发展格局同建设自由贸易试验区等衔接起来，率先探索形成新发展格局；比如，以畅通国内大循环带动国际大循环，使国内市场同国际市场更好联通，构建供给和需求、经济和金融、国内和国际良性循环的整体系统；比如，注意改善人民生活品质，提高社会建设水平，提高人民收入水平、多渠道增加居民财产性收入，着力提高低收入群体收入、扩大中等收入群体规模，有效打通国内国际双循环在消费环节的瘀点和堵点，以激发群体效应，等等，都是加快有效构建新发展格局的重大举措和支撑。

实践已经证明，"布局"决定全局；实践还将证明，"格局"决定结局——这个结局就是：中国共产党在新时代、新发展阶段，完全有基础、有条件、有能力团结带领全国各族人民，积极有效应对外部发展环境的不稳定不确定因素，在国际形势动荡变革中保持稳定发展、在世界格局深刻调整中把握战略主动，稳中求进、蹄疾步稳地实现"十四五"时期经济和社会发展主要目标和2035年基本实现社会主义现代化远景目标，创造让世界刮目相看的新发展奇迹。

六、开拓新格局

学习贯彻五中全会精神，根本目的就在于编制好"十四五"规划，稳扎稳打推进社会主义现代化建设高质量发展。对于小康建设研究会及各分会来说，更重要的是把握新机遇，迎接新挑战，迈入新征程，贯彻新理念，构建新格局，开创新局面。这个新局面概括为走开、拓展"三条路"。

（一）立足国情、聚力发展，走解放思想、创新发展之路。这是小康建设研究会建设发展的基石，也是今年小康建设研究会面貌焕然一新、硕果累累的经验总结。

当前，我国仍处于并将长期处于社会主义初级发展阶段的基本国情没有变，我国是世界最大发展中国家的国际地位没有变。我国虽然是世界第二大经济体，但人均水平并不高，农业基础还不稳固，制造业和服务业正在向高端水平迈进。我国要在现代产业、人民生活生态环境等领域接近或达到发达国家水平，还需要付出长期艰苦的努力，我们必须牢牢把握基本国情、立足最大实际，坚持以经济建设为中心，贯彻新发展理念，切实转变发展方式，推动质量变革、效率变革、动力变革，为构建新发展格局作出新贡献。

（二）稳中求进、积极作为，走发扬优势、打造品牌之路。小康建设研究会经过上下团结，不懈奋斗，在全国一级社团中创造了可喜可贺的业绩，品牌声誉不断扩大，今后更应发挥优势，更要发扬传统，更好发挥各分会影响，创造更知名品牌。

前不久，中央经济工作会议强调提出，在"六稳"基础上要"保居民就业、保基本民生、保市场主体、保粮食能源安全、保产业链供应链稳定、保基层运转"。保粮食能源安全、保产业链供应链稳定，事关经济发展、社会稳定和国家安全。"六保"不仅是当前工作的着力点，也是"十四五"时期要面临和解决的重大课题。希望小康建设研究会增强发展的整体性协同性，着力固根本、扬优势、谋发展。

（三）践行宗旨、勇于担当，走服务人民、保障民生之路。这是小康建设研究会的初心和使命，也是社会各界广泛赞誉的宝贵之举。

当前，人民群众在教育、医疗、养老、住房、食品药品安全、收入分配等方面，还有不少不满意地方。随着全面小康社会的建成，人民对美好生活的需要将更加广泛并且日益多元化，对经济社会发展各方面工作提出了新要求。民之所望就是研究会发展的方向。希望研究会要把以人民为中心的发展思想落到实处，围绕解决好人民最关心最直接最现实的利益问题，在促进社会公平，不断增强人民群众获得感、幸福感、安全感方面再创辉煌。

——在中国小康建设研究会 2020 年年会上的发言

（根据录音整理）

聚焦热点　关注民生　推动工作落实[*]

我国食品质量安全和发展是同步的，2020年全面决胜脱贫攻坚，消灭绝对贫困。我国农产品质量安全有了质的变化，应该说安全使命基本完成，迎来了农业的高质量发展阶段，但是老百姓的感觉好像安全问题还是让人不放心，特别是跟农产品质量安全有关的，保健品、转基因食品、食品添加剂、农药、化肥，好多人还很担忧，甚至有恐惧心理，我想说如果有担忧、有恐惧，也谈不上康养。健康包含两个方面，一个是从物质方面，身体要健康，包括体力、智力、能力、精力、财力，另外一方面就是精神方面的健康，要愉悦、快乐、安全、阳光。老年人活的主要是精神，一个人如果精神垮了，这个人身体马上也会垮掉。

我参加过几次小康建设研究会举办的活动，这次我谈六点感受：

第一，活动聚焦好，每次活动一个主题。今天活动的主题是社会养老，不管领导讲话、专家报告还是其他的活动，都围绕康养来开展，包括我们编的书《小康之路》以及调研报告，每次都聚焦一个

---

* 寇建平，农业农村部农产品质量安全中心副主任。

主题。

第二，引领好，聚焦社会热点问题。2020年乡村振兴、脱贫攻坚、食品安全，这些都是社会关注的热点问题，特别是企业关注的热点问题，也是社会发展关注的重大问题，怎么让企业及时了解国家政策，并转化成企业自己的行动和下一步的战略，可以说中国小康建设研究会举办的活动很好地引导了社会各界来关注解决这些热点问题。

第三，规格高，权威性强。中国小康建设研究会每次举办活动请的领导、专家规格都非常高，领导有国级的、部级的、司局级的，包括现任的、退休的，专家有院士、研究员、副研究员，各方面都照顾到了，非常全面。

第四，社会影响大。每次举办活动都邀请到新华社、人民日报、中央电视台、农民日报等重量级大媒体，还有很多新媒体、网媒，每次活动宣传得好，社会影响非常大，还做过一些专题报告，专门给领导上报。

第五，有情怀。新冠肺炎疫情以来，中国小康建设研究会向武汉捐了2辆救护车，2000公斤的消毒液，还举办过小康暖心行，助学圆梦公益行，走村串户，把扶持基金送到有需要的人手里，特别有情怀。现在，很多企业没有情怀，没有尽社会的责任，中国小康建设研究会是我们的榜样。

第六，责任心强，保证了每次活动的圆满成功。小康建设研究会领导带领着工作人员，尽心尽力不放过每一个细节，保证每次活动都能顺利举行。今年受疫情的影响，好多学会、协会、社团，工作开展都不顺利，但是中国小康建设研究会不但把失去的时间夺了回来，还在稳定发展。

关于研究会下一步发展，我提三点建议，第一个是聚焦农业的高质量发展，这是大基础；第二个要聚焦巩固脱贫成果；第三个要聚焦人民健康。我们国家发展进入新阶段，我们有这么多的老年人口，我们人民的健康、康养，在社会工作中分量更大，这块我想在 2021 年还是要更加聚焦。

——在中国小康建设研究会 2020 年年会上的发言
（根据录音整理）

对小康建设研究会工作的建议和期望 *

　　推动 2020 年的工作，我觉得中国小康建设研究会实现了三个稳定。第一稳定了组织体系，稳定了内部的分支机构和专委会。因为疫情期间受到冲击，很多的社团就剩一个人了，甚至有的只剩一个会长了，中国小康建设研究会组织体系还比较稳定，而且提高了质量；第二稳定了人员队伍，再好的机构没有人不行，大多数调研骨干、活动骨干和参与这项工作的人员，很多地方很多机构首先工资降了，降了以后有的就不干了，这说明小康建设研究会的人员都有这样一个热情，愿意为小康作贡献；第三稳定了工作，我们的业务品牌基本上没有断，活动照常举行，据我了解，发展思路的策划调研加强了，特别是对地方的一些案例的总结，所以在疫情这样一个冲击的情况下，各个社团，甚至我们机构都不大稳定的情况下，一个社团能够稳定组织体系，稳定人员队伍，稳定开展工作，我觉得来之不易。

　　就研究会 2021 年的工作，我这里结合农业农村工作，结合十九届五中全会和中央经济工作会议的精神，我提几点思考或者建议：

---

　　* 宋洪远，农业农村部乡村振兴专家咨询委员会副秘书长。

第一点，2021 年要特别关注巩固脱贫攻坚成果与乡村振兴的有效衔接。2020 年全面打赢攻坚战，但是我们知道打赢脱贫攻坚战摆脱的是绝对贫困，是现行标准下的绝对贫困。这个水平就相当于世界银行和国际机构讲的，每人每天 1.9 美元的标准，这还是低收入的脱贫，所以今年我们最重要的是要巩固脱贫攻坚成果，防止返贫。比如我们发现已经脱贫的人口中有 200 万存在着返贫的风险，有 300 万存在着致贫的风险。所以要巩固拓展脱贫攻坚成果，保持政策基本稳定。

第二点，围绕提高农业质量效益努力，推进农业高质量发展。我们在当前的情况下，就农业质量效益的提高，要特别关注以下的问题。第一个问题就是粮食和重要农产品有效供给的问题。大家知道我们的粮食生产量，连续六年达到 1.3 万亿斤以上，人均粮食占有量达到 470 公斤，我们的库存相对处在高位。当前的粮食安全形势，处于历史最高时期，但是安全没有问题，没有引流，我个人以为从未来看，我们的粮食安全既有近忧，又有远虑，还有不确定性。

近忧，比如说我们最近三年出现了粮食播种面积的下降，粮食亩均收益的下降。这样的情况大家想一想，面积下降实际上是种农抓手的积极性有问题，亏损的出现是种植业出现问题，如果这两个我们不能保护和发挥好，粮食生产的问题还是有问题，这是近忧；远虑，我们知道种粮食不能没有土地，种粮食不能没有水，我们现在的人、地、水是什么关系？我国的人口是世界总人口的 20%，我国的耕地是世界总耕地的 9%，我国的水是世界水资源总量的 6%，我国是 20% 的人口，9% 的耕地和 6% 的水，所以是人多地少水缺。这样一个资源禀赋，说明我们长期下来粮食还有远虑；第三个就是不确定性，现在我国的地、水，生产的总量换算下来是 6.6 亿吨，总需求消费是 7.6 亿吨。也就是说消费和生产缺口 1 亿吨，需要进口。现在的

·问题，有的想进进不来，有的想出出不去，如果我们替代进口，又有价格的变化问题，所以这样就出现了弥补缺口，有不确定性。

《中共中央关于制定国民经济和社会发展第十四个五年规划和二〇三五年远景目标的建议》（以下简称"建议稿"）和中央农村经济工作会议就讲到两个事。第一个是为农民，就是藏粮于利、藏粮于地，抓好产业。农业质量竞争力要关注的第二个问题，光讲质量，不讲效益，搞农业农民不增收也是很难持续的。我国农民收入也要引起关注，我国的农民收入最近也出现了这样三个值得关注的问题，第一个是增速减缓，由"十一五"的9.32%，到"十二五"的9.65%，降到"十三五"的不到6%，那么"十四五""十五五"值得关注；第二个差距比较大，五等分最高的那个板块和最低的板块差距比较大，基尼系数在扩大，更重要的是李克强总理在今年人大会上讲到，人均月收入1000元的群体，主要的就是农民群体；第三个农民收入面临的问题就是动能不足。众所周知，增加人民收入主要有四个来源，经营性收入、工资性收入、转移性收入、财政性收入。那么经营性收入，不外乎产业发展。工资性收入主要靠外出就业；转移性收入主要是补贴，有补贴才有钱，现在可能就说靠改革增加财政性收入，我算了一下，现在我们财政性收入对农民收入的贡献率只有2.8%，财政性收入占农民收入的比重五年平均有2.3%，两到三个百分点的比重能有多少的动力呢？所以我说动力不足。

第三个问题要关注实施乡村建设行动。这个行动有很多方面的内容，主要还是两大块，基础设施和公共服务。这个建议稿强调了两个事，一个是县乡的规划的编制问题，长期来看建设是要有规划的，这个规划是关系长远的，这就是规划的编制问题。另一个就是人才的问题，我们研究会可以打造平台，通过培训帮助把人才引到农村去。

最后一个问题就是全面深化改革的问题。全面深化改革，我认为近年来有两个问题。第一个就是促进城乡融合发展，促进要素平等交换、合理配置的问题。第二个就是土地改革，特别重要的是三块建设用地，就是农村土地征收、集体建设用地服务和农民的宅基地改革。这三块地是建设用地。所以我们要通过深化三块建设用地的改革，健全城乡融合发展机制，促进要素平等交换和合理流通来推动农村建设和乡村振兴。

——在中国小康建设研究会 2020 年年会上的发言

（根据录音整理）

不忘初心　赋能乡村振兴 *

　　回顾 2020 年工作，可以用一本书、一张名片、一个基地和多次调研来概括。

　　一是认真编写《全国乡村振兴优秀案例》（以下简称《优秀案例》）。为了进一步挖掘各地在乡村振兴领域的新经验、新成就、新典型、新解法，为各级党委和政府提供决策参考，为基层单位提供借鉴经验，我们每年开展全国乡村振兴优秀案例征集评选活动，评选委员会由农业科研部门、职能部门的专家学者组成，评选标准严格，过程公开透明，并对入选的案例刊印发行。2019 年度《优秀案例》已于 2020 年 5 月 22 日正式出版发行，现正在热卖中。2020 年度《优秀案例》在 10 月 12 日开始征集启动，计划明年 1 月 9 日在北京举办专家评审会。

　　二是精心打造"中国乡村振兴发展大会"这张名片。"中国乡村振兴发展大会"是由研究会和宁波市鄞州区人民政府发起并主办的乡村振兴领域的全国品牌会议。通过半年多的积极筹备，今年 9 月 5 日，"中国乡村振兴发展大会"这张光鲜亮丽的名片正式推出。由中国小

---

　　* 田野，中国小康建设研究会乡村振兴工作委员会秘书长。

康建设研究会、宁波市农业农村局、宁波市鄞州区人民政府联合主办的 2020 中国乡村振兴发展大会在宁波隆重举行。会议期间组织了参观考察、乡村振兴大讲堂、主旨演讲、巅峰对话、优秀案例发布、优秀案例图片展、项目签约仪式等一系列活动，共有 6 个项目签约，总投资达到 90 多亿元。

三是全力培育乡村振兴实践基地。通过调研指导、咨询保障、引导规划、人才培训、宣传推广、产业对接等方式方法，积极参与基层组织实施乡村振兴战略，培育树立全国乡村振兴新典型。继 2019 年 6 月，首个乡村振兴实践基地落户宁波鄞州后，今年 10 月，乡村振兴（上饶）实践基地又落地万年县。一年来，围绕两个实践基地，开展了丰富多彩的活动，成效显著。

四是广泛开展调查研究活动。今年 6—11 月份，我们开展了密集的调研活动。特邀相关领导和专家同行，先后深入福建龙岩、贵州六盘水、浙江嘉兴及湖州、河北石家庄、河北唐山、山东阳信等地开展调查研究，一方面，及时掌握第一手材料，认真总结积累乡村振兴领域的好经验好做法，以便为政府及企事业单位提供更好的服务。另一方面，宣传介绍我们的服务项目和服务宗旨，不断树立品牌，提高知名度。

五是积极发展战略合作伙伴。在用心维护好与农业领域领导、专家学者关系的基础上，为因应数字乡村建设的需要，我们还与浙江有关企业签订合作协议，与国内领先的网络科技公司密切磋商，为数字乡村建设谋篇布局。

六是热心参与公益活动。新冠肺炎疫情期间，组织全体工作人员积极捐款，平均每人捐款 2000 余元；8 月 27 日，开展"助学圆梦公益行——走进河北怀安"活动，向高考被录取的应届贫困学生捐款 10 万元。

七是强化团队管理与建设。团队管理与建设，是事业成败的关键因素。为此，我们采取灵活有效的管理与激励办法，不断激发员工活力，不断深挖员工潜力，不断强化合作意识，不断提升凝聚力、向心力，努力营造和谐的内部环境，为做好乡村振兴这篇大文章打下了坚实的基础。

一年来，我们虽然取得了较好的成绩，但问题与不足也十分突显。一是合作意识不强。与相关机构交流合作不足，与同行异业联系不够，缺乏共享共赢的战略合作伙伴。二是切入点不精确。工作方式方法不接地气，没有触及政府和企业的难点、痛点，致使项目落地难。三是前瞻性不足。工作计划不周密，准备不充分，调研多，合作少，成效差。

2020年马上就要过去了，即将到来的2021年是"十四五"的开局之年，也是农村实现全面小康后向全面实施乡村振兴战略转变的关键时期。我们必须抓住机遇，迎接挑战，发挥优势，顺势而为。围绕一个基础，培育N个基地，树立一个品牌，持续提供有价值服务。

围绕一个基础。做好《全国乡村振兴优秀案例选编（2021）》征集、评选、编辑、出版、调研等工作。在3月20日前，完成2020年度《优秀案例》的评选、编辑、出版工作，并在第二届中国乡村振兴发展大会上发布。计划不定期对入选单位进行实地调研。

培育N个基地。对《全国乡村振兴优秀案例选编（2021）》入选单位进行筛查、对比，确定重点调研走访对象，根据实地调研情况，为政府和企业发展把脉，准确发现它们的难点与痛点，促成合作意向。2021年再扩展3—5个乡村振兴实践基地。

树立一个品牌。认真办好第二届中国乡村振兴发展大会，并将"中国乡村振兴发展大会"永久会址落地宁波市鄞州区，作为鄞州区对外合作的会展经济品牌会议，每年定期举办，打造农业农村领域的国际"达沃斯论坛"。

持续提供有价值服务。秉承乡村振兴工作委员会的创立宗旨，我们将持续为政府和企事业单位提供有价值服务。认真筹划"中国数字乡村论坛""农村土地改革智库论坛"等活动；积极开展"农业经济开发区模式""乡村产业高质量发展""数字赋能乡村振兴"等课题研究；定期举办乡村振兴大讲堂，并组织案例入选单位相互参访。

千淘万漉虽辛苦，吹尽黄沙始到金。乡村振兴工作委员会还很年轻，我们十分愿意与一切有志于乡村振兴的朋友们一同搭建学习交流大平台，分享乡村发展新思路，促进乡村产业新合作，谱写新时代乡村全面振兴新篇章。

——在中国小康建设研究会 2020 年年会上的发言

（根据录音整理）

责任编辑：刘松弢　彭代琪格

装帧设计：周方亚

图书在版编目（CIP）数据

中国小康之路 . 二，乡村振兴与民生热点问题探研／中国小康建设
　研究会 主编 . — 北京：人民出版社，2023.2
ISBN 978 - 7 - 01 - 025393 - 0

I.①中⋯　Ⅱ.①中⋯　Ⅲ.①农村小康建设 - 研究 - 中国　Ⅳ.① F323.8

中国国家版本馆 CIP 数据核字（2023）第 016344 号

中国小康之路（二）

ZHONGGUO XIAOKANG ZHI LU (ER)

——乡村振兴与民生热点问题探研

中国小康建设研究会　主编

人民出版社 出版发行

（100706　北京市东城区隆福寺街 99 号）

中煤（北京）印务有限公司印刷　新华书店经销

2023 年 2 月第 1 版　2023 年 2 月北京第 1 次印刷
开本：710 毫米 × 1000 毫米 1/16　印张：20.25　插页：4
字数：258 千字

ISBN 978 - 7 - 01 - 025393 - 0　定价：198.00 元

邮购地址 100706　北京市东城区隆福寺街 99 号
人民东方图书销售中心　电话（010）65250042　65289539